編集

悪い本ほどすぐできる
良い本ほどむずかしい

目次

三、編集という仕事

四、企画について

※本文中 敬称略

どこにいても、何を見ても、
いつも、編集者の目でモノを見る。
編集者として、考える。

はじめに

一、

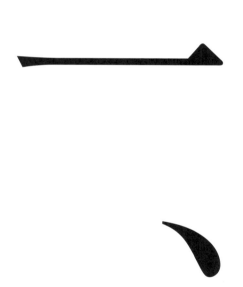

昭和二十四（一九四九）年、ボクは、小学館に入社した。それから、定年退職するまでの四十年間、ずっと、ひとりの編集者として生きてきた。

ボクは、そう思っていたが、たまたま、最初に編集長になったのが、若い時分だったせいか、「豊田は、制作現場の実情を見ていない」と思われているフシもあった。

でも、ボクは、編集長から編集次長、編集局長、出版部長と立場が変わっても、必ず、何かひとつは、刊行物の編集長を兼任していた。現場の実権を、手放したくなかったからである。編集者として、どんなことにも関わっていたかったから、主要な刊行物の編集会議にも参加してきた。だから、編集・制作の現場に直接関わってきた年月も、在籍と同じ分だけあったと自負している。

定年退職してからも、すでに、二十年以上経つ。それでも、いまだに、ボクは、一介の編集者だと思って生きている。それ以外の生き方を知らないからである。どこにいても、何を見ても、いつも、編集者の目でモノを見る。編集者として、考える。といっても、それほど、大したことを堂々と考えているわけではない。

しかし、どんなにケチくさいことでも、朝から晩まで、何かを考え、編集者の目で世の中を眺めていると、一冊の本の中に、たまさか乗ったタクシーの中に、くだらないテレビ画面の向こうに、びっくりするほど、たくさんの企画のネタが転がっている。ボクは、毎日、あてもなく考え続け、企画メモを書き続けてきた。いまも、そのクセが抜けない。どうせ、あと二〜三年もすれば死んでしまうのだから、メモなんかしても無駄である。でも、この企画は、ドコソコの誰に書かせよう、あの出版社にやらせよう、そうすれば売れるに違いない、と考え続けている。

そして、ボクは、いま、この二十年の間に、いや、戦後、日本のメディアは、全部ダメになったと思っている。日本が何かを失い、オカシクなっている。ボクは、ダメになった日本に、メディアに、特に、出版界に言いたいことがある。こんなことは、心の中で思っていればいいことで、人に言うことではないのかもしれない。

しかし、歳を重ねた今、何かを話すのは、多分、もう、最後である。だから、あえて、言っておきたいのである。ただし、どれも、ボクの主観である。客観的に、いいかどうかは分からない。編集者としてしか生きられなかった者の主観である。

そして、ボクが言いたいのは、実在している理想の編集者のことではない。こうなって欲しいと思う「あらまほしき」編集者の群像である。「まほしき」というのは、「実際には、うまくいかなくても、こうなって欲しい、と願う姿」モシクハ「実現しない理想の姿を願望すること」である。編集者は、どのみち、貧乏性である。アウトローである。ハズレモノである。理想の編集者なんて、この世にいない。だから、せめて、あらまほしき編集者を目指して欲しい。何も、編集者に限ったことではない。サラリーマンでも、学生でも、飲み屋のオヤジでも、全部、同じことである。

少年サンデー
初代編集長

小学館の編集者だった四十年の間に、ボクが関わった雑誌・書籍・画集など、刊行物の数は、数え切れない。しかし、「豊田きいち」というと、「週刊少年サンデー初代編集長」と紹介されることが多い。たしかに、ボクは、昭和三十二（一九五七）年の秋、少年漫画の総合週刊誌の刊行を提案した。日本で初めての試みであった。当時の、相賀徹夫《おうがてつお》社長が、即座に同意してくれたこともあって、昭和三十四（一九五九）年三月十七日、講談社の『週刊少年マガジン』と並んで創刊号を発売した。

「少年サンデー」と命名したのは、「いつ読んでも、日曜のように楽しい気分に浸れて、太陽のように明るいイメージがあるから」というボクの提案が採用されたたからだった。

　それ以前にも、それから退職するまでの間にも、当然、現場の状態がよかった時も、悪かった時もある。いいモノを作ったという実感も、つまらないモノを作ってしまったという反省もある。自分のコンディションがよかった時のことも、悪かった時のことも、よく覚えている。何だか、面倒クサくなっていた時の仕事が、ダメだったことも、よく分かっている。こういうことを踏まえた上で、ボクは、日本のメディアに、出版界に、あえて、伝えておきたいことがある。このままダメになって欲しくないからである。

　いつか、必ず終わる短い人生で、何かを恐れ、何かにおもね、何かに遠慮して、オモシロ、オカシクもない本を作ることに、どんな意味がある。何もいいことはない。せっかくの人生を無駄にするだけだ。いい本を作って欲しい。このニッポンを、メディアを、出版界を、ダメにしないで欲しい。自由に、大胆に、あらまほしき編集者としての神髄を生きて欲しい。これが、ボクが、ほんとうに伝えておきたいことである。

豊田きいち

「いい本」は
「いい企画」のことではない。
「儲かる本」のことである。

二、

出版という仕事

著作物の複製産業

農業は、農作物を作って売っている。工業は、機械や家電、靴やセーターというモノを生産して売っている。では、出版業は、何を作って売っているのか。

本（印刷物）であることは間違いない。しかし、本は「入れ物」でしかない。この入れ物は「紙」である。普段、買い物をする時、人は、入れ物ではなく中身を買う。では、紙という入れ物には、何が入っているのか。中身は「著作物」である。この著作物を、限りなく薄い膜というメディア→「紙」に載せて売っているのが、本（印刷物）である。テレビもコンピュータも、メディア（媒体）は、すべて、著作物（情報）の入れ物である。中身も本と同じ著作物である。もっと、正確にいえば、紙の入れ物には、著作物の「複製物」が入っている。三万部売れると見込めば、三万部同じモノを複製する。出版とは、著作権（コピーライツ）を扱っている複製産業なのである。

たとえば、その中身が小説であれば、内容は、紙という入れ物だけを見ても分からない。文章を追いかけないと、筋を知ることが出来ない。本の中身は、実際には、つかめないモノなのである。この中身が「内面形式」、入れ物は「外面形式」である。出版とは、紙という「外面」を通して「内面」を差し上げる商売なのだ。著作物

世の中でいちばん意味のある仕事

の複製物という中身は、手でもつかめないし、見ただけでは分からない。そういうモノを売っている。だから、編集者は、まず、出版という産業、こういう構造であることを理解していなければいけない。これが分からなければ、ほかの重要なことも分からなくなってしまう。出版とは、何も分からなくても出来てしまう職種だからである。難しいようでカンタンで、カンタンなようで難しい商売なのである。

著作権法第二一条に、「著作者は、その著作物を複製する権利を専有する」とある。第七九条には、「（この複製権を専有する）者は、その著作物を文書又は図画として出版することを引き受ける者に対し、出版権を設定することができる」とある。著作者は、出版を引き受ける者に「複製していい」と許可を出すことができる、ということである。そして、「出版することを引き受ける者」が出版者（社）である。

文化庁の文献には、出版とは「企画から刊行までの作業全部」と示されている。つまり、印刷や頒布など、個々の作業のみをする者は、出版者（社）ではない。「企画の発意《ほつい》から刊行まで、このすべてを責任を持って取り行える者」という意味である。また、出版者は「その能力を有する者」とも示されている。しかし、「能力」

の内訳は、明言されていない。判断力がある者のことなのか、お金がある者のことなのか、不明である。仮に、判断力と資金力などを引っくるめた「能力」というのであれば、出版者（社）は、複製物を企画・刊行するための「心の能力とお金の能力の両方を兼ね備えている者」ということになる。

さて、出版は、たった一部「複製」するだけでは商売にならない。できるだけ多く「頒布」する必要がある。かつて、著作権法第二一条「複製する権利を専有する」は頒布を含むのか、という論争もあった。著作権の大家・半田正夫は、「複製権利に頒布の権利も含まれる」と解釈しているが、著作権法の条文に明記されていない以上、含まれると解釈されているだけである。書籍の「頒布」は、基本的に、映画の頒布と意味が異なる。映画は、「頒布」されれば大勢で同時に観ることができる。しかし、本は、誰かが朗読でもしない限り、一人に一冊である。このように、出版の定義にしても、頒布のことにしても、曖昧な点は著作権法の立法上の欠点である。ボクは、これを「日本語のゆるみ」だと思っている。

大昔、ある司法官僚は、出版とは「要するに、他人がこさえて出来上がったものを自分で版刻するというだけのものだ。だから、厳しく、冷たくしないと、国を覆すほどの力を持つに違いない」というようなことを述べた。ある貴族院（参議院の源流）議員は、国会の質疑応答で、出版関係者のことを「出版屋ども」と言った。官僚や政治家が、出版者を侮蔑し、差別し、押さえ込みたかったのは、大衆に及ぼす影響力を怖がっていたからである。ツマリ、出版というモノの影響力を認めていたことにもなる。権力者にとっては、うらやましい存在であったともいえる。どれもイヤな言い方ではあるが、著作権法の「ゆるい日本語」と違って、分かりやすい日本語ではある。そして、その通り、出版社が刊行する週刊誌は、いまでも、政治家に嫌悪感を持たれるほどのケンセイキュウ（牽制球）になっている。これが、出版業の大きな存在理由のひとつである。

新聞社と出版社の違い

新聞社と出版社、両者の、いちばん大きな違いは、新聞は、世の中の体制に拘束・規制されていること。出版は、世の中でいちばん自由な職業ということである。

少し前に、出版の権利が決まりそうだ、という新聞報道があった（二〇一二年六月・活字文化議員連盟「著作隣接権としての『出版物に係る権利』の法制化が必要」と声明を発表）。新聞記事を読む限り、新聞社はこのことを「他人事」として書いている。この件ばかりではない。出版に関する記事は、だいたいにおいて、ヨソの世界の出来事として報道している。新聞も、れっきとした出版メディアである。しかし、新聞社自身は、新聞を出版とは思っていないようである。相当、いい加減である。出版のアマチュアである。

新聞が、自由な出版に対して不自由なのは、記事を一行書くにしても、スポンサーのことを気にしているからだ。広告をたくさん掲載してくれる大口スポンサーに遠慮して、悪口は書かない。新聞の悪口を言う出版社でさえ、広告をたくさん出せば悪くは書かない。それがスポンサーの狙いで、広告掲載料は、「悪口は書くなよ」という口止め料でもある。

たとえば、「東京電力の、こういうところが、いけない」とか、「松下（パナソニック）は、シロモノ家電ばかり作るし、ヨソの会社で、いいモノが出来たら、すぐに真似ばかりして、つまらない会社だ」とは、絶対に書かない。書けば広告を出してもらえないから、すぐに広告部長がストップしてしまう。悪口、つまり、言いたいことを、書きたい時に書かないのは、正しくないことである。

その点、出版社は、進んで新聞社の悪口を書く。天皇家のお嫁さんの悪口も平気で書く。新聞社は、皇室のことは書いても、悪口なんて、絶対に書かない。出版社が平気で書くのは、じつは、出版社が、本当の自由に、いちばん近い位置にいるからである。何でもストンと言える出版は、意味のある職業だと考えたほうがいい。江戸時代、徳川幕府も、幕府の悪口を言う出版者を「出版野郎共」と侮蔑し、権力を与えなかった。出版界が、政治の悪口を言うのは徳川時代から一貫している。世の中の権力者にとって、出版は警戒すべき存在、イヤな存在であったのである。

メディアと政治家（権力者）が仲良くなったら意味がない。どちらも潰れて終わってしまう。だから、世の中でいちばん自由にモノが言えるPublisher（出版者）は、いつでも、権力者にとって、怖い存在であるべきなのである。

社長の心に沿って

小学館は、常に、三〇～四〇誌の雑誌を刊行している。ということは、編集長だけでも、三〇～四〇人いる。一誌の編集室に、編集者は、少なくとも、三人はいる。多い部署には、一〇～二〇人いる。だから、ボクには、常に、三〇〇～四〇〇人の部下がいたことになる。その中で、「コイツはイケるな」と思った編集者は、二～三人しかいない。その二～三人が、どういう者かというと、「先を考える悪いクセ」

アルイハ「いいクセ」がある者。つまり、連想能力がある編集者である。

連想できる編集者は、企画に対する構え方が違う。ひとつ企画が生まれれば、そこから一〇個、それ以上の企画を連想することができる。

小学館は、厳密な入社試験を行っている。だから、優秀な人材が入って来る。しかし、ほとんど、一〇人のうち九人はダメである。もともと、世の中というものは、働く人が、働かない人を食わせる仕組みになっている。特に出版社は、優秀な一人が残りの九人を食わせているようなものである。ところが、ほとんどの社員は、誰もが同じだと思っている。どの出版社にも、二十年もいるのに一度も企画を出していない人がいるであろう。社長が「出せ」と言えば出すのだろうけれど、黙っていれば、出さないヤツは、一生出さない。日本の労働組合は、「同一労働・同一賃金」と言い続けているが、実際には、同一労働など、あり得ない。日本の組合の悪いところである。人間が携わる仕事には、必ず「いい、悪い」がある。だから、同一労働・同一賃金からは、いい企画も、いい本も生まれないのである。

優秀でも、そうじゃなくても、編集者は、みんな、普段は、くだらない話をしている。息抜きも必要ということは分かる。しかし、ボクは、彼らを見るにつけ、「こういう社員を食わせなくてはならない社長は、気の毒だな」と思っていた。

というのは、会社は、社員だけを養えば、いいわけではないからだ。ある社員に、女房と子供が一人いるとすれば、扶養家族は二人。つまり、社員が一人いれば、三人食わせるつもりにならないといけないのだ。一〇人いれば三〇人、一〇〇人なら三〇〇人。おそらく、こういうことを考えている社員はいないだろう。若い社員は、夜、うまいモノを食って、テレビを観て寝ればいい。考えているのは、社長だけである。「コイツを一生食わせないといけない。しかも、コイツだけではないのだから、三倍も、四倍も、五倍も稼がせないといけない」と考えている。これも、先を読む悪いクセ(いいクセ)、つまり、連想能力である。

じつは、出版社で、いちばん働いているのは、社長である。才能が、あろうと、なかろうと、毎晩、眠れないほど悩んでいる。だから、意地悪になったり、ノイローゼになったりもする。そんな社長の心を理解している社員は、いない。心の中で社長をバカにしているだけだ。社長にも、立派な人とそうではない人もいるのだから、致し方ない。それはそれでいい。しかし、やはり、社員は、「会社を潰してはいけない」という社長の心を自分の心にしないといけない。「一人が九人を食わせなければ」と思えば、自分の好みや、単に「いい本」というだけでは、絶対に経営が成り立たないことが分かる。

ボクは、若い頃、「いい企画が、いい本」だと思っていた、しかし、ボクの経験から言えば、それはない。「いい本」は「いい企画」のことではない。「儲かる本」のことである。この「儲かる本」が第一で、「いい企画」は二番目である。この、第一と第二が一緒になっている本が、最高にいい。儲けられない会社は、潰れるからである。

では、「儲かる企画」とは何か。「分かりやすい本」のことである。分かりにくい本でベストセラーなんか、絶対にない。出版界でも、新聞でも、分かりやすいモノが売れる。ところが、誰でも若い時は、「いい企画で儲かる本」を作ろうと考える。いい企画で儲かる本なんて絶対にない。そのサカサマだけがある。社員は、そこまで割り切る必要がある。会社がなくなってしまえば、誰も食えなくなる。したがって、会社に「得」を与えることが、出版という仕事の第一条である。「得」というのは、内容に問題があっても、とにかく「売れる本」を作ることである。

この構造を理解した上で、会社という「分母」の上に、自分という「分子」を重ね、さらに、自分の思う個性あるモノを求め、世の中のためになると思うモノを重ね合

言葉を粗末にするな

わせていけば、「いい企画」になる。そして、一人は三人を、一〇〇人は三〇〇人を食わせるつもりで仕事をする。これは、出版ばかりではなく、ニッポンのサラリーマン全体の話でもある。

ボクは、いまのニッポンのメディアは、全部、ダメになったと思っている。その理由のひとつは、「言葉」を問わなくなったことである。戦後、日本人すべてが、日本語を粗末にするようになってしまった。気にすることもしない。誰もが、みんなと同じ言葉を使っている。使おうとしている。語彙（ボキャブラリー）も貧困。

新聞社は、体制やスポンサーに気を遣って、正しいことを言わない。政治家は、大袈裟なことを言うけれど、ウソばかりついている。資本家は、言葉が丁寧なだけで、カネのことばかり考えている。

企業が、実際にそう思っているかどうかは別にして、とにかくお金を持って来てくれるお客様は「神様」である。だから、大きな会社ほど、「わが社のお客様は」と言う。中小企業のダメな部課長などは、「うちの客は」と言う。つまり、資本主義社会では、エラいヤツほど言葉が丁寧で、ダメなヤツほど言葉が乱暴で威張っている。これは、ひとつの「資本家コトバ」である。

出版社は、どんなに大きくても、中小企業である。客（購買者）に対して被差別的である限り、言葉は、よくならない。よくない言葉には、ニュアンスがないからである。ニュアンスとは、「言外に表される意図、微妙な意味合い」のことである。

編集者は、いいニュアンスを込めた言葉を使うべきである。結局、人には、このニュアンスが伝わる。分かりやすいからである。分かりやすい本は売れる。これにトドメを刺すといっていい。

ボクは、エディタースクールや大学などで「表現論」という講座を受け持っていた。学生は、ひとつのことを表現するのに、誰もが同じ言葉を使う。先生もそうである。教える側がそうなのだから、教えられる側が同じになるのも当然である。

ボクが担当している著作権法の相談室には、様々な人が相談に来る。「会社でこういう事件があったので、どう解決したらいいのか」などという相談である。その説明が、ヘタで聞いていられない。商社の人は、モノを作ったり売ったりして苦労しているせいか、非常にはっきりと分かりやすく説明する。いちばん手こずるのは、こともあろうに、新聞記者と編集者である。言葉に対する無感覚、オンチとしか思えない。アラっぽく言うと、編集者は、「いい本さえ作ればいい」と思っているからである。本は、作る過程がいちばん重要であることが分かっていない。その過程を、最初の段階から読み切っていくタイプの編集者でなければいけない。そうすれば、結果としていい本が出来る。

言葉に対するオソレ（恐れ・畏れ）、敏感さというのを、いつも考えている編集者は、言葉が、おのずと、きれいになっていく。会議でも、インタビューでも、誰と話す時でも、汚い言葉を捨て、きれいな言葉を選んで話せば、分かりやすくなる。

言葉について、学問的なコムズカシイことは分からなくても、せめて、いつも、言葉を気にすることが、編集者としての大事な資質である。それを気にしなくなったから、ニッポンも、メディアも、出版界も、オカシクなったのである。

連想をサボるな

オカシクなったもうひとつの理由は、連想をサボっていることである。サボっているというのは、日本人は、もともと、連想する能力が著しく高い民族だったからである。小学館は、古典文学・現代文学はもとより、世界中の文学の翻訳本を出している。したがって、ほとんどの言語の辞典も刊行している。ボク自身、言葉にうるさい外国人とも、随分つき合ってきた。そういう経験から思うことは、日本の文学の歴史は、連想の文学史であったということである。時代を遡ってみれば、『万葉集』の最初の頃に登場する相聞歌《そうもんか》は、人が作った歌を、別の人が受けて歌で応えることで完成する。ツマリ、連想で繋がっているのだ。いまの日本人にはこの連想がない。マニュアル通りの言葉を使うことに、何の疑問も持っていない！

編集者は、人とつき合う商売である。人の心が分からなければ、商売として成り立たない。連想の習慣を身につけていれば、人の心が読めるようになる。企画が立てやすくなる。著作者（オーサー）の心、読者（エンドユーザー）の心、仲間（プロジェクトのチームメイト）の心、上司（ボス）の心。すべて連想できなければ、人の心に訴える企画は立てられない。いい編集者にはなれない。売れる本は作れない。

大事なことは、連想の限りを尽くして、相手の心を理解すること。その上で、そのことを相手に押しつけがましく差し出したりせず、あえて、悟られないようにつき合っていくのが、あらまほしき編集者の姿である。

編集者に限らず、相手の心を連想するのは、人として当たり前のことである。突き詰めれば、人の心を読むということは、優しさである。こちらに優しさがなければ、相手の心は読めない。ボクは、割合、人の心を読むほうだと思っている。その反面、優しさがないという自覚もある。いまでも、連想と優しさを結びつけなくてはいけないと思っている。

新聞広告について

いまや、新聞も雑誌も、記事も広告も、全部、おかしくなっている。ひとつ悪い例を挙げる。

ボクが、長年、購読している日本経済新聞の日曜版である。その全面広告を見てびっくりした。見開きのフルカラー広告である。クライアント（広告主）は、有名化粧品会社。モデルは、女優の岸恵子と前田美波里。この二人の笑顔が、左右それぞれの頁の中央に大写しになっている。なぜ、これがダメなのかというと、二人の笑顔のド真ん中に、紙面を折り畳んだアト（痕）が入っているからだ。アホじゃないかと思った。いかに何も考えずに作っているか、という例である。これだけで、クライアントも、広告代理店も、新聞社も、誰も、先のことを考えていないことが分かる。こんなモノ、何の値打ちもない！

新聞が、どういう形で販売されるか、なんてことは、誰でも知っている。全紙を二つに折り、また二つ折りにし、さらに、もう一回折る。これを広げると、片方の頁に、必ず、タテとヨコに二本の折れ線が十字に入る。その中央にモデルの顔が入れば、笑顔がゆがんで見えるに決まっている。

岸恵子らの「顔」で宣伝しようというのなら、顔写真を入れる位置は、折れ線が被さらない場所しかない。あらかじめ、顔のド真ん中に折れ線が入ると分かっている部分にレイアウトするなんて、あり得ない！

こんなアホな広告でも、日曜版の見開き全面カラー広告というからには、クライアントの役員会議を経由しているはずである。広告部長クラスが、決められる案件ではない。イメージキャラクターに、岸恵子と前田美波里を起用するには、非常に、高額なカネが掛かる。しかも、フルカラーなのだから、掲載料は何千万円も掛かっている。こういう規模の広告だから、代理店は、大手広告会社である。大新聞社と大広告会社の人間が、何人、関わったのかは知らないが、相当な人数のはずである。

何人ものプロが関与していながら、岸恵子と前田美波里の笑顔がゆがんで見える紙面を、ボクを含めた読者が手にするまで、誰も気がつかないなんて、オカシイ！無駄に大金を捨てている。そういう無駄遣いをしていることにも、気づいていない。

いまの日本のジャーナリズムは、全部、こうである。日本のメディア全体が、日本人のエディトリアルセンスというものが、地に墜ちているとしか思えない！

こんなシロモノが出来てしまったのは、誰も、最初の段階から最終段階を、ツマリ、「起点」から「到着点」を連想しなかったからである。新聞の紙面を、単に「白い四角形」としか考えていない証拠である。企画が立てられた最初の段階で、新聞を開く最終段階では折れ線がどこに入るのか想像し、モデルの顔をどこに配置すべきかを考え、広告として、どういう効果を発揮するのかを連想すべきだったのだ。そうすれば、モデルの顔を傷つけてしまうような広告になるはずがない。

優れた広告というものは、広告主が、自らの美意識と、広告としての美しさ、その効果と、費用のことを同時に考えることによって出来上がる。プロは、起点の一歩で到着点をイメージしなければいけないのである。

これは、一流のマラソン選手と同じである。優れたランナーは、いま、自分がどのグループに混じり、そのグループの何番目を走っているのか、どうすれば先頭に近づけるのか、考えながら走っている。走っている姿を見るだけで、アタマのいい選手かどうか、すぐに分かる。編集者は、マラソン選手の走り方ひとつを見ても、大事なことを学べるわけである。一流の編集者になるためには、トップランナーのように、最初の起点で終点が読めないといけない。終点が読めた時に初めて、起点が起点となるからである。

雑誌について

雑誌の悪い例を挙げれば、日本の雑誌は、どの雑誌も、文字を組み過ぎている。一段の文字数が多過ぎる。行数も、ノド（本を綴じる側）の部分は、一〜二行多い。息が詰まる。本が壊れそうになるほどムリヤリ広げないと、ノドの奥に隠れた文字が読めない。両サイドの小口《こぐち》側（頁の外側）の一行も要らない。この傾向がいちばん強いのが、婦人雑誌である。ボクの感覚で言えば、『婦人倶楽部』『婦人生活』『主婦と生活』『主婦の友』などが、そうだった。『文藝春秋』も同じである。

本文に関する重要な写真を、右頁に載せているのも気になる。こういうレイアウトは、効果的ではない。日本語には、タテ書きとヨコ書きがある。だから、右開きと左開きの本がある。たとえば、『文藝春秋』は、タテ書きだから、右開きである。

頁を開いて、いちばん最初に目に入ってくるのは、左頁の上段である。重要な写真や広告を載せるなら、ここが、最もいい。「金」の位置（ゴールデンスペース）である。次が、ゴールデンスペースの下、左頁の下段。ここが「銀」。右頁の上段が「銅」。その下は、あまり意味がない。ヨコ書きの場合は、逆になる。

これは、単に、位置だけの問題ではない。写真をどこに置くかによって、エフェクト（効果・効力）が異なる、ということである。本（雑誌）に限った問題でもない。

折り込みチラシ、店舗における商品の配置、どんな場合にも通じる「人の目線の動きの起点と終点」の問題なのである。新聞や雑誌広告の場合、掲載される位置を金・銀・銅のどこにするかで、歴然と効果が異なる。左を選ぶか、右を選ぶかでコストも全然違う。掲載料も変わってくる。

『文藝春秋』の本文中のタテ割り広告を見てみると、誰が決めているのか、誰に任せているのか、あるいは、広告主の費用の問題なのか、「ここに入れても無駄だろう」と思う場所に入っている広告が随分ある。たしかに、中には、パッと目につく洒落た広告もある。しかし、その全頁のカラー広告をよく見てみると、「ポイント数（文字の大きさ）が、こんなに小さい文字を、誰が読む？」と思うほど、ボディコピーが小さ過ぎる。もともと誌面が小さい（A５サイズ）ということもあるし、読んでみれば、内容は面白いかもしれない。いや、見ただけで、誰も読む気にならなないだろう。洒落ていれば、いい、というものではない。

読みやすく、分かりやすく、写真は大きく。広告にも記事にも、そういう抑制がないといけない。つまらないようで重要なことである。

昔の出版社は、広告部に訊きに行くと、経験を積んだ人が、カンタンに教えてくれた。いまは、出版社でも新聞社でも、社内で、そういう教育をしていないとしか思えない。生意気な文章を書かせて、いい社員だとか、悪い社員だとか言っているだけだ。広告の内容や位置の問題も、受け取る側の印象を、編集者がきちんと連想しないといけない。媒体（メディア）そのもの、会社全体のクオリティに関わってくるからである。

昔の本が教えてくれること

心に迫ってくる本がある。昔のいい本には、そういう迫力がある。たとえば、宮《みや》武外骨《たけがいこつ》の『筆禍史全《ひっかし》』（雅俗文庫）がそうである。ボクの教科書である。同書は、言ったことや書いた文章について、時の政府にイジメられた人々のことを集めた本である。菅原道真でも、日蓮でも、「こんな風に言ったら、こんな風にいじめられた、島流しになった」ということが紹介されている。

昔も今も、思いのまま公言することで、世間にイジメられるのは、同じである。政治家が失言して辞任に追い込まれる。著名人が差別的な発言をして叩かれる。やられた側からすると「筆禍」である。体制に、世間に、気にくわないと思われた人々が攻撃されていく。これは、人間の本能だから、それは、それでいい。だからこそ、宮武外骨の本から迫ってくるものがある。

いい本である。明治四十四（一九一一）年に作られた本だから、和紙である。人に「貸してくれ」と言われても、壊されたり、返してもらえないと困るから、貸さずに、ずっと大事にしている。破けた所には、自分の書き損じの原稿用紙を貼って、丁寧に修繕し、いつも、惚れ惚れと眺めている。白（ホワイトスペース）の使い方が的確で、風格がある。脚注のレイアウトもいい。縦書きの本だから、広告も絵も、大事なモノは、左頁に入っている。右側に入っている絵もあるけれど、そこは、ちゃんと、つまらないものを選んで入れている。口絵も、きちんと考えられている。折りたたみの頁も、引き出しやすいように左側に折り込まれている。

昔のいい本は、色々なことを教えてくれる。外国の、いい本も同じである。注釈に絵を入れるなんて、いまの編集者は考えるだろうか。昔の編集者は発想が豊かである。いまは、何でも、外注の時代だから、割付はレイアウトの専門家、装幀もデザイナーに任せて終わりである。宮武外骨は、編集長として自分で割付をしている。外骨だけではない。当時の編集長・編集者は、ほとんどが、そうだった。古書を、単に明治・大正時代の古い本として見るのではなく、どんなことでも盗み取る姿勢があれば、「本づくりは全体の構図を考えなければいけない」ということが分かる。これが、編集者に必要な連想能力である。

出版界をダメにするな

連想能力があれば、新聞の折り痕が被さる岸恵子らの顔写真を掲載したりしない。息が詰まるような文字の組み方は、しないはずである。内容はともかく、『文藝春秋』のレイアウトは、見ちゃいられない。つい最近の、芥川賞が掲載されている号を読んでイヤになった。はっきり言って、レイテン（零点）である。外国のどんな本も、こんな文字の組み方をしない。レイアウトも外国のほうがいい。天下の文藝春秋が、こういうことを平気でやっていることが不思議なくらいだ。ダメなものが一流雑誌に載っているから、あえて言うのである。

これほど、たくさん売れているのに、食い散らかした茶碗を、そのまま置いてあるような本である。何も考えていない。整理されていない。それでも、売れているということは、読むヤツが無神経なのかもしれない。余計なお世話なのだろうが、気になってしかたがない。二冊に一冊は、文字の組み方にイライラしてくる。読み終わる頃には、本が壊れてしまう。それでも、買って読む。案外、ボクは、いい読者なのかもしれない。いや、無神経なだけなのだろう。

『文藝春秋』は、創刊から約九十年間、ずっと同じ装幀・レイアウトである。昔は頁数が少なかったから、それでもよかった。しかし、頁数が増えて厚くなったのに、組み方を直さない。だから、いけない。文藝春秋の社長も編集長も、毎月、出来上がった本誌を読んでいるのだから、誰かが、ひとこと、「ノドを開けろよ（行数を減らせよ）」と言えばいいのに、と思う。それでも、『文藝春秋』の中で、わずかに読みやすいのは、最初の四段組のコラムである。一段が十三文字。ほかの本文より少ないから、まだ読める。これで段抜きだったら絶対に読めない。読まない。

芥川龍之介が死んだ時の臨時特集号も、読みやすかった。ボクは、文藝春秋の編集部ではなく、外注して作ったのだなと思った。文藝春秋の卒業生に作らせたのかもしれない。昔の編集者は、こういうことを、ちゃんと分かっていたからだ。世の中には「経験則」「経験主義」というものがある。昔から「いい」と言われているものを大事にするということである。五十年〜百年かけて培われてきた概念には、理屈を抜きにして見倣うべきことが数多くある。いまのような科学データ主義の時代であっても、経験則から生まれた知恵と混在させていくべきである。

かつて、ボクは、部下に、「どの雑誌も、できるだけホワイトスペースを多くするように」と指示していた。文章中の冗語《じょうご》（要らない言葉）や副詞や形容詞も省いて短くし、その分、天地左右の白を多くするように、と。文章量が減ると、読みやすくなる。読みやすければ、分かりやすくなる。おまけに、原稿料も減って、経済的である。スペースや配置のことをちゃんと考えているのか、読者のことを考えて作っているのか、タイトルの入れ方はどうなのか。どの本も、頁を見ただけで、編集者や広告マンが、いいか悪いか、よく分かる。

いまのメディアがダメになったと思うのは、ボクの主観である。しかし、ボクは、モノゴトは、悪い場合を想定して考えたほうがいいと思っている。だから、日本のことも、出版界のことも、そう考えるようにしている。天下の文藝春秋に、ニッポンのジャーナリズムに、ダメになって欲しくないからである。

泉重千代「長寿の酒」事件

連想能力がないと「事件」になってしまうこともある。長寿世界一で有名になった鹿児島県徳之島在住の泉重千代《いずみしげちよ》翁を、地元の酒造会社が無断で宣伝に利用した事件である。百歳を超えた泉翁は、毎日、黒糖焼酎を愛飲していた。このことが長寿の秘訣であるかのように報道されると、「黒糖焼酎」の販売元である酒造会社は喜び、お祝いに駆けつけ、記念写真を撮った。その記念写真を、翁に無断で流用してしまったことが訴えられたのである。これは、肖像の無断使用という、肖像権侵害にあたる。

事件そのものは、酒造会社が看板料を支払うなどの条件で和解した。ボクが言いたいのは、誰かが翁サイドに、事前に「自社の黒糖焼酎を愛飲してくださっている翁を、宣伝に使わせていただきたい。記念写真も、利用させて欲しい」と正式に依頼すれば、事件にはならなかったということである。ところが、写真を撮った時も、出来上がった時も、その写真を広告に利用しようと相談していた時も、ひとりも「泉重千代さんに許可を得よう」とは言わなかった。広告会社の人も何も言わない。誰も翁のことを考えていない。自社の宣伝のことしか考えていなかったのである。

この人たちの中に、ひとりでも立派な人がいればよかった。立派な人というのは、自社のメリットだけではなく、デメリットも連想し、「正式に依頼しよう」と言える人のことである。無断で行えば泉翁サイドがどう思うのか、どういうことになるのか分かる人である。もし、泉翁が宣伝への流用を好意的に承諾してくれて、お金を受け取らないのであれば、「鯛の一匹でも、チョコレートでも、御礼に持って行こうよ」と、いいアイディアを出せる人である。どういう手続きを踏めばスムーズにコトを進められるのか、起点から終点を読み切れる人のことである。こういう立派な人がいない。これが、いまの編集者集団のオカシイところである。

森進一
「おふくろさん」騒動

連想能力が欠如していると「騒動」にもなる。歌手の森進一が、作詞家・川内康《かわうちこう》範《はん》が作詞した「おふくろさん」の歌詞の冒頭に、無断で、独自の台詞を付け足して歌ったことである。これは、「著作物の改変」にあたる。川内は怒った。森は謝罪に行った。川内は門前払いにした。メディアは、連日、「謝罪に行った森を、川内は許さずに怒っている」ということだけを流していた。この騒動も、誰かが、初めから結果を想像すれば、防げたことである。

森自身はもちろん、マネージャーも、マネージャーが属している会社の上司も、レコード会社やテレビ局の関係者も、事実を知っていた人は大勢いたはずである。

その中の誰かが、注意して止めさせればよかったのである。アルイハ、正式な手続きを踏んで、川内に申し出れば著作権法違反にはならなかった。モシクハ、コトが起こってしまったのちに、直ちに川内に挨拶に行けば、それほど怒りを増幅させることには、ならなかったかもしれない。ひとりでも、こういうことを連想すれば騒動にはならなかったはずである。

こんな事件や騒動が繰り返されないよう、本人はもとより、関係各所の社長や役員は、部下を、ちゃんと教育しなくてはいけない。しかし、いまは、「やたらと部下をシメると嫌われる」と、きちんと指導できる上司はいない。嫌われることも、上司の仕事である。それなのに、何もしない。だから、事件や騒動が絶えない。いまの世の中、大会社の体質は、どこも同じである。いい体質を持っているのは、良質の中小企業だけである。相手を利用するだけでは、絶対にいい仕事にはならない。

いい仕事をするためには、言葉を粗末にせず、きれいな日本語を使って、サボらずに連想すること。連想の多様さという能力を鍛錬することである。

哲学的に

いまの時代、大学生も、編集者も、哲学というものを学ばない。認識論も、論理学も、軽視されている。ボクは、これも、日本がダメになった理由のひとつと思えてならない。大学が一〇〇あっても二〇〇あっても、いい哲学の先生が五人といないのだから、ちゃんとした哲学や認識論が育たなくても致し方ない。昔は、大学生の数が少なかったということもあるが、かつての大学生や編集者は、「これが一体、何の役に立つのだろう」と思い悩みながらも、しっかりと哲学を学び、独自に世界観を追求していた。

ボクが、若い頃から尊敬している哲学者は、デカルトとサルトルである。ハイティーンの頃、難しいな…と思いながら、デカルトを読んだ。戦後、学徒動員から戻って最初に読んだのは、サルトルだった。ボクは、デカルトの、「人を尊敬もしないし、バカにもしない実存主義（existentialism）」「人間は単なるブツ（マテリアル）である」という考え方に影響を受けた。

つい最近まで、ボクは、ずっと、サルトルを追い続け、毎年、必ず、サルトルの本を読んでいた。もう、いい歳をして、みっともないような気もするから、いまは、読んでいないが、ボクは、デカルトとサルトルから、著しく大きな影響を受けた。

いまでも、尊敬している。

デカルトとサルトルが出現する前にも哲学者はいた。その後にもいる。しかし、ボクは、デカルトからサルトルまで、真っ直ぐに引いた線が、ヨーロッパの哲学だと思っている。この大テーマを、誰か、偉い哲学者に書いてもらいたいと思い続けてきた。いまも、そう思っている。

アメリカの哲学は、デューイのような実益・実用主義（プラグマティズム）だから、いいとも悪いとも思わない。こんなことを、昔は、カンカンガクガク（侃々諤々）徹夜で語り合い、哲学的な、あるいは、文学的な青年時代を経て社会人になったものである。いまは、そういう認識が、ちっとも大事にされていない。哲学なんか、どこにも見当たらない。

少なくとも、編集者というものは、たとえば、どんなにあくどいモノでもきれいに作る。あるいは、あまりにもきれいなモノは汚す。この間合い、プロセスのようなものが、いい結果を生み出す「センス」なのだ、とボクは思う。哲学的すぎるのかもしれないが。

漫然と会社に行き、
社長が立てた企画を本にするだけなら、
その人は、編集者ではない。

編集という仕事

三、

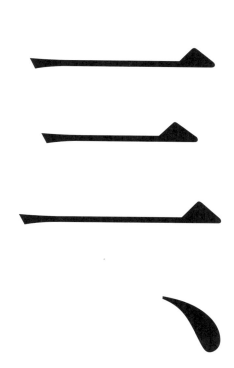

編集とは

じつは、編集という作業は、日常的に誰でもやっていることである。世間にイヤというほど溢れている膨大な情報を、すべて受け取ることはできない。だから、人は、テレビを観ている時も、本を読んでいる時も、街を歩いている時も、誰かと話している時も、自分に利益があると感じたことに、自然に反応するようになっている。自分に必要な情報だけを抽出している。これが「編集」である。

そして、じつは、もともと、ボクたちが触れている情報も、あらかじめ編集されたものである。「ドコソコのおじいさんが、朝ごはんを食べました」なんてことは、いちいち報道されない。もっとも、いまは、ネットで自分の日記を公開するような時代だから、他人には、どうでもいいようなことも、タレ流されている。

それでも、自分に必要ではないことは拾わない。捨てている。出版における編集も基本は同じである。その中で、より多くの人が注目するであろうことを、紙という入れ物に載せて頒布する。これが、商売としての編集である。

一人前の編集者

日本の場合、学校を卒業して出版社に就職すると、すぐに「〇〇編集部・編集者」という名刺を渡される。それだけで、編集者（エディター）になったと思うのは、

資質と培質

大きな間違いである。欧米の出版社では、編集部に入った新入社員は、まだ編集者ではない。アシスタント・エディターである。

それから、短くて三〜五年、長ければ七〜八年、アシスタントとして勉強をする。そして、特定の著作者（オーサー）と信頼関係を結び、「この人が依頼するのなら仕事をしよう」という著作者が増えてくると、一人前の編集者になる。絵描きでも作家でも、自分の薬籠中《やくろうちゅう》の人として握る。つまり、信頼を得ることが、いい編集者の条件なのである。

一人前の編集者になる前は、助手である。大学でいえば、教授になる前の准教授のような存在である。アシスタント・エディターの時に、きちんとこういう自覚を持っていない人は、勉強しなくなる。いや、たいてい、みんな、編集者の名刺をもらった途端、勉強をやめてしまう。面倒クサいからである。そんなことではいけない。たとえ、一人前の編集者になっても、勉強すべきである。

人には、生まれながらに持っている天性の性質がある。これを「資質」という。編集者にとって大事なものは感性である。連想力でもある。これらを「資質」として持っている人は、魅力的である。しかし、資質として持っていない人もいる。そういう人の中には、歳を取るにつれて、自然に身につけていく人もいれば、社会人になって、先輩の仕事を見倣いながら、切磋琢磨して身につけていく人もいる。

こうして、後天的に身につけた資質を、ボクは「培質《ばいしつ》」と言っている。辞書には載っていない言葉である。はっきり言って、この培質ができない人もいる。培質したのかどうか分からない人もいる。開拓できる人とできない人がいるのである。資質でも培質でも、いずれにしても、編集者としての能力を備えていれば、どちらでもいい。

ボクが、意識的に自分を「培質」した方法は、カタっぱしから、本や新聞を読むことだった。いわゆる雑読・雑学である。専門分野に特化した出版社でない限り、じつに、多種多様な分野の本を出版する。いくら、ある分野の専門知識が豊富でも、それだけでは、総合出版社としての対応はできない。

専門知識に突出している学者には、雑読をイヤがる人もいる。しかし、あらゆる読者のニーズに応えるためには、雑読・雑学が編集の基本である。雑学を恥じず、とにかく、大量に読むことである。それには、インターネットのような、デジタルコンテンツを眺めるだけでは、ダメである。雑読にならない。やはり「紙」である。

その紙というメディア（入れ物）に入っている「新聞記事」が、すべてのジャーナリズムの基本である。大手日刊紙の朝刊が、すべてのメディアの情報源になっている。出版企画もテレビ報道も、全部、全国紙の朝刊から生まれているのは事実である。なのに、編集者は新聞を読まない。ボクが、編集者の友人や知人と昼飯を食いながら話をしても、朝刊を読んでいるヤツは、ほとんどいない。

試しに、周りの人を見渡してみれば分かる。出版社はおろか、新聞記者も読んでいない。不思議なくらいである。その点、テレビ関係者は、ネタに飢えているから、けっこう読んでいる。朝のワイドショーには、新聞紙面そのものが、ズラリと並んでいる。編集者が新聞を読まないのは、はっきり言って、日本の出版界の弱点である。しかし、ただ目を通せばいいというものでもない。新聞を読むにしても、上手な読み方と下手な読み方がある。ちゃんと意識して読めば、新聞と出版の文章・文体が全く違うことが分かる。これが、上手な読み方である。このことを理解した上で、情報源として活用すべきなのである。

編集者には、培質を重ねた末にホンモノの編集者になった人と、歳を重ねただけ

編集者は
シテツレ

で中身はアシスタントのまま、という二通りの人がいる。そういう先輩たちを見据えて、ホンモノの編集者から学んでいけばいい。ここが、バイシツの急所である。

編集者は、著作者とうまくつき合い、いい関係を構築していかなければならない。たとえば、能狂言の世界では、主人公を「シテ」という。脇役は「ワキ」である。シテとワキ、それぞれの「お供」のことを「ツレ」という。主人公のお供は「シテツレ」、脇役の場合は「ワキツレ」である。歌舞伎では、ツレのことを「黒子《くろこ》」ともいう。全身に黒い物を被って役者の背後にしゃがみ、様々な手助けをする男のことである。黒子がいないと踊れない役者は、案外多い。黒子は、役者に台詞を教えたりもする。だから、黒子がいると、役者は台詞を間違えないですむ。

この構造を、出版に置き換えてみると、著作者は主役の役者「シテ」、編集者は黒子「ツレ」である。漫才でいえば、「ボケ」と「突っ込み」。シテもツレも、ボケも突っ込みも、ひとりで両方を兼ねることはできない。シテがいてこそのツレである。関西人や高齢者は、友人のことを「ツレ」という。これは、「連れて歩く」のツレ。「一緒トゥギャザー」という意味である。

メッセンジャーではいけない

編集者は、あくまでも、主役の「裏方」という意識がないといけない。決して表に出ないように努めながら、著作者の足りない部分や、悪い部分をすべて黙って補おう、直そう、という気持ちで著作者の顔を立てなければいけない。そうでなければ、どこか姿勢が高くなってしまう。それを繰り返して行くと、シテである著作者が、ツレの編集者を認めてくれるようになる。その時、その人は、一人前の編集者、本物のエディター、「シテツレ」になるのである。

あらゆる分野の出版を手掛けるために、編集者は、万能でなければならない。しかし、実際には、万能な編集者は、存在しない。だからこそ、オールラウンドな知識と知恵を増やすことが、万能な編集者になるための培質である。

いつも、自分の発想の資質を考えていれば、誰でも培質できる。漫然と会社に行き、社長が立てた企画を本にするだけなら、その人は、編集者ではない。単なる「メッセンジャー」である。本の中身も外身も、すべて、ライターやデザイナーに任せて終わり、という人も、編集者じゃない。ただの「お使いヤッコ」である。編集者として給料をもらう以上、決して、メッセンジャーや、お使いヤッコではいけない。「その人じゃないと、いけない人」にならなければ、一人前の編集者とはいえないのである。

メッセンジャーでいいのなら、アルバイトを雇えばいい。会社も、アルバイトのほうが、費用が安く済んで便利である。人件費を削らなければならなくなったら、すぐにクビを切ればいい。正社員には、お金が掛かる。はっきり言って、給料の二倍は掛かる。厚生年金も保険も会社が負担する。冠婚葬祭のたびに、お祝いも、お見舞いも、不祝儀も出さないといけない。たとえば、月給五〇万円なら一〇〇万円の人件費が掛かるのだ。「その人じゃなくてもいい人」に、会社は二倍ものカネは費やせない。雇用者全員が正社員であるというのは理想である。善である。

しかし、どこまでも善であろうとすれば、企業は潰れる。国は滅びる。だから、アルバイトという存在は、企業にとって「必要悪」なのである。正社員なのに、正社員としての働きをしない人（何のためにいるのか分からない人）も同じである。

出版社は、フトコロ具合がよくなれば編集者を増やし、悪くなればアルバイトを増やす。そうすると、自然に外注も多くなる。こういう図式でもある。これが、いいか悪いかではない。編集者たるものは、このような会社の構造を常に考え、メッセンジャーではない存在になれ、と言いたいのである。ボクは、現状、どの出版社も、一〇人のうち七~八人がメッセンジャーだと思う。これを少なくする努力をすべきである。しかし、やはり、何と言っても、出版社というものは、編集者の「質」に期待しているのだから、せっせと培質し、その期待に応えるべきなのである。

編集者は、本作りもプロダクション任せにしてはいけない。もう六十年も前の話だけれど、ボクが新入社員だった頃は、たとえば、本のタイトルは、自分で書いていた。雑誌のタイトルも、自分で工夫して書いていた。面白く、洒落た文字組みにしたいと思ったら、活字を使わずに筆で描いてみた。上手くいかない場合は、版下を作る専門の人に見せて、「こんな感じにして欲しい」と頼み、上手に文字にしてもらった。いまの編集者は、全部デザイナー任せで、デザインの勉強もしない。出来上がったものを受け取るだけの編集者が多い。そういう流れが一般的になっているのであろう。その分野の専門家のほうが、長けている場合もある。

もし、専門職に外注するのなら、編集者は、プロデューサー、ディレクターにならなければいけない。企画も本作りも、緻密に手作りしていく面白さを手放してしまっては、編集者としての醍醐味も味わえない。だから、お使いヤッコでも、メッセンジャーでも、アルバイト感覚でもいけない。そういう人は、編集者として存在する意味がないからである。

他者と差別化された人になる

それでも、中には、アルバイトとして働くほうがいい、という人もいるだろう。それは、例外である。ひとつ「いい例外」を紹介しよう。ボクが、『女性セブン』の編集長だった時、正社員として、女性を四人採用した。それぞれ、東大、東工大、津田塾大、お茶の水女子大の卒業生である。彼女たちは、正社員ということで、アルバイトの女子たちから羨ましがられていた。ところが、この中の一人が、入社して一年経った時、「正社員からアルバイトにして欲しい」と言ってきたのだ。ボクは、ちょっと驚いた。普通は、逆である。アルバイトが正社員になりたいというのなら分かる。当時、アルバイトを採用する期間は一年間と決まっていた。一年以上になると、だんだん、慣れて、正社員と同じようになってくるからである。おそらく、どの出版社でも同じだったと思う。

正社員の彼女が、「アルバイト扱いにして欲しい」と言った理由は、こうだった。「正社員である以上、仕事に責任を持たなければならない。時間の制約もある。だから、アルバイトという立場で、もっと、自分の勉強に時間を使いたい」と。

こういうことは、自分の家がお金持ちか、自分に自信がないと言えないことである。彼女は、ある有名出版社の社長の娘だった。小学館には、出版の勉強と編集の技術を盗むために入社したのだという。全部覚えたら自分の会社に帰らなければならないのだ、と。ボクは感心した。「正社員としていきなり辞めると、会社に迷惑をかけてしまう」という配慮があっての申し出だったからである。

これは、自分の目的に対して、よほど勇気がなければ、できないことである。いい例外だと言ったのは、彼女が、「責任を持つ必要がないメッセンジャーになりたい」と言ったのではないからだ。生き方として個性的だと思ったからである。彼女は、たとえ、正社員からアルバイトに切り替わっても、「その人じゃないといけない人」ツマリ、「他者と差別化された存在」になろうとしていたことは、間違いない。

そういう差別化が、いい編集者へのステップになる。いい企画、いい本に繋がり、全体の（会社の）ためになる。エンドユーザーのためになる。結果的には、自分自身のためになる。編集者として、自ら培質できない人は、転職を考えたほうがいい。そのほうが、世のタメ、人のタメだからである。

一、生命の危機
二、経済（金銭）の危機
三、貞操の危機（男女共に）
売れなくなったら、
この三つに関する記事を載せろ。

企画について

四、

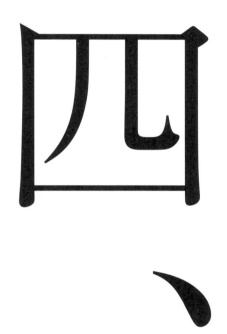

連想する能力

企画を立てるために、最も重要な素質は、「連想」である。この連想能力があれば、何を見ても、何を読んでも、企画に結びつけることができる。ボクは、長年、じつに多くの編集者とつき合ってきた。この中で、連想能力が優れた編集者は、一〇人に二〜三人しかいない。いや、一〇人のうち九人は、ダメである。

連想能力がある編集者は、モノゴトの表を見たら裏を、裏を見れば表を連想する。ひとつ企画が生まれれば、同時に一〇個や、それ以上の企画を膨らませていく。そこから、また、連想の枝葉を際限なく広げていく。ひとつの言葉から文章を連想し、その文章から、作品の全体像を連想する。そして、レイアウトまで連想し、さらに、それが、どういう読者の手に渡るかまで連想していく。この連想能力こそ、いい企画を生む基本である。

連想能力に優れた編集者が少ないといっても、それは、ただ、サボっているだけである。日本人には、もともと、豊かな連想能力があった。日本の文学史も文化も、日本人の思考も、人と人との関係も、コミュニケーションも、すべて、連想で繋がっていた。しかし、戦後の日本は、日本人は、この優れた能力を存分に発揮しなくなってしまった。少なくとも、編集者は、仕事でも遊びでも、常に連想ということを意

物付け
心付け

識し、どんなことでも、いい企画に結びつけなくてはならない。連想を習癖として身につけていけば、企画が立てやすくなる。連想能力があるかないかで、編集者の価値が、A級B級C級というランキングになっていくのである。

昔から、日本の文学には、「物付け」「心付け」という連想方法があった。物付けは、木や山や川などの自然、犬や猫などの動物、家や家具、小物など、モノで連想を繋げていく方法である。コタツ→炭→火鉢、というように連想を繋げていく。

一方、心付けは、「羊羹《ヨウカン》」を見て、「甘い」と連想し、甘い→カステラ→黄色い→ひまわりと、モノではなく、感じたココロで、繋げていく。この「物付け」「心付け」を、上手に展開し、カタチにしていったのが、短歌や俳句などの短詩である。

たとえば、「火鉢の火が消えたよ」という句を詠む。これを、発句《ほっく》という。この発句の「消えた」という言葉から、「誰かがいなくなったよ」と連想して繋げる。

ちなみに、「誰かがいなくなる」というのは、江戸時代では、「神隠し」または、「お伊勢参りに行った」ということだった。当時、庶民の旅は、幕府に管理されていたが、お伊勢参りに行くことだけは、自由で、許されていた。だから、「誰かがいなくなった」という言葉から「お伊勢参り」と繋げる。「消えた」から、「誰かがいなくなった」と繋げていくのは、「心付け」である。「お伊勢参り」から、伊勢にある「五十鈴川」に、その「五十鈴川」から、「川の水は、海の水より甘い」アルイハ「川魚は海の魚より賢いよ」と、どんどん、言葉を繋げていく。こちらは、モノからモノを連想しているので、「物付け」である。どちらも、短詩を遊びと考えた時の方法論である。連想という方法を使ったコミュニケーションのひとつだったのである。

連想能力は日本民族の特性

『万葉集』に登場する「相聞歌」は、双方が相手の歌の内容を連想することで繋がっていた。額田王《ぬかたのおおきみ》や雄略《ゆうりゃく》天皇の時代の歌から、すべて連想の文学である。相聞歌は中世に入ると「連歌《れんが》」という言い方になる。この連歌も、上の句と下の句を別々の人が作る。上の句の人の発想を連想し、遊びのように言葉を繋げていくのである。たとえば、「私は、あなたが好きですよ」という意味が込められた上の句を渡された人は、もし、好きならば、「私も、あなたが好きですよ」と応える下の句を返す。日本人の性格としては、「好きです」と、直接、告白するのは、恥ずかしい。もし、嫌いでも、「嫌いです」と断るのは、生々しい。だから、花鳥風月などになぞらえて歌を詠む。その言葉から、お互いの気持ちを連想し合う。合理的な合コンのようなものである。

相聞・連歌という「連想詩」は、近世になると「連句（れんく・れんぐ）」になってくる。近世には、経済的に余裕のある商人がいた。商店の店主などのプチブルである。彼らは、暇に飽かせて勉強することを好み、連句を楽しんでいた。たとえ文字が読めない人でも、五・七・五の言葉を並べるだけだからカンタンである。日本人は昔から、お金があってもなくても、誰にでもできる連想という言葉遊びをしていた。その発想が、脈々と生きていたのである。

連想のアート

連句の作者で、いちばん有名なのは、井原西鶴である。江戸時代、大坂で、浮世草子や人形浄瑠璃の作者、俳諧師として活躍していた西鶴は、ひとり座し、ひとつの言葉から連想される言葉を連綿と繋げ、朝から夜まで、その翌日も、またその翌日も、声に出して連句を詠み続けていた。

普通の人だったら、言葉を連想で繋げようとしても、五句か、せいぜい一〇句でである。それを、西鶴は、およそ、三万句も連ねた。これを「独吟興業」という。二日も三日も、疲れ果てて倒れるまで、ひとりで連句を続けていたのである。ギネスブック級である。この西鶴の興業を、多くの人が、見物に行った。西鶴が、ひとりで際限なく連想する姿を観て、楽しんでいたのである。日本人の連想の、ひとつの軌跡である。

俳句は、短歌の上《かみ》の句のことである。松尾芭蕉が登場する前に、俳句はなかった。しかし、雑然とした俳句「雑俳《ざっぱい》」というものはあった。雑俳も、すべて上の句の五・七・五がもとになっている。連句・短歌・俳句という「短詩」は連想形式の遊びである。江戸っ子が使っていた日常の言葉にも、さり気なく、遊び心が込められた、粋な言葉がたくさんある。日本人は、江戸の昔から、それ以前から、ずっと、言葉で遊んできたのである。

ちなみに、ボクは、「さ寝《ぬ》らくは　玉の緒ばかり　恋ふらくは　富士の高嶺の鳴沢のごと」という『万葉集』の東歌《あずまうた》が好きである。関東の庶民の言葉であるが、「玉の緒」というのは、糸を結んで作る小さな糸玉のことで、「ちょっとだけ」という意味である。この歌は、好きな人と過ごす短い時間を「玉の緒」に、逢えない間の恋しい思いを「富士山」に託した「たとえ話」である。富士山は、いまも関東地方から見える。昔は、もっと、はっきり見えたことだろう。その山頂からは、煙が上がり、風向きによっては、溶岩は燃える音まで聞こえたといわれていた。だから、「富士山の火がゴウゴウと燃えるように」という自然現象に、恋心をなぞらえて詠まれた歌である。このような連想の文学は、紫式部や和泉式部の時代にも受け継がれ、現代まで生き続けている。

いま、日本のマンガ・アニメは、世界中に注目されている。相当な人気がある。日本経済の中でも、マンガ・アニメの占める位置は、相当に大きい。漫画というのは、ほかの絵画に対して、差別化に成功したひとつの形である。連想の文化を受け継いだ美術（アート）である。

『少年サンデー』は、講談社の『少年マガジン』と並んで、日本初の少年漫画週刊誌であった。『少年サンデー』創刊は、日本の漫画史のエポックメーキングな出来事で、世界に名だたる日本のマンガ・アニメの原点だ、と思っている人もいる。

だから、ボクは、いまでも、色々なメディアからインタビューを受ける。しかし、そのことと、マンガ・アニメの隆盛は関係ない。遙か昔から、日本に続く連想の文学を受け継いだものが、現代のマンガ・アニメだからである。キャラクターも、連想の文学史の流れを汲んで生まれた作品である。ドラえもんは連想のカタマリ、連想のアートの極致である。「アート」を日本語では「美術」としか訳さないけれど、マンガも、文学や音楽と同じ日本独自の連想のアートである。連想によって、文学も音楽も繋がっていくのである。

いまは、高校生の女の子でも、あっという間にプロの漫画家になってしまう。日本の連想のアートが世界中で売れているのも、豊かな連想能力を持つ人が多いからである。編集者は、日本人なら誰でも潜在的に秘めている連想のヘキ（癖）を、常に意識しながら、企画の立案・発想に結びつけていくべきである。素養として、雑俳・連句を多少読んで学んでおいたほうがいい。自分の心はもちろん、相手の心も連想していくことで、企画の枝葉が広がっていく。

物付けの達人

ボクが新入社員だった頃、大変に「物付け」が上手な絵本づくりの達人がいた。戦前から小学館の社員だった大先輩である。ここでは、仮に、ナンバさんとさせていただく。ナンバさんは、生涯、絵本しか作らなかった。だから、大先輩なのに、平社員のままだった。編集長にも部長にもならず、常に、ボクの部下だった。しかし、そんなナンバさんの絵本の作り方を、ボクは尊敬していた。連想能力に優れた編集者だったからである。ボクが、しみじみ、いいなと思った作品のひとつに、『わたしのいえ』がある。

『わたしのいえ』の最初の頁は、和室の絵になっている。中央にコタツ（炬燵）があり、コタツの布団にはネコがいる。茶簞笥の上には、鉱石ラジオ。部屋には縁側《えんがわ》があり、少し開いた障子から、イヌが顔を出している。昭和初期の、どこにでもあった居間と廊下の絵である。その絵に、「わたしのいえ」という平仮名だけが書き添えられている。三歳くらいの子供が、この絵と文字を見たとしよう。「わたしのいえ」という文には濁音がないから、文字の読み方を覚えてしまう子供もいるだろう。

小学館のように、学習雑誌を研究している出版社としては、就学前の子供が、文字を覚えることが、いいことかどうかは、重大な問題であった。当時、幼稚園の先生は、園児に文字を知らない状態で、入園してもらいたがっていた。白紙のままの園児に、自分で色をつけたかったのである。

同様に小学校の先生も、幼稚園で文字を教えないで欲しいと思っていた。一年生になってから、きちんと文字を教えたいので、幼稚園でヘンな「あ」を覚えてこられては困る。文字のことだけでも、「幼小一貫教育」という問題で、幼稚園と小学校の意見が、ぶつかったりする。そういう問題を、絵本を担当する編集者は、誰もが、いつも、考えていた。

当然、ナンバさんも、真剣に取り組んでいた。普通の出版社だったら、絵描きさんに、漫然と、「毎頁、イヌが出てくる本を作ってくれ」と依頼したりする。たしかに、それだけでも絵本は出来てしまう。しかし、本当の絵本づくりはそうではない。ナンバさんは、絵本を手にする子供に、最初の頁で「わたしのいえ」という「清音《せいおん》」だけを教えようとしていたのである。

次の頁は、コタツにいたネコが、縁側でマリとじゃれている絵になっている。連句の手法でいえば「物付け」の繋がりで、ネコにマリを与えて登場させている。

その次の頁には、子供が登場する。縁側にいたイヌを子供が抱いている絵である。書かれている文字は「いぬ」だけである。しかし、頁の隅に、小さく注意書きが入っている。この絵本を子供に見せる（読ませる）母親へのコメントである。それも、ただ、「最初の頁に『わたしのいえ』の『い』があります。この頁には『いぬ』の『い』があります」とだけ書いてある。そうすると、母親は、子供に両方の頁の絵を見せながら、「い」という文字を教えることができる。

　そのことが、幼小一貫教育からすると、いいか悪いかは分からない。しかし、ナンバさんは、絵本の専門家として、子供の年齢を考え、物付けで繋げていく絵本を作っていた。だから、最初の頁の部屋にあったモノが、あとに続く頁に、全部、出てくる。これが、自分の出世を見送っても、いい絵本を作ることにこだわっていたナンバさんの「流儀」だったのである。

　ナンバさんは、かなりの年配だった。老眼になっているはずなのに、いつも、細かい文字の本を読んでいた。ある時は、言語学の本だった。東京大学の国語学・言語学者の時枝誠記《ときえだもとき》教授が研究していた「過程的言語学」の本である。偶然、ボクも読んでいた本だった。「過程的言語学」は、従来の「歴史的国語学の文法」を新しい文法「過程的言語学の文法」に移行することを試みた学問である。時枝教授が亡くなったことで、学問として完成しないまま終わってしまったが、ナンバさんは、子供の絵本を研究しながら、時枝教授と同じことを模索し、悩んでいたのである。

まだ若かったボクは、（ナンバさんのように絵本を作っていると、儲かるモノは出来ないな）と思っていた。しかし、ボクの危惧は間違っていた。どんなことでも、筋道を立てて追いかけていったナンバさんこそ、連想能力に優れたホンモノの編集者だったのだ。立派な大先輩のことを、いまも、心から尊敬している。

差別化こそ企画の基本

編集者にとって重要なことは、いい企画を立てることである。それを、本という形にすることである。では、いい企画とは何なのか。仮に、いい企画が、すぐに本になるかというと、意外に大変で、難しいモノである。企画倒れで、本にならない場合もある。あるいは、本にしてはいけない企画というモノもある。

言い換えれば、いい企画は、本にしにくいが、いい本になる。悪い企画ほど、すぐ本になるが、いい本にはならない、ということだ。だから、企画倒れにならない企画を立てることが、本づくりのいちばん重要な課題である。それには、他社（他者）との差別化を目指すことだ、と、ボクは思っている。

この「差別化」というのは、他者との違いを出していくこと、他者と自分を区別することである。一般的に「個性」といわれている。著作権法で、著作物は「思想又は感情を創作的に表現したもの」と定義されている。この「創作的に表現したもの」が個性である。だから、他者の真似をしたモノは、著作物とはいえない。どんなにくだらないモノでも、創意に基づき、創作的に表現されたオリジナルのモノは、差別化された個性である。そういう意味で、「創意」「創作」「差別化」ということは、横一線に並べて考えても、いい言葉である。

では、一体、どういうタイプの編集者が、いい企画を立てられるのだろうか。それも、やはり、他者と差別化された編集者になることである。この差別化に必要なのは、連想能力である。連想能力に必要なのは、豊富な語彙である。語彙を増やすということは、雑読・雑学で培質すること。そして、言葉を粗末にしないこと。常に、言葉を意識していく、ということである。

したがって、「差別化」と「連想」と「語彙（言葉）」は、いい企画を立てることと深く関係する三角形である。この三角形を培質していくことが、いい編集者の資質になる。差別化というのは個性である。オリジナルの創意である。他者と差別化された何かを持っていることである。編集者には、この「何か」が重要なのである。

資本主義を勝ち抜く唯一の方法

差別化が重要なのは、出版だけのことではなく、資本主義社会における企業や人間が勝ち残るための唯一のポイントである。日本の社会を見渡してみると、激しい過当競争の中で、差別化を強く意識した企業だけが、生き続けていることが分かる。

たとえば、日立は重電機、東芝は先端的なエレクトロニクス、松下（パナソニック）は弱電・シロモノ家電と差別化してきたことで成功した。ところが、三年くらい前から、松下が松下らしくなくなってきた。二〇一一年には、ついに、赤字に転落し、いまや、韓国に後れを取っている。松下は、弱電から手を広げ過ぎたために、企業としてのエネルギーが分散され、LGやサムスン、東芝や日立にも弱電分野を侵されてしまった。松下の株主総会の記事を読むと、結局、差別化を曖昧にしていることが分かる。松下が停滞し、松下らしくなくなってしまったのは、差別化からの脱出の試み方に失敗したから、と断言してもいい。その結果、三〇〇〇人も五〇〇〇人もリストラせざるを得なくなっている。日立も、松下を追うように家電を手掛けるようになって、スクランブルになってしまった。シャープも同じである。ツマリ、差別化を、強く意識し続ける企業が、生き続けることができるのである。

一方、商社には差別化がないように思われるが、やはり、差別化されている。日

際立っていること

本の大きな商社、三菱と三井を見てみると、ニンゲン（社員）の動きが、全く違うことが分かる。三菱は、集団行動が特徴で、チームワークで企業を成り立たせている。三井は、個人の努力が特徴で、ひとりひとりの能力に頼っている。ツマリ、個々に独立して優れた人材が豊富ということである。この違いは、長年ずっと顕著である。

商社ですら、そうなのだから、たとえば、吉野家が苦しんでいるのも、他社との差別化を捨て去ったからである。もともと、差別化に成功していた「牛丼」に徹しないで、ブタを始めたり、ウナギに手を出したり、色々なことを試しては、差別化（個性）を失い、松屋やすき家と同じようになってしまっている。吉野家は、一度、「ウシ」に戻らない限り浮上しない。果たして戻ることができるのかどうか、そこが、運命の分かれ目である。どの企業も、オリジナルの差別化という戻り場所を持つことが、生き残るための最後のトリデ（砦）である。

企業における差別化の重要性ついて、富士重工の社長が、最近、テレビで、非常にいいコメントを発表していた。富士重工は、トヨタや日産に比べて、自動車会社としては、それほど大きな会社ではない。しかし、非常に特徴のある車を生産している会社である。この一年ほど、自動車会社全体の売れ行きが停滞している中で、富士重工の車は、割合、売れている。その理由を、社長自身が、「他社との差別化である」と語っていた。

もちろん、トヨタ、日産、ホンダ、それ以外の会社の車も、他社と、どこかが違うに決まっている。しかし、だいたい似ている。この、他社との差別化について、富士重工の社長は、「差別化とは、ただ単に区別するだけではなく、際立っていることが重要である」と語っていた。これは、差別化を表す至言、素晴らしい言葉である。富士重工は、この社長の信念に基づいて「際立って突出した差別化」、言い換えれば、世間を驚かせるような（surprised）差別化に成功したのである。

出版社でいえば、ボクは、岩波書店の考え方や本の作り方が、際立っていると思う。もちろん、岩波が好きじゃない人もいるわけだが、岩波の本は、手にしただけで、岩波の本であることが即座に分かる。それくらい、際立って差別化されている。新潮社は、文学に徹してブレていないところが際立っている。講談社は、健康的なエンターテインメント、遊びに徹している点で際立っている。

ほかの出版社は、岩波的であったり、新潮社的であったり、他社の特徴を真似ているだけで、特に際立った差別化はない。短期的には、それでもいい。しかし、最終的には、オリジナルの差別化を目指すべきである。小学館の差別化は、教育産業である。実際には全体の四分の一くらいの規模になっているが、いざとなったら教育に戻って出直すために、その戻り所として学習雑誌を大事にしている。ツマリ、差別化とは、独自の「武器」を持つことである。個人も企業も、自分自身の際立った武器を持たなければいけない、ということである。

差別的教育方法
金田一さんの思い出

ボクが経験した、教育における差別化の例を挙げよう。

若い頃、ボクは、言語学者・金田一京助の弟子になりたいと思っていた。大学に入る前のことである。知人の紹介で、金田一さんに逢いに行った。当時、金田一さんは、東大の言語学の教授だった。ちょうど定年退職される年でもあった。東大を退職した後、早稲田大学に移られることになっていたので、ボクも、早稲田に入ることにした。金田一さんに、一緒に連れて行かれる格好だった。

金田一さんは、一年ほど早稲田で講師をしていたが、突然、辞めて、國學院大學に移ることになった。金田一さんの研究室（ゼミ）のメンバーだったボクも、早稲田を退学して、國學院に移ることにした。金田一さんは、グリムの研究もしていた。グリム兄弟の兄が言語学者だったからだ。弟は民俗学者で、童話を書いた。金田一さんは、兄を研究の対象にしていたが、同時に弟の民俗学も勉強していた。それが、アイヌ民俗（アイヌ語）の研究に繋がっている。東大を定年退職したあと、早稲田から國學院に移ったのは、金田一さんが敬愛する柳田國男《やなぎたくにお》と折口信夫《おりくちしのぶ》の膝元に行き、アイヌの研究を深めたかったからだった。

金田一さんと共に、大学を転々としていたボクは、金田一さんにとって、便利な学生だったかもしれない。しかし、ボクは、金田一さんのゼミで、いちばん成績が悪かった。当時の大学は、よほど成績がよくなければ、高校の教職免許は取れなかった。成績が悪いと、中学教師の免状しかもらえない。ボクは、学校の先生になるつもりはなかったから、免状は要らなかった。じつは、ボクは、その頃、だんだん、言語学とは別のことを考えるようになっていた。本を作りたいと思うようになっていたのである。それでも、金田一さんは、ボクが高校教師になれるよう、いつも試験の点におまけを乗っけてくれた。「豊田くん、本当の点はこうですよ。でも、二〇点、足しておきましたよ」と、わざと言うのだった。

しかし、ついに、「豊田くんは、言語学の学問には向かない」と言われてしまった。ショックだった。ボクは、「金田一グループから外してください」と言った。「あ、そう?」と金田一さんは言った。覚悟していたとはいえ、相当、手厳しいひと言だった。「そんなことを言わないで、勉強は、お続けなさいよ」とは言われなかったからである。

金田一さんは、「言語学をやめて、何になるの?」と言った。ボクは、「大学を出たら、どこかの出版社に入りたいんです」と応えた。金田一さんは、そのことにも、「およしなさい」とは言わなかった。「あ、そう。出版社に行くの」とだけ言った。

やっぱり、ボクには言語学の才能はない。金田一さんに見捨てられたのだ、と思った。正直、がっくりきた。しかし、金田一さんは、「私のグループのゼミには、いらっしゃいよ」と、ずっとそばに置いてくださった。あとになって気がついた。金田一さんは、ボクが、本のことを考えていたことが分かっていたのだ、と。

金田一さんは、学生ひとりひとりの個性を見極めていたのである。たとえば、成績が優秀な学生が残って勉強していると、「もう、いい加減にして、お帰りなさい」

と言う。早ばやと、ボクに引導を渡したことも、そうだ。はっきり言って、ボクの悪い点に点数を上乗せするのは、ヒイキ（贔屓）である。今も昔も、大学は、特定の学生を可愛がったり、特別扱いする教授をイヤがる。しかし、金田一さんのヒイキは、そういうことではない。それは、金田一さんの教育の差別的な方法だったのだ。教育者として人を見て、見極めて、個性に応じて差別化する。これも、画一的な教育が好きな大学（学校）が嫌いな方法である。

金田一さんの「日本語」も独特だった。ゼミで使う言葉と個人的な会話のリズムを、状況に応じて的確に選んでいた。その人の「話し方」も、その人のリズムである。同じように「行動」も、その人のリズムである。他者と差別化された独特な個性である。同じ教育者でも、金田一さん級になると「差別的」なことを、ウマくやるものだなと思った。

そして、金田一さんの言語学は、常に、新しかった。ボクは、よく覚えている。古いことにこだわらず、若い人がヘンな流行り言葉を使っても、「変な言葉でも、体系づけられるとすれば、新しい言語体系という学問になる。体系づけられなければ、学問ではない」という考え方をしていた。金田一さん以外の言語学者は、妙な流行語を新しい言語とは認めずに、終戦直後は「敗戦国語」とバカにしていた。ボクにも、そういう傾向はある。しかし、金田一さんは、常に、言葉を「学問」として見つめていた。

その金田一さんに、「言語学の学問には向かない」と言われたのだから、衝撃は大きかった。しかし、金田一さんに憎まれたワケではない。金田一さん独特の差別的教育を受けた結果である。

才能がないから脱落し、早くに、金田一さんの門下生から降りてしまったけれど、人としては認めてくださっていたと思っている。金田一さんが師匠であることにも変わりはない。個人的に、ずっと、おつき合いいただいた。金田一京助さんの時代から、NHKのアナウンサーに正しい日本語を教えているのは、金田一さん一家である。そういう関係で、ボクが編集者になってからも、金田一さんには大変お世話になった。金田一さんは、「私の教え子に、あまり編集者はいないから、豊田くんは、異端児だな」と笑いながら言った。そして、ボクが作った本や辞典の題辞、ボク自身の本の題辞なども書いてくださった。そういう本も、異端児と言われたことも、金田一さんの差別的教育方法も、ボクの大切な思い出である。

エンドユーザーの差別化

差別化は、企画にも現れる。この差別化を、より強固にするためには、徹底的に読者（エンドユーザー）の差別化をすることである。結局、企画というものは、「誰かのためにやるモノ」だからである。つまり、「誰のための企画なのか」を考えることが、差別化への努力である。

たとえば、その本の読者が看護師さんなのか、船に乗っている人なのか、旅行マニアなのか。このエンドユーザーを、はっきり意識して区別するためには、モチベーション・リサーチをしっかりと行うことである。単に、「看護師さん」や「旅行マニア」と設定するのではなく、その企画の対象者は、「何歳なのか」「男なのか女なのか」「勉強が好きなのか嫌いなのか」「理屈っぽいのか理屈っぽくないのか」というように的を絞らないといけない。ただ絞るのではなく、うんと絞る。緻密に細かく決めていく必要がある。漫然と「ハイティーン」「中年」「おばあちゃん」という発想でもいけない。もし、若い人のための本であれば、「中学まで行った人」なのか「高校まで行った人」なのか「大学まで行った人」なのか。大学に行った人でも、中には、学力は小学生クラスの人もいれば、教授クラスの才能の人もいる。はっきりと、対象者のイメージを思い描くことが、差別化への重要なポイントである。

小学館の差別化

小学館が、成功した出版社であるのは、出版社としてスタートした大正十一（一九二二）年当時、「教育」という差別化が、ちゃんと出来ていたからである。すでに、モチベーション・リサーチが出来ていたのである。出版する本は、『小学一年生』と決めていた。だから、編集者は、七歳と八歳の子供のことだけを考える。『小学六年生』の編集者であれば、六年生のことだけを考え続ける。モチベーション・リサーチ通り、このシリーズは黒字だった。しかし、赤字の本も、当初から一〇誌はあった。いまでも、あるはずである。

じつは、児童向けの本は黒字でも、学年別の先生の本が赤字であった。小学校と中学校の先生用の本である。なぜかというと、小学校から大学まで、学校の先生は、学校で必要な本を、決して、自費では買わないからである。何でもオゴってもらうものだという意識がある。ＰＴＡの会合のお茶菓子も、保護者が持って来るものだと思っている。本を買ってくれるのは、勉強好きな校長先生だけである。学校の予算内で一冊だけ買ってくれる。そして、職員室にポンと置いておく。それを先生たちがコピーして使い回しをする。だから、全国の小中学校の数という確実な販売予定数はあったのに、赤字だったのである。小学生に対するモチベーション・リサーチは成功したけれど、先生の場合は失敗だったということである。

新聞社も、彼らなりに、モチベーション・リサーチは行っている。たとえば、朝日新聞は、購買者の年齢層を高く設定している。毎日新聞の年齢層は、中間層。読売新聞は、他社より低いはずである。記事の読解力に関しては、小学五年生の児童が読んでも分かるように設定している新聞社が多い。しかし、朝日新聞は、購買層のターゲットが高いように、読解力の年齢も、十七〜十八歳と、高めに設定した文章にしている。当然のことだが、新聞は、文章を読ませないといけないのだから、いまの時代、読むことが苦手な読者は、どんどん、離れていく。

どの社も、読解力の年齢層を二割くらい下げて、読みやすい文章にすれば、もう少し売れるかもしれない。このまま変わらず、理解されにくい文章を書き続けていけば、テレビに食われるに決まっている。テレビは、観れば分かる。しかし、そのテレビ番組も、新聞が基になっている。新聞がなければ、テレビは一日だって放送は出来ない。だから、新聞社とテレビ局の資本系列は縦に繋がっている。

出版社は、新聞社のようにボウバク（茫漠）としたモチベーションではなく、もっと、しっかり、ターゲットをはっきりさせなくてはいけない。出版社の中には、安く作って高く売りたいと、制作費をケチる出版社もある。出版に限らず、どんな商売でも、出来るだけお金をかけずに、たくさん売って儲けたいと思っている。資本主義の宿命なのだから、当然のことである。

しかし、時には、お金が掛かっても、赤字覚悟で本を作ることも必要である。そういう本を作ることで、出版社のブランドが上がるのである。小学館のブランドは、「ピカピカの一年生」で上がったわけではない。赤字を覚悟して、売れない先生用の「学習指導・教育技術」の本を出すことによって、ブランドを上げたのである。つまり、教育という差別化を実行している出版社としての信頼を、先生たちを通して得たのである。

そして、もうひとつ。企画というモノが、「誰かのため」であるならば、「自分の会社のため」という差別化でもいい。俗っぽく言えば、「社長のお役に立つために」である。社長におべっかを使え、という意味ではない。絶対に、そうではない。

ただ、社長というのは、意外と、企画や編集の能力がない人が多い。社長がダメだと、会社がダメになってしまう。それでは困る。企画どころではない。いまの民主党や自民党を見れば分かる。上がダメだから全部ダメになっている。だから、社長を助けることは、会社を助けるためだ、と割り切ってしまうことである。ひとつには、そういうモチベーションでもいいのである。

編集者の差別化

編集者も、自分自身の差別化をすべきである。「ちょっと変わっている」と思われてもかまわない。少しでも、ヒトと違うほうがいい。小説家や学者や画家などの著作者に、「アイツは、ほかのヤツと、ちょっと違うな」と思われたほうが、密着しやすくなるからである。

多くの場合、著作者は、編集者よりも、世の中のことを知っている人が多い。著作者も編集者も、同じ時代を共有しているニンゲン同士だけれども、あるジャンルにおいては、専門家である著作者のほうが詳しい。ひとつの分野に詳しいということは、ある深みを見ている、ということである。

一方、編集者は、オールラウンドプレイヤーを目指さなければならないから、どうしても、すべてにおいて、広く浅くなる傾向が出てしまう。だから、著作者の印象に残るよう、ただ、「変わったネクタイをしているな」と思われるだけでも、「面白い挨拶をするヤツだな」でもいい。他者との差別化への努力をすべきである。

たとえば、歴史に強いとか、文学に強いとか、何でもいい。それを仕事に活かしてもいいし、活かさなくてもいい。「何か」を持っている編集者は、著作者に喜ばれる。著作者は、その何かを、知りたがっている。自分にない何かを吸収したいのである。何も持っていない、ただの「いい人」や、「言われたことは一生懸命やる」というだけでは、いい作家をつかまえられない。いい仕事は出来ない。編集者も、自分の武器を持つということである。

他者との差別化を、わざと演出するか、本質的に差別化できる自分を育てていくかも、どちらでもいい。ホンモノでニセモノでもいい。ニセモノから入ってホンモノになる人もいるし、ホンモノにこだわって、ニセモノと同じになってしまう人もいるからである。「その人じゃなければいけない人」になる差別化への努力を、その人なりの差別化で、積み重ねていけばいいのである。

小学館も、緻密な入社試験を行い、いい人材を採っている。しかし、比較的、著名な大学の卒業生に、差別化できる連想能力があるかというと、そうでもない。大学は優秀でも差別化のない人が多い。東大の悪口を言っているわけではない。東大の卒業生は、勉強は出来るし、言われた仕事も、何とか、人より、きれいによくやる。

しかし、個性的ではない。専門知識は豊富でも、雑学がない。語彙も少ない。モノゴトを連想する力もない。それは、若い時に、つまらない勉強ばかりしているから。脱落した経験がないからである。編集長になる人も、東大の卒業生がいちばん少ない。その代わり、副編集長やデスクになる人は多い。使い勝手がいい、というと語弊があるけれど、企画が立ち上がった時、彼らの母校に行けば、いい先生が、たくさんいるからだ。それでも、一生、平社員で終わる人が、けっこういる。もちろん、東大に限ったことではない。

そういう意味では、編集者にいちばん大切なことも、自分自身の差別化である。いい編集者になる志のすべては、差別化である。自社と他社との差別化、会社と自分の関係における差別化、ツマリ、差別化に囲まれた円の中にいるのが編集者なのである。

言葉の差別化

自分自身の差別化は、編集者の大切な資質である。言葉を差別化することも、そのひとつ。自分自身の言葉を持つということである。誰が聞いても、誰が見ても、そこに、その人がいなくても、明らかに、その人だと分かる言葉がある。ひとつ、例を挙げよう。

　ボクが担当した作家に、普通では考えられないほど、言葉に敏感な男性がいた。童謡作家で、詩人の佐藤義美《よしみ》である。彼は、石川達三と大学の同級生で、石川がベストセラー作家として活躍している時代は、貧乏で苦労していた。あまりにも言葉に敏感で、自分の言葉にこだわっていたから、金儲けが出来なかったのだ。しかし、いい文学者として名を残している。「いぬのおまわりさん」「アイスクリームの歌」は、彼の作詞である。

　彼は、どういうわけか、小学館を嫌っていた。ある時、彼の功績を讃え、小学館の文学賞を差し上げようということになった。しかし、「小学館は嫌いだから、賞はもらいたくない」と断られた。嫌いな理由は分からないが、小学館の賞を辞退したのは、唯一、彼だけである。そのくせ、個人的には、ボクと仲良くしてくれていた。頼んだ原稿も書いてくれる。しかし、彼は、小学館に用があって神保町まで来ても、決して社屋に入って来ない。外から電話でボクを呼び出し、喫茶店で逢うのである。ある時、喫茶店で向かい合っていると、彼は、日本語について話し始めた。黙って聞いていたら、「濁音が嫌い」という話だった。「ご」や「が」が嫌いだというのである。「どうしても使わなくちゃならない時は使うけれど、できれば、使いたくない」と。

彼は、非常に言葉に対して繊細な詩人だった。だから、発音すると強くなる濁音は、嫌いだったのだろう。お正月や暑中に手紙もくれた。ある時の手紙に、「きょうは、おはんを、たべすぎたよ」と書いてあった。「おはん」とは「ご飯」のことである。濁音を避けて、わざとそう書いたのか、信念なのか、やはり、これは彼の個性である。「たべすぎ」にも濁音があるけれど、それは許容範囲なのだろう。本人に訊いたことはないが、もしかすると、「しょうがくかん」も、「が」という濁音が入っていたから嫌いだったのかもしれない。

たしかに、濁音は強い。濁音だけでも強いのに、その濁音が「ン」と合体すると、もっと強くなる。ボクの個人的な印象で、学術的な裏付けはないが、たとえば、「シンブン」「ブンシュン」というように、耳に強く残る。だから、商売上、わざと使う人もいるかもしれない。強すぎるからと、佐藤義美のように、わざと避ける人もいる。どちらも個性である。彼は、素晴らしい詩人だから、ボクは、彼の個性も素晴らしいと思っていた。しかし、いくらこだわっていても、人に向かって「おはん」

とは、なかなか言えないモノである。彼のガンコな信念なのである。ボクも、ガンコで個性的でありたいと思っている。しかし、勇気がないから「おはん」のような言葉は使えない。自分だけの言葉を使うのは勇気が要る、ということを、佐藤義美が教えてくれたのである。

行動の差別化

「売れっ子」という言葉は、あまり、いい言葉ではないが、独自の言葉で、売れっ子になったひとりに、料理家で食生活ジャーナリストの岸朝子がいる。「おいしゅうございます」という言い回しがブームになった。これは、岸朝子自身の差別化である。彼女は、主婦の友社の料理記者としてスタートした。料理をする際の分量を「大さじ一杯」「小さじ二杯」というように、分かりやすくしたのは、彼女の考案によるものである。これも画期的な差別化であるが、何と言っても、彼女が売れたのは、「おいしゅうございます」である。言葉の差別化である。これしかない。

ボクは、彼女とも仲が良かった。彼女の料理をウマイと思ったことはないが、ウマイ食い物の話は、よく知っていた。さすが、記者だけのことはある。そして、ボクが最も感心したのは、岸朝子がファイターなところである。

かつて、中国で開催された日中友好編集者会に、岸朝子も、日本の女性記者代表で同行したことがあった。会議が終わったあと、日本の参加者、五〜六人で、飯を食いに行った。その店に入った途端、彼女は、真っ先にカメラを持って厨房に入って行った。みんなは驚き、慌てて止めた。店の人も「ダメだ」と言うのに、ドンドン入って行って、パパッと写真を撮って戻ってきた。

こういう臆面もないところも、彼女の「行動における差別化」である。その時の彼女の行動を、誰も、悪くは思わなかった。むしろ、その熱心さに、みんなは、驚きと共に敬意を払った。それは、彼女の行動が、個性として認められたからである。そして、驚くようなデタラメな行動をするのに、「おいしゅうございます」と上品な言葉を使う。このギャップが、岸朝子の個性として差別化されているのである。

岸朝子のように積極的な個性だけが、いいわけではない。逆の場合もある。本当は、ドシドシ取材して欲しいのに、遠慮ばかりしている人もいる。周りが、「ドンドン行きなさい」とハヤシ立てて、ようやく腰を上げるという場合もある。いい悪いではない。その人なりの差別化であれば、どちらでもいいのである。

文章の差別化

文章も、言葉と同様に、他者と差別化すべきである。ところが、文部科学省は、言葉や文章の統一化、統制を図ろうとしている。国民の使う言葉や文章に介入し過ぎである。これは、人の思想や表現も統制しようとしているのと同じである。

たとえば、小学生の間に覚えるべき漢字は、昭和二十四（一九四九）年に、当時の文部省が制定した時には、八八一字だった。平成二十四（二〇一二）年には一〇〇〇字を超えた。小学一年生で最初に習う漢字は「一」である。六年生で、教養の「養」という字を習ってから中学生になるのだが、一〇〇〇字の漢字を全部書ける中学生は、ほとんどいない。だから、本当は、中学生になれないはずである。

しかし、小学校で教えたことになっているから、全部書けなくても中学生になっている。漢字が読めないのに総理大臣になった男もいる。こういうことからしても、文科省、つまり、国家が余計な統制をしているだけなのである。

覚える漢字の数などは、個人の思想や教養に委ねるべきである。教科書を作っている出版社に任せればいいのである。出版社によって、「うちは五〇〇字です」とか、「うちは一〇〇〇字ですよ」と、自由に教科書を作らせればいい。実際には、そういうことが出来ないことになっているから、教科書専門の出版社は非常に苦しんでいる。しかも、文科省が八八一字から一〇〇〇字に増やしている間に、日本の小学生の学力は落ちてしまった。教えることが（覚えることが）増えた分だけ学力が落ちるなんて、本末転倒である。だから、統制というのはよくない。統制しても、いいことなどひとつもない。

この統制に新聞社は従っているから、どの新聞社の文章も同じで、つまらないのである。それでも、新聞社は統制から逃れられない。統制に反対する新聞は，購読者に好まれないからである。そういう文章を好む購読者も購読者である。出版社は、決して、そうではいけない。八割方、国家と重なっている新聞社とは逆に、八割方、統制から逃げることを主題としなければいけないのである。

いい文章は、差別化に成功しているといえる。ボクは、人と同じような文章を書いても、ちっとも面白くないと思っている。もともと、上手く書けるほうではないが、なかなか書き進められないような時には、意識的に「文章の差別化」を試みる。

ボクは、話す時も、文章を書く場合も、「ヤバイ」という言葉は使わない。これを、わざと使ってみたりするのだ。新聞記事に「ヤバイ」という言葉は、絶対に出て来ない。テレビに出ている人は、時々、使ったりする。書き言葉よりニュアンスが伝わりやすいからだろう。言葉に対して几帳面な人にとって、「ヤバイ」は、ずさんな言葉に違いない。しかし、読者にしてみれば、「普段、自分たちが使っている言葉を、この人は使っている」「あらたまった場所や、本の中では使わない言葉を使っている」と共鳴してくれるかもしれない。この「共鳴」こそ、編集者が、ぜひ、つかまえなければならない重要なことである。

テレビに出ている人の中には、恥も外聞もなく、誰もがそう思っているであろうことを口にする人がいる。それは、この「共鳴」を活用しているのである。野暮といえば野暮ではあるが、黙って見ている多くの人（サイレント・マジョリティ）が、潜在的に心に秘めていることに共鳴を与えることが出来れば、人気が上がる。つまり、本作りにとっても、潜在意識を表面化（言語化）する時、人とちょっと違う「差別化」を図ることが、読者の共鳴を得るための重要なポイントなのである。

ちなみに、世の中には、「サベツ」という言葉そのものに敏感な人もいる。「差別」と「区別」と「個性」は、「厳密な意味において異なる」と神経質に指摘する人もいる。ボクが言う「差別」は、決して排他的な差別ではない。差別も区別も個性も、その意味合いさえ把握できれば、どの言葉でも同じである。ボクがしつこく、この

差別化は個性化

三つの言葉を使うのは、これらの「共通因子」を大事にして欲しいからである。決して、他者を排斥するという意味での「サベツ」を勧めているのではない。他者と自分を「区別」することが「差別化」であり「個性化」ということである。

企画とは、アイディアの表現化である。アイディアというアタマの中身「内面形式」を外に出して「外面形式」というカタチにすることである。その企画の本質は、「創意・創作」である。つまり、個性である。他者（他社）の真似をしただけのモノは、創意・創作でも個性でもない。いい企画とは、表現化されたモノが、ほかのモノとはっきり区別されていること。これが「差別化」で、企画の基本である。個性化されたオリジナルの外面形式である。

世の中には、いい本と悪い本がある。面白い本とつまらない本のことである。いい本というのは、必ず、編集者が苦しんでいる。何に苦しんでいるのかというと、「差別化」することについてである。いい企画は、思いつくと、すぐに本になりそうな気がする。しかし、実際に作り始めてみると、苦しむことが多い。苦しむ値打ちがあるということである。だから、いい企画ほど本にしにくい。悪い企画ほど、

真似をしてもいい

すぐ本になる、ともいえる。いい本を手にすると、ボクには、編集者の苦しみが見えてくる。苦しんだ結果、他者との差別化に成功した個性的ないい本だな、と思う。

他者（他社）の企画の真似をするのは、カンタンなことである。そして、真似をしても、恥ではない。企画の段階では、アイディアに過ぎないのだから、著作権はない。他者の企画を盗んでも、オリジナルのものに転化すれば、真似ではなくなる。

企画の盗み方が、最もウマく、真似をして成功した出版社は、集英社である。集英社は、小学館の娯楽部を独立させて作った兄弟（姉妹）会社である。子会社ではない。だから、集英社の根っ子（ルーツ）は娯楽である。小学館の根っ子は教育。それが、両社の長所であり弱点でもある。

その当時、小学館の社長は、わざと両社に競争させていた。小学館でいい企画が生まれると、わざわざ集英社の企画会議に出て、その企画をもらす。非常に意地悪なやり方ではある。術中にはまって実行すれば、どちらかが儲かって、どちらかが負けて、損をすることもある。しかし、こうして同じ企画をぶつけて、セッサタクマ（切磋琢磨）させたのである。

集英社が最初に成功したのは、『明星』という月刊誌だった。『明星』は、平凡出版（のちのマガジンハウス）の月刊誌『平凡』を盗んだ企画である。同じく『nonnoノンノ』も、マガジンハウスの『anan アンアン』を盗んだ企画である。マガジンハウスは、オリジナル性が高く、差別化と個性化に成功した出版社である。だから、勢いよく伸びていった。そのマガジンハウスは、集英社に真似ばかりされた時期があった。その追従を蹴落とすように、『BRUTUS ブルータス』を刊行した。それまでにない変わったタイトルは、マガジンハウスが、自ら考案したタイトルである。そういう意味では、非常に、立派である。結局、そのタイトルは、だんだん、サマ（様）になっていき、売れる雑誌にしてしまったのだから、見事である。ボクは、一応、評価している。

集英社は、最初の頃、小学館とマガジンハウスから企画を盗んだことで、世間での評判は、必ずしも、よくはなかった。しかし、スタートは真似でも、『明星』は、どんどん、『平凡』を追い上げて行った。中身は全く同じなのに、四～五年の間に追いついて並び、二大娯楽誌になった。『nonno』も同じである。これだけ成功すると、「盗み方のうまさは、ひとつの才能」と思われるまでになった。企画を盗んだ先の出版社より儲けてしまったからである。

作品をそのまま盗めば罪になるが、アイディアを盗んでも罪にはならない。著作権用語で、他者の作品を作り替えることを「改変」という。この改変を、うまくやればいいのである。いま、中国は「パクリ天国」といわれている。これは、アイディアだけではなく、出来上がりのカタチまで真似ているからである。

古い例だけれど、大昔、講談社が「大日本雄辯會講談社」と名乗っていた時代、『キング』という雑誌を出していた（のちの週刊少年漫画雑誌『少年キング』とは別モノ）。非常に売れていたので、ある出版社が、秘かに漁夫の利を得ようと画策した。キングを逆読みした「グンキ」という雑誌を出そうとしたのである。これは、事前に印刷屋から情報が漏れ、講談社に怒られて、あえなく中止にした、というエピソードがある。

集英社のモノマネがウマかったのは、アイディアを盗んで、改変することによって、自社のオリジナリティを出したことである。ここから得られる教訓は、「アイディアに著作権はない。ウマく盗んで、ウマく改変せよ」ということである。このことさえ守れば、いくら盗んでもいい。そうじゃなければ、ただのドロボウである。

アイディアであっても、他者の真似をするには、図々しさと図太さが必要である。しかし、恥じずに、照れずに、堂々とやればいい。そこに「差別化」された個性があれば、真似ではなくなる。企画のセールスポイントにさえ出来るのである。

エンドユーザーの数を勘定する

企画を立てる時には、まず、自分が作ろうとする本は、「誰の、何の役に立つのか」と考えることから始まる。そして、その本を役に立ててくれる（買ってくれる）お客さん（エンドユーザー）の数を計算することで成り立つ。もし、買ってくれると想定するお客さんが一〇〇人しかいないのであれば、出版することはできない。たとえば、ある専門家が一〇万人いるとして、その中の一割の人が買ってくれるとすれば一万部、五％で五〇〇〇部売れる。だから出版しても採算は合う。このように、企画の対象になるお客さんを数字に置き換えてみて、多いほうから出版していく。これが、エンドユーザーの差別化である。

ゆとりがあれば、購読者が少ない本でも出せる。ゆとりがなければ、購読者が多いと予想される本を出していかなければならない。その結果、日本は、いま、ある一冊の本が爆発的に売れれば、雨後の竹の子のように、瞬時にして同じような本が

どこでもできる
モチベーション・
リサーチ

ズラリと店頭に並ぶようになった。どんな本でも、売れる本は売れる。その中で、どの本が売れるか、売れないかは、想定エンドユーザーの人口に換算し直していけばいいわけである。これが、モチベーション・リサーチである。

企画のネタは、気をつけていれば、どこにでも転がっている。モチベーション・リサーチも、そのつもりになれば、いつでもできる。

ボクは、タクシーに乗ると、必ず、運転手さんに話しかけるようにしている。当然、運転手さんには、喋るのが好きな人と嫌いな人がいる。話し好きの人には、うんと話をさせるようにする。無口な人だったら、この人から、話を引き出すためには、どうすればいいだろう、と考える。そうしていると、ひとつかふたつ、あるいは、それ以上、企画のアイディアが拾える。

これは、人と話す訓練でもある。編集者は、仕事をしていく上で、たとえば、商社の社長とか、学者の先生とか、絵描きさんとか、様々な人と話をしなければならない。そういう時、うまく話を引き出すための参考になるのである。ボクは、人と話すのが苦手である。人の話を聞くのも苦手である。だから、昔から、タクシーの運転手さんを相手に、人と会話をする訓練と、人の話を聞く努力をしていた。現役を引退した今は、アイディアが浮かんでも、別に、何にもならないのに、いまだにそのクセが抜けないでいる。

ボクは、運転手さんに、必ず、ひとつ、同じことを訊くようにしている。メシのことである。一日中、アルイハ一昼夜、外回りをしている運転手さんは、いつ、どこで、どんな食事をしているのか、ということである。おそらく、運転手さんは、仕事が終わって会社に戻った時、仲間の人たちと、「あそこのラーメンは、旨いよ」とか「あそこの昼飯は、安くて量が多かった」と話しているに違いない。ボクは、そういう想像をしながら、たとえば、「運転手さんは、お仕事柄、安くて旨い店をたくさん知っていて、いいね」と水を向けてみる。すると、「そうですねえ」と自慢気に店を教えてくれる人や、「車を置けないから、行きたくても店に入れない。だから、旨い店も知りません」と言う人もいる。当然のことながら、同じことを訊いても、人によって反応が全く違う。だから、面白い。発想が広がっていく。

ある運転手さんは、高齢で無口な男性だった。いつものように質問しても、口を開きたがらない。そこで、試しに、「運転手さん」ではなく、「おとうさん」と語りかけてみた。「おとうさんは、お弁当を持って来るの？」と。すると「おとうさん」は、「たまに持って来る」と応えてくれた。ようやく口を開いてくれたので、今度は、「弁当を持って来る日と、ラーメン屋なんかで済ます日を、どうやって決めるの？」と訊いてみた。すると、「そんなこと分からない」という応えだった。

　こんなことだけでも、いいのである。呼び方を変えてみるだけで、話をしてくれることもある、という勉強になったからである。相手によっては、「おじさん」とか「おばさん」とか、「運転手」や「ドライバー」とか、言うと不快になる呼称がある、ということにも改めて気づかせてもらった。

　料金を払って降りる頃には、すでに、ボクのアタマの中には、「東京のタクシードライバーが好きな店」という本が一冊、出来上がっている。「運転手が知っている東京のうまいラーメン屋・三〇軒」でも「タクシードライバーが見つけた五〇〇円でおつりがくる定食屋」でもいいな、と思ったりする。これが、連想である。

　ボクはその場で、モシクハ、帰ってからメモをする。乱暴なメモである。単に、タクシードライバーのメシの話であっても、聞き上手になれば、企画のネタを集めることができる。これが、どこでも出来るモチベーション・リサーチである。発想

モチベーション・リサーチも連想

を繋げていく方法論のひとつである。

テレビを観ていたら、看護師さんの特集をやっていた。ふと、「看護師さんが、個人的に買う薬は何だろう」と思った。病院で処方される薬ではない。市販されている薬である。すると、薬屋からの連想で、「化粧品は、どのメーカーの、どんなモノを買うのだろう」と思った。おそらく、看護師さんは仕事柄、患者さんより派手にしてはいけないはずである。かといって、あまり地味すぎても患者さんが滅入ってしまう。看護師ならではの職業的なファッション感覚が必ずあるはずだ。

こんな連想をしていた数日後、慶應義塾大学病院に行った。順番を待っている間、今度は、看護師さんが履いている靴が気になった。目の前を通り過ぎる看護師さんたちの足元を、ずっと見ていると、みんながみんな、同じ靴を履いているわけではないことが分かった。個々に違う靴を履いている。病院から支給されているわけでもなさそうである。しかし、どの人も足音がしないような靴を履いている。長時間立っていても、疲れなさそうな靴でもある。動きやすそうでもある。長い待ち時間、ナースシューズを眺めているだけで、「看護師さんが選ぶ靴」という本が作れるなと思った。健康雑誌の特集記事でもいい。

そうすると、今度は、日本中に看護師さんが何人いるだろうか、と考える。看護師さんの数が、あまりにも少なければ、いい企画とは言えない。たとえば、全国に看護師さんが三〇万人いるとする。一割で三万人、一％で三〇〇〇人。三〇〇〇人にしか売れないような企画だったら無理だな、と考える。三万部だったら本を作っても見合うかな、と概算する。同じように、たとえば、タクシードライバーが一五〇万人いるとして、一割で一五万人、一％で一万五〇〇〇人。「あ、これなら成り立つな」と、こういうことを、気がつけば、朝から晩まで考えている。

タクシーに乗らなくても、病院に行かなくても、テレビを観たり、本を読んだりするだけで、びっくりするくらい企画のネタは転がっている。仕事をしている時も、遊んでいる時も、飲んでいる時も、いつでも、どこでも、どんな時でも、どんなことからでも、発想を膨らませ、考え続けている。現役を引退しても、いまだになくならない、ボクの編集者としてのヘキ（癖）である。

モチベーション・リサーチというのは、やはり連想である。タクシーの運転手さんからでも、看護師さんからでも、企画のヒントがもらえる。連想のタマモノ（賜物）である。

ボクは、著作権法のセミナーの講師を、年に数回、担当している。決して、安くはない受講料を払って、聴きに来てくれる人たちに悪いから、いつも、必ず、二つか三つ、それとなく、企画のネタを盛り込んでいる。ボクの話す企画だから、いい加減なモノである。まあ、分かる人には分かる、という程度である。しかし、受講する人の中に、必ず、ボクの話から、企画を拾って帰る人がいる。しばらくすると、ちゃんと本になっている。偉いものだと思う。そういう人は、たいてい、食いしん坊である。食いしん坊には、企画力がある。食い物の味が分かる人には、人の心も分かる。売れる本も分かる。そういうことだと思う。

一日一案

入社した当初、意地の悪い部長がいた。その部長命令で、編集者は全員、一日一案、企画を立てるように強制されたのである。大学ノートの一頁の半分に一案。上下で二案。毎日少なくとも一案は書いて、部長のデスクに提出しないと帰れなかった。部長が目を通し、アカ（赤）を入れたノートが、翌朝、各自の机に戻されている。そして、また、案を書いて提出する。その繰り返しだった。

はっきり言って、一日一案は、苦しくて出来ない。絶対に出来ない。ほかのみんなも苦しんでいた。だから、だんだん、案ではなく、「感想」や「提案」を書くようになっていった。「廊下のゴミ箱の位置が悪いと思う」とか「編集部の電話機の数が多すぎる。三人に一台で、いいのではないか」とか、こんなことを書いて誤魔化す人もいた。当時は、本当にイヤな部長だなと思っていた。編集者、全員がそう思っていた。あまりにも評判が悪いので、一年後に取りやめになった。イジワル部長が、「一日一案ノートは、やめる」と言った時には、全員で快哉を叫んだ。

提出したノートは、書いた頁が、いっぱいになっても、本人に返されず、部長が自分のロッカーに保管していた。そのノートは、部長が定年退職する時に全員に返却された。ボクのノートは、一年間で四冊になっていた。その表紙には、赤いマジックインキで「初心忘るべからず」と大きく書いてあった。その部長の文字を見て、初めて、ボクは、感動した。強制的に書かされていた時には、意地が悪いとバカにしていただけだったが、なかなかどうして、出来ないことをやり通した部長だったのだ。敬服した。毎日、一案、ひねり出さなければならなかったのは、じつに、大変な課題だった。それだけに、得難い経験だったのだと思った。部長に言われなくても、進んでやったほうが、いいくらいだったのだと。

一日一案とまではいかなくても、企画を考え続けることは、自分自身が、どんどん、肥えていくことである。熱くなることでもある。だから、編集者は、苦しみに負けたりしながらも、企画を立てることを、日々、気にして生きていくくらいが、ちょうどいいのである。考え続けられることが、編集者の素質なのである。

「企画は、どうしても出さなければならない時に集中して考える。そうでない時には、全く考えない」という人も、よくいる。「仕事と遊びは分けている」と威張って言う人もいる。しかし、編集者は考え続けるべきである。遊んでいる時も、デートしている時も、酒を飲んでいる時も、いつでも、あてもなく、意味もなく、考え続けていたほうがいい。人生なんて、長いようで短いからである。ボクのように歳を取ると、人生の時間の短さをしみじみと感じる。

企画は、毎日、立てたほうがいい。単行本の企画なら、少なくとも月にひとつ、できれば、一週間にひとつ立てる。そのうちの、どれを会社に提案するかは別である。企画を立ててノートにメモしておく。そうして温存しておくと、どんどん、そのメモの存在が変わっていく。育っていく。メモした事柄が、ノートの底で熟していくのである。そして、勝手に一人歩きをしていく。そのうち、一年か二年経った時に、熟成したモノをつまんで、会社に提案すればいい。それは、会社に対する編集者としての礼儀でもある。会社にとっても、有り難いことになる。

一日一案と決めてしまうと、あの時のボクたちのように、苦行になってしまうかもしれないが、要するに、たくさん企画を立てること、考え続けることである。それが、編集者の大切な資質である。ボクは、いまでも、編集者以外の何者でもないと思って生きている。だから、毎日、企画を考える。誰にあげるわけでもないのに、ただ、メモしている。編集者というのは、そういうモノだと思う。

売るための三つの定義

編集者は、会社の売上に貢献することが第一である。それには、社長に協力すること。「自分の好み」だけで本を作っては絶対にダメである。単に「いい企画」というのもダメ。第一に「儲かる企画」、第二に「いい企画」、この順番である。

若い時には、「いい企画＝儲かる企画」と思いがちである。しかし、いい企画で儲かる企画は、あり得ない。その逆で、儲かる企画の中に「いい企画」はある。この順番しかない。そして、この二つが一緒になっていないといけない。このように割り切ることが、売上に貢献するための道である。

では、儲かる企画とは何か。人の弱点と急所を突く企画である。使い古された言い回しを流用すれば、「イヌがニンゲンを噛んでもニュースにはならないが、ニンゲンがイヌを噛むとニュースになる」と、昔からよく言われている通りである。

たとえば、どこかでバスが横転したとする。「乗員乗客のうち、一人が病院に運ばれたが、生命に別状はなし。十一人が軽いケガ」。いいことではあるが、はっきり言って、これでは「売れる」ニュースにはならない。「おじいさんが転んで、軽いケガをした」ということも同じ。毎日、どこかで起きていることだからである。じつは、ボクのことである。頚椎を傷めたのだけれど、転ぶヤツが悪い。それだけのことだ。昔から、新聞・テレビ・雑誌などのメディアには、「売るための三つの定義」がある。

一、　生命の危機
二、　経済（金銭）の危機
三、　貞操の危機（男女共に）

売れなくなったら、この三つに関する記事を載せろ、というのが、定期刊行物を売るための定義である。あまりにも単純な理屈だから、みんなバカにする。しかし、こういう経験主義を、絶対に、バカにしてはいけない。昔は、経験者がみんなに教えていた。これだけを教えていたと言ってもいい。表面化はしていないけれど、多くの人の心に潜在的にある部分をつかめ、ということである。

最近は、殺人事件のニュースが、いちばん多い。「生命の危機」である。しかし、この数年だけ、特に人殺しが多くなったわけではない。増えているように感じるのは、メディアが経験主義に立ち返っているから。新聞もテレビも雑誌も、競争が激しいからである。人が殺されたことの次に続く報道は、お金を取られたか取られなかったかということ。「経済（金銭）の危機」である。女性が被害者ならば、乱暴されたかどうかが危惧される。「貞操の危機」である。

いま、日本人にとって、最大の危機は、地震などの自然災害である。東日本大震災以来、必要以上に、書き立てられている。まるで恐怖を煽るかのように。メディアは毎日、それを繰り返している。インフルエンザも同じである。地震もインフルエンザも、人の弱点を突いている。生命の危機を訴えている。だから、実際より強い言い方をし、デフォルメされた情報が伝えられる。人々の危機感・恐怖心を煽るのは、すべてのジャーナリズムの基本である。メディアが儲かるため、生き残るための技術なのである。

商品の値打ち
用・質・姿

本というモノは「商品」である。しかし、ボクは、長年、本を商品とは思っていなかった。ただ、単に「本だ」と思って作っていた。ところが、ある会議で、若い営業部員が、「うちの商品は…」と言った時、初めて、「ああ、そうか。ボクは商品を作っていたのだ」と思った。若い人に教わったのである。「商品としての本」アルイハ、「商品としての情報」と言うほうが正しいかもしれない。本は情報を伝える媒体(メディア)だからである。テレビもパソコンも新聞紙も、媒体は全部、情報の入れ物である。本は、著作物を「紙」という入れ物に載せて差し上げるものである。

では、商品としての本の値打ちは、どこにあるのだろう。これも、三つに分けて考えられる。「用」と「質」と「姿」である。商品を売るための急所として、昔の経済学者が、よく言っていたことである。

一、用（ユース・使い道）

「用」というのは、使い道・使い勝手のことである。見てくれ（デザイン）は、きれいでも、使い勝手が悪いモノは用が足りない。ホウキ（箒）でも、リモコンでも、使いやすく、使い甲斐のあるものがいいに決まっている。

すぐに壊れてしまうモノも、ダメである。そういう意味では、一度、買ったら永久に壊れないモノが、いちばんいい。たとえば、文鎮《ぶんちん》は、永久に使えるものだから「用・質・姿」を兼ね備えているといえる。あらゆる物の「用」は「誰かの役に立つ、誰かのためになる」ということである。だから、何の役にも立たず、誰のためにもならない本は、絶対にダメである。

たとえば、その小説を、純文学として出版しようとしているのか、娯楽（エンターテインメント）として読んでもらおうとしているのか、という「用」を明解にしなければいけない。純文学には、人間修行的な要素がある。私小説も、それに含まれる。大きな目で見れば「学問以外は全部エンターテインメントである」と定義する大学教授もいるけれど、時代小説やユーモア小説という分野がちゃんとある。それそれに読者のニーズがある。漫画といえども、求められている話題がそこにある。そういう意味で、「用」は、非常に、金儲け（実利）に関係がある。

二、質（クオリティ・価値）

「質」とは、品質・価値のことである。新鮮な野菜は質がいい、古いものは質が悪い、というような意味である。出版でいえば、読みやすいか、分かりやすいか。誤字・脱字、内容に誤りがないかということである。

たとえば、日本が世界に最も誇れる「質」は、漆《うるし》である。漆は百年経っても、塗りも、その価値も剝げることはない。しかし、たとえ「質」が悪くても、「用」が足りてしまうということもある。ちなみに、ボクが、新聞の切り抜きなどのために使っているハサミは、四十年以上も前に、ドイツの空港の片隅で、二束三文で買ったものである。買った日から、毎日、使い続けている。安物だが、ドイツの金属なので、質もよかったのかもしれないが、使い勝手である「用」は、いまも、ちっとも変わらない。

このように、「質」がよければ、ある程度「用」が足りる。つまり、「質」は「用」という実利を支えるものなのである。ここが大事なところである。「質」というものは、編集者のプライドに大いに関係してくるからである。

三、姿（マテリアル・デザイン）

「姿」とは、そのモノの素材、そして、全体像・形のことである。この「姿」は、「用」と「質」の最後に、オマケとしてある。本でいえば、紙、そして、装幀・レイアウトのことである。デザインは、ダマシの技術ともいえる。要するに「用」と「質」がよければ「姿」もよくなる。形は最後なのである。この最後の「姿」が、「用」を正しい「用」にすることも、認識しなければならない。

出版は、入れ物である紙に、中身を載せて買っていただく商売である。この中身（内面形式）は、目で見ることも、触ることもできない。しかし、入れ物（外面形式）は、目で見ることも、触ることもできる。朗読や音楽の場合は、耳で聞くこともできる。ツマリ、「姿」は中身の「形式化」である。形式化とは「表現化」のこと。

本そのものの「姿」のことである。

ところが、最後に整えるべき「姿」を最初に考え、格好だけ、いいモノを作ろうとするのは、順序がサカサマである。たとえば、食器でも彫像でも、「銅で作ろうか、銀で作ろうか、金で作ろうか」と迷い、予算のことなどを考慮して、「じゃあ、いちばん安い銅にしよう」と、先に、「姿」から決めるべきではない、ということである。まず、最初は、何のためのモノか、どういう使い勝手にするかという「用」である。次に、そのモノに最適な「質」。この順序で考えていけば、おのずと「姿」も決まってくる。用と質を兼ね備えた、美しい「姿」になるのである。編集者は、「用・質・姿」の順番を間違えてはいけない。最初に「姿」を考える編集者では、いけないのである。

編集者のプライド

たとえば、テレビのリモコンも、ボクは、「用・質・姿」のことを考えながら使っている。以前、使っていたテレビは、ソニーだった。いまは、息子が、「質がいい」と買って来てくれたシャープである。しかし、ソニーとシャープを比べると、ボクは、ソニーのリモコンのほうが、「質」がよかったと思っている。なぜかというと、リモコンを持った時には、重いと感じるが、使ってみると、案外、軽い。軽いから使い勝手もいい。ソニーのリモコンは、「用」も足りていたのである。

その点、シャープのリモコンは、「用」がなっていない。どこを、どう押せばいいのか分からない。押したいボタンがパッと押せず、いきなり映像と音量が変わってしまう。映像の色味が微妙に変わってしまうこともある。まあ、新しいので、まだ、慣れていないということもあるのだろうが、もう少し、ボタンの整理をしたほうがいい。それに、「姿」も野暮である。

テレビ画面は、両社とも同じである。問題はない。それなのに、リモコンの用と質と繋がっていない。これは、テレビ本体を作っている人と、リモコンを作っている人が、別々だからである。リモコンも含めたテレビ全体の「用・質・姿」を、丸ごと一緒に考えていないから、チグハグになってしまうのである。

たとえば、落としたり、踏みつけたりして変形しても、形が元に戻るメガネがある。メガネは折れてしまえば使えないから、この形状記憶メガネの「用」と「質」は、一〇〇点である。ボクは、このメガネが欲しくてしょうがない。どんなモノにとっても、「用」と「質」は、非常に重要なことだから、ボクは、いつも、そんなことばかり考えている。

編集という作業も同じである。編集者の仕事は、商品としての本を他社と差別化することである。用・質・姿、スナハチ「使い道・価値・デザイン」の差別化が、いい商品を作る秘訣である。出版社自体も、他社との用・質・姿の差別化を図るべきである。それがうまくいけば、出版は成功する。常に「用」を分母とし、「質」を分子として考えていれば、「姿」という答えが出る。「用」と「質」を極めるのは、「姿」である。

昔の編集者は、「姿」であるレイアウトや装幀も自分でやっていた。いまは、デザイナー任せである。ある分野のことは専門家に任せてもいい。任せたほうが、いいこともある。その代わり、そういう場合は、デザイナーから「用・質・姿」を学ばなければならない。

編集者自身にも、編集者としての「用・質・姿」がある。その人が、非常に「用」が足りて「質」のいい考え方を持っていれば、「用」と「質」を兼ね備えた「姿」のいい編集者ということになる。

自分の企画（アイディア）に対しても、「用・質・姿」を同時に考える編集者でなければならない。最終的に判断を下すのは、社長や部長であっても、そうすることによって、編集者のオキュペーション（自分の占める場所）が決まっていく。その位置が、編集者のプライドになっていくのである。

色・線・形

編集者は、普段から、モノを見る時に、いつも、「色」と「線」と「形」を気にしていたほうがいい。ただ眺めるのではなく、「色・線・形」それぞれの違いを気にしないといけない。「色」の違いが分かる人は、人の気持ちの、ちょっとした違いも読める。色は、そういう性質を持っている。「線」が分かる人は、きれいな線と汚い線との違いを見極められる。きれいな線は、分かりやすいということ。汚い線は、分かりにくいということである。「形」のいい悪いが分かる人は、「用」と「質」の関係が分かる。すべてのモノの「色・線・形」は、そういうことに繋がるのである。

ボクが、雑誌に絵を使う場合は、配色の具合、線のきれいさ、形のよさに非常にこだわっていた。部下にも、具合が悪いモノは使わないように指示していた。ボクは、もう出版社に勤めてはいないけれど、現役を引退したいまも、編集者以外の何者でもない。だから、自分の部屋にいても、「あれはなぜ、あんな色をしているのだろう。どうして、ああいう形をしているのだろう」と、編集者の目で見てしまう。

色について言えば、いま、ほとんどの電子機器は、黒が基調になっている。ボクが使っているテレビのリモコンも黒である。じつに、野暮だなと思う。なぜ、黒がいいのか、よく分からない。たとえば、薄い鶸《ひわ》色がいいかもしれない。鶯《うぐいす》色にしてもいい。コバルトブルーだって、いいわけだ。それが、みんな黒。結局、ナンでもカンでも、黒にしてしまう。

反対に、家庭電化製品は、ほとんどが白。「シロモノ家電」といわれる所以《ゆえん》である。こちらも、何も、わざわざ、汚れが目立つ白にしなくてもいいと思う。グレー（ねずみ色）でもいい。しかし、作り手や使い手に、もとからグレーのような色合いにすると、古くて薄汚れて見えるという印象があるのかもしれない。そういう「グレーは古く見える」程度のセンスで作ろうとするから、安易にシロモノが出来てしまうのである。

人は、鉛筆一本、買うにしても、冷蔵庫を買うにしても、色の良し悪しや、形がいいか悪いかを見て決める。たとえば、ＨＢの鉛筆を買おうとする。すると、だいたい、どの鉛筆も、深いグリーン色である。しかし、同じＨＢでも、三菱鉛筆とトンボ鉛筆では、グリーンの色合いが微妙に違う。形も微妙に違っている。どちらがいいというのではない。その人の好き嫌いである。この嗜好というものは、割合、強烈なものである。人は、自然に（無意識のうちに）こだわってしまうのである。

ボクの部屋に、長年、使っている木製のライティングデスクがある。昔、横浜・元町で気に入って買ったものだ。それから十年ほど経って、タイの道具屋で、小さい木製のサイドテーブルを買った。大中小と大きさが違うテーブルが三つ重なっていて、それぞれ、別々に使えるものである。これを船便で送ってもらい、自宅で改めて見て驚いた。ライティングデスクと、模様が、偶然、全く、同じものだったのである。タイの道具屋でテーブルを見た時には、同じデザインだから買ったわけではない。もともと、ボクは、愛想のないデザインが好きである。自分の好みに対して、割合ガンコだから、そのテーブルも、ただ、気に入って買っただけである。そういうことがあるのだなと、びっくりした。

このテーブルは、使い勝手も、なかなかいい。でも、三つは要らない。誰かが欲しいと言えば、あげようと思った。ボクの孫娘は、ボクに似たのか、性格が地味である。だから、気に入るかもしれないと思い、「ひとつあげるよ」と言ってみた。しかし、「要らない」と言う。大人しい割には、キンキラの派手好きだったのである。好みに対してガンコなところだけは、ボクに似ている。

そうかと思えば、ボクの友人には、「三つもあるのだからひとつくれ」と言うヤツもいる。デザインが気に入ったからではない。たくさんあるから、という理由である。同じモノでも、欲しいという人と、要らないという人がいる。それぞれのこだわりに差が出てくる。これが、その人の「個性」である。

本づくりも同じである。企画を立てる時にも、立ててからも、「色・線・形」のことを、「用・質・姿」と共に、いつも、頭に入れておくべきである。色と線と形に、神経質なほどこだわっている人のほうが細かく企画を立てられる。格好のいいモノを作る能力がある。そのためには、「色」が分かる編集者、「線」が分かる編集者、「形」が分かる編集者にならなければいけない。

デザイナーから色と形を学べ

この世にある全ての形式は、デザインである。周りを見渡せば、その辺にある物は、全部、デザインされたモノである。文房具・椅子・机・家庭用品・ファッション・料理など全て。つまり、デザイナーが山ほどいるということである。

ボクは、女性の服のことは、よく分からないが、テレビを観ていると、番組の五つのうち四つは、女性に関するモノの特集である。一般的に言って、女性は、色や線や形に敏感だからである。「女性が好むモノを作ればヒットする」といわれている所以である。深夜にテレビ放映されているファッションショーも、気にして観てみると、「スウェーデンやデンマークのデザインは優れているな」とか、「アメリカもいいな」とか、「日本のデザイナーも、かなりいい線いっているな」と思ったりする。服のことは、分からなくても、「全体的にはイマイチだけど、部分的にはいい」と思うこともある。こういうことを考えている男性編集者はいるだろうか。

街を歩いている時も、女性に目が向く。「あの人は、どうして、あのジーパンが似合うのだろう」とか、「あの人は、もっと、違う色の上着を着ればステキなのに」と、観察しながら、色々考えている。そういう体質なのだろうと思う。ボクは、中学生の頃から、女学生を見るたびに、彼女たちが着ている制服が気になっていた。たとえば、セーラー服の襟の形や、襟に入っている白い線や赤い線の太さなど、複雑そうな仕立てに、非常に、興味があった。特に、スカートのプリーツの数が気になってしょうがなかった。できれば、実際に数えさせて欲しかったくらいだ。

　ある時、仲のいい女学生に訊いてみた。「プリーツの数は、いくつくらいあるの?」と。これが、驚くことに、プリーツスカートというのは、広げると、非常に、大きく広がるのである。念願が叶って、数を数えさせてもらった。彼女が言うには、「うちのお母さんは、プリーツの上の部分を、黒い糸でちょっと縫って止めてくれる」そうである。そうすると、プリーツがパーッと広がらないらしい。ところが、実際にスカートに触ってみると、糸で止めなくても広がらないように、重味のある生地になっている。女学生が、毎日、穿くスカートというものは、重い生地じゃないといけない、ということがよく分かった。こんなことは、人に言えば、笑われるようなことである。しかし、編集者に必要なのは、こういうことなのだと思う。

　編集者の美意識は、企画を立てる場合の「色・線・形」、そして、そこはかとなく漂う「匂い」のようなことにも深い関係が出てくる。編集者は、デパートに行く時も、銀座をブラブラ歩いている時も、常に、モノのカタチやデザインを気にして見るべきである。すべてのデザインされたモノから、そして、デザイナーから、「色・線・形」を学ぶべきである。もちろん、デザイナーの中には、ヘンな人もいる。

イメージを持つ

しかし、なかなかの人もいる。ニンゲンとしていいかどうかは分からないが、モノの形を簡略化し、人の目を休ませる色や形のことをいつも考えている、という意味では、デザイナーとしてダメな人は、ほとんどいない。編集者は、優れたデザイナーの上質なデザインを見つけたら、じっと記憶に留め、その仕事を追いかけて行くことである。それを情報として仕入れ、見極めるクセをつけていたら、美意識や審美眼、編集者の「資質」も決して鈍らない。

企画を立てる時点で、すでに、本の色や形の具体的なイメージが生まれることもある。特に、色は、作品と深い関係がある。たとえば、小学館から出版した渡辺淳一の本の装幀を考えた時も、井上靖の本の場合も、「イメージは何色?」と、編集部でディスカッションした。装幀とは、「用・質・姿」の「姿」のことである。「いい音」と「いい色」の組み合わせでもある。「いい音」とは「いい言葉」のこと、「いい色」とは「いい絵」のことである。

瀬戸内晴美(現・寂聴)の本を出す時も、「彼女の小説のイメージは何色?」と相談した。すると、ある編集者が、「野暮ったい赤」と応えた。ボクは、瀬戸内さんと飲み友達だった。ある時、小学館ではない出版社から出された著書をいただいたことがあった。たまたま、その本が、本体もハコ（函）も、野暮ったい赤（深いエンジ色）だった。手に取って、改めて思った。なるほど、瀬戸内さんの小説は、「紫」でも「黄色」でもない。何とも言えず、深く落ち着いた赤い色である。ちなみに、この本の装幀は、加山又造画伯だった。ボクが、いちばん好きな画家である。非常に、シャープな感覚の方ではあるが、この本だけは、加山さんらしくない装幀だと思った。同時に、加山さんは、瀬戸内さんの作品の本質を見破ったのだな、とも思った。

面白い装幀があったら、誰の装幀なのか知っておくことも大切である。自分が好きな本でも、マンゼン（漫然）と読んでいるだけでは、しょうがない。イメージを持ちながら見ること、読むことが、編集者には必要である。

ボクは、月に一度、文部科学省の人たちや大学の先生たち、弁護士の先生たち数人で飲む機会がある。最近、その飲み会で、ある大学の若い准教授が、弁護士の先生に、「オリンピックの一〇〇メートル走は、色に例えると何色ですか？」と質問していた。面白いことを訊くなと思った。ついでに、「マラソンは何色でしょう？」と。やがて、色に対する質問は、「妄想は何色？」というように、どんどん、広がっ

ルネサンスの赤

ていった。質問された官僚や学者さんたちも、「分からない」とは言わず、それぞれに応えていた。人によって異なるイメージが、面白いと思った。

こんな遊びでもかまわない。編集者は、普段から、訓練として心がけておくことが大切である。「用・質・姿」と「色・線・形」を重ねてよく考えてみると面白い。面白いと思ったところから、編集に必要なモノが、自然と浮かんでくるはずである。

かつて、ボクは、本が商品であることを、若い社員から教わった。今度は、その商品が、「印刷物」であることに、気づかせてもらった。教えてくださったのは、画家で彫刻家の梁川剛一《やながわごういち》さんである。小学館の社屋には、創業者の銅像がある。この作者が、梁川さんだった。その昔、ボクは、銅像の打ち合わせのために、梁川さんのお宅に伺った。その折に、色についてのお話を伺った。それは、「最近の編集者には、色のデリカシーが分かる人がいなくて困る」という苦情と説教だった。

梁川さんは、ズバ抜けて優れた才能の持ち主である。ボクは、童画も手がける梁川さんの絵が大好きだった。特に、赤の色合いが美しくて好きだった。そのことを梁川さんに伝えると、「これは、ルネサンスの赤なんだ。昔は、今のように、いい絵の具がたくさんある時代ではなかったから、この赤を出すのに苦労した」と説明してくださった。それに続く梁川さんの苦情は、こうだった。

「同じ赤でも、ルネサンスの赤と中国や韓国の赤は、違う。中国の赤はキンキラキンである。韓国の赤は軽々しい。イギリスの国旗の赤は、やや、ルネサンスに近い。この違いが分かる編集者じゃないといけない。赤だけではない。黄色が分かるか、黒が分かるか、印刷物を出版する編集者にとって、色の微妙な違いが分かることは、重要なことである。しかし、そういう編集者がいない」と。

さらに、梁川さんは、「ガラスの発明」を例に挙げて、色の説明をしてくださった。ヨーロッパで絵の勉強をされた方だから、その歴史にも精通されていたのである。

「その昔、船が難破して、とある浜辺についた。乗組員たちが焚き火をしていたら、燃えカスの中に何か光るモノが残った。それが、ガラスだった。ガラスは透明である。色があるかどうか分からない。でも、色をつけることはできる。色をつけるということは、非常に、難しいけれど、楽しいことなのだ。色が分かるか分からないかは、天性の問題だけれど、編集者には分かって欲しい」と。

その時、ボクは、気がついた。「出版という複製産業は、印刷物を売っているのだ」

ということを。当たり前といえば、当たり前のことである。小学館は、オフセット印刷の雑誌が多かった。黄・赤・藍・墨（イエロー・マゼンタ・シアン・スミ）の四色である。赤が分かるか、黄色が分かるか、藍が分かるか、黒が分かるか。それは、印刷物を出版する編集者にとって、重要なことである。編集者は、当然、文字校正と同じように色校正もする。「この空の色を、もっと濃く」とか、「肌色を、もっと自然に」とか。いまは、デジタルの時代だから、昔ほど、緻密に色校をしないのかもしれない。専門家に任せ切りなのかもしれない。しかし、編集者は、たとえ、色のことが分からなくても、分かろうとしなければいけない。梁川さんが言っていたように、色のないモノに色をつけていくことは、楽しいことなのだから。

山野愛子さん、大関早苗さんにも、同じような、ファッションのお話を伺ったことがあった。今度は、「黒」についてである。同じ黒でも、藍色を黒にした「アイクロ」と、赤を煮詰めた「アカクロ」がある。「この違いが分からない人とは話ができない。分からない人は、デザイナーではなく、お針子になればいいのだ」と。

梁川さんが、ルネサンスの赤を出すのに苦労したと言っていたように、ダ・ヴィンチであろうとミケランジェロであろうと、苦労したに違いない。どんな天才でも、色のことだけを、来る日も来る日も、繊細すぎるほど、考えていたはずである。

ボクの書斎に、若いイタリアの画家の絵が貼ってある。赤の色合いが気に入って買った絵である。梁川さんに教えていただいたルネサンスの赤である。そして、黒とも、藍とも、チャコールグレーとも言えない、美しい色合いもある。この画家も、随分、苦労して色を作ったに違いない。

ほとんどの人が、気づいていないのかもしれないけれど、雑誌も書籍も、紙は、少し黄色いほうがいい。真っ白だと、スミ文字とのコントラストが強すぎて、読みにくいからである。目立たせなければならない色の使い方のいい例は、街の中にもある。横断歩道は、黒い地面に白で線が描いてある。白が目立つからである。危険を促す看板は、黄色地に黒である。黄色と黒は「デュアルゾーン」といって、これが、いちばん強く目立つ。しかし、ヘタに扱うと品が悪くなる。赤と黒の組み合わせは、ファッションとしてはいいけれども、デザインとしては黒が弱くなる。このような色と色の掛け合わせや、色と形の関係など、編集者は、いつも、考えていないといけない。デザイナー任せでは、いけないのである。

編集者は、いくらデジタル化されても、色のことを理解していないといけない。

点・線・面

色のデリケートさが分かる人は、人の気持ちも、人間関係のデリカシーも分かるからである。線も形も同じである。

「色」が分かる人は、江戸の浮世絵師・喜多川歌麿が一本の線で勝負していたように、それぞれの絵描きの「線」の良し悪しも分かる。「線」が分かる人は「絵（形）」の良し悪しも分かる。「絵」が分かる人は「言葉」も分かる。「言葉」が分かる人は、ツヤがある人になれる。ツヤがある人は、著作者に分かってもらえる。いい仕事ができる編集者になれる。

色と線と形は、こういう繫がり方をしているのである。これらが分からない人には、きっと、何も分からない。要するに、「普通の人」でしかない。梁川さんは、「天性の問題だ」と言っていたけれど、もし、「資質」として持ち合わせていなければ、バイシツ（培質）していけばいい。編集者には、あらゆるモノゴトを細かく見極める体質、そして、感じる心が必要なのである。

ボクの書斎の窓から、じつに、迷惑な看板が見える。「××××TOOL」というアルファベットがデザインされた、非常に大きな看板である。数年前に、コツゼン（忽然）と出現し、夕方五時になるとネオンが点滅し始める。少し離れているのに、目の高さの真正面にあるから、眩しくてしょうがない。その上、下品な色合いが不愉快で、目にうるさい。立派な環境破壊である。マンションの住人たちが、ネオン看板の持ち主に抗議したところ、妥協案として、午後十一時に消されることになった。それでも、夕方五時から六時間は、コウコウ（煌々）と点いている。致し方ないのでカーテンを閉める。忌々しいことである。

こういう看板の出し方は、全く無駄である。新聞の折れ線が、岸恵子の顔に被っていた新聞広告と同じである。何の広告効果もない。カネの無駄遣いである。何も考えていない証拠である。自社が好まれるために宣伝の看板を出しているのに、看板のせいで嫌われてしまっている。迷惑だと憎まれている。何を扱っている会社なのかは知らないが、「ＴＯＯＬ」というからには、道具の会社であろう。なのに、ちっとも、看板という道具を有効活用していない。その逆である。無粋な会社である。

昔、世界中の看板ばかり撮っているカメラマンがいた。パリにある彼の事務所を訪ねた時、彼は、「日本の看板が、いちばん、つまらない」と言っていた。「商品と社名だけ、ツマリ、文字を大きくアピールしているだけだから、じつに、くだらない」と。ボクもそう思う。

ヨーロッパの看板は、たとえば、小さな長靴の形をした看板に、「a shoe shop（靴屋）」と書いてあったりする。イギリスもフランスも、愛嬌があって可愛らしい看板が多い。国や自治体によって、看板に規制がかかっていることもあるだろう。しかし、ヨーロッパの看板は、ちゃんと「連想」しているのだと思う。看板の「用と質と姿」を。目線を広げて終着点を連想した結果、鑑賞に値する看板になっているのである。

看板は、二十四時間、人目にさらされている。ハタ迷惑な看板の持ち主も、最初に、「この看板をこの場所に掲げたら、周囲の人は、どう思うか。この町に、どんな看板を出せば効果的なのか」と考えるべきだった。連想しなければならなかったのである。目線が狭い証拠である。

人には、「点で考える人」と「線で考える人」と「面で考える人」がいる。編者のタイプにも、「点型・線型・面型」がある。「点」の人は、一点しか見ない。視野が狭いからレイテン（零点）である。「線」で考える人は、一方向にしか進まない恐れがある。「面」で考える人が、いい。「面」を立てたり、横にしたりすることで、連想が広がるからである。

編集者は、常に、こういう図表を意識しておくべきである。点ばかりでは、企画は出来ない。目線を広げ、全体を面として見渡さなければいけない。そうでなければ、ハタ迷惑なネオン看板のように、ホンマツテントウ（本末転倒）になってしまう。この看板は、終着点が汚いのだから、起点から汚い企画だったのである。編集者は、そういう狭量な「点型」視線で企画を考えてはいけないのである。

地平線・水平線を見渡す

何かを考える時、多くの人は、「手前」のことを先に考え、成り行きで「向こう」のことを考えていく。そうではなく、編集者は、まず、「向こう」のことを先に考えてから、「手前」に持って来るように考えるべきである。そうすると、「いま」何をしなければいけないのかが分かる。これが、地平線（水平線）を見渡す「パースペクティブ」ということである。

これは、「まず、将来の姿を示せ」ということではない。たとえば、漠然と「自分の会社は、十年先、二十年先には、こうなっているだろうな」と思いながら企画を立てるのと、「今こういう企画を立てると、いつか会社の柱になっていくだろう」

と思いながら企画を立てるのでは、全く、結果が違ってくるということである。見渡すべきものは、「将来の会社の理想的な姿」そして「自分自身の理想の姿」である。

結局、出版・編集の理想の姿というのは、いい本を作って、たくさん儲けることである。しかし、いまの時代、現実的に「いい姿をしている会社」は滅多にない。いい仕事をしている出版社があるとすれば、岩波書店と新潮社くらいだろう。ほかにあるとしても、ほんの数社である。

誰にとっても、いま、必要なのは、「将来の自分の姿」ではなく、「現実的なお金」であることは間違いない。だからといって、お金のことばかり考えても、いい将来には結びつかない。将来を考えながら、いま必要なお金に及ぶという姿勢が、「パースペクティブ」である。将来の理想の姿から、いま何をすべきなのかを考えるべきなのである。

このパースペクティブも、あらまほしき編集者の姿である。会社でいえば、社長や局長、部長クラスの仕事であるが、もちろん、編集者全員の姿勢でなければならない。あらまほしい理想的な考え方であっても、そういう視野を広げておくべきである。それが、いい企画に繋がる編集者のフットワークになるのである。

誰に向かって、何を言っているのか、
分からないような話し方をする
編集者がいるとしたら、
その人は、編集者ではない。

五、

言葉・文章について

編集者の道具は一〇〇%言葉

出版という仕事には、ほかの業種と全く違うところが一点だけある。編集者の商売道具は「言葉だけ」という点である。ほかの職種は、商売道具として、様々なモノや人間関係を扱っている。しかし、編集者には、言葉という道具以外には何もない。極端なことを言えば、言葉のほかには、紙と印刷機、それに、社長しかいない、と言ってもいいくらいである。

しかも、出版にとっての言葉は、「商品」ツマリ「武器」にもなる。だから、単なる道具ではなく、「唯一の商売道具が一〇〇%言葉」という意識を強く持ち、大切に扱わなければいけないのである。

編集者にとっての言葉は、板前の「包丁」と同じである。腕のいい板前は、包丁にこだわり、大事にしている。選びに選んで、丁寧に手入れをしたいい包丁を、数本も持っている。その板前が、どんな状態の包丁を使っているのか、料理を食べてみれば分かる。刺身ひとつでも、手入れの行き届いた切れる包丁を使ったのか、そうじゃないかは、すぐにバレる。一流の板前は、いつも包丁を研ぎ、大根の皮などを剝いて、切れ味を試している。ボクも、料理が好きだから、手に馴染んだ包丁で、よく、大根や芋や柿の皮を剝いていた。案外、楽しい作業である。この皮の剝き方のウマいヘタも、編集者の素質に通じる。

いい板前には、流れ者（渡り職人）が多かった。ひとつの店に留まらず、好きな店を捜しに捜して、好きな料理を作るためである。昔は、「桂庵《けいあん》」という口入れ屋（斡旋所）があった。しかし、いい板前は、いまで言う、ハローワークなんかに頼らず、手ぬぐいに、自分の包丁を二〜三本くる（包）んで持ち歩き、気に入った店があれば、移っていく。そういう板前にとって、包丁は、「命」。腕だけが頼りなのである。

大森に、「とん八」という有名なトンカツ屋があった。ウマいので、よく食いに行っていた。ここのオヤジさんの包丁は、ヘンな形をしていた。長さも幅も、普通の包丁の半分くらいに、すり減っている。長年、毎日、研いできたからである。オヤジさんは、たまたま、自分が見つけた包丁に、入れ込んでいたのである。手に馴染むから、好きだから、丁寧に手入れをして、とことん使う。追求していく。オヤジさんは、小さくなった包丁で、器用にキャベツを刻んでいた。

たしかに、道具をたくさん持っていることも必要でもある。しかし、何でも新しいモノならいいと、野暮な包丁を何本も持つのではなく、人よりたくさん持ってい

言葉とは何か

ても、その中から、一つ二つ選んで、徹底的に使いこなしていく。それが、食い物を扱う一流の職人の根性だと思う。

編集者と言葉の関係も同じである。板前の包丁が、編集者の言葉、ツマリ「命」ということである。ただ、編集者の「言葉」は、その数を多く知らないと道具に出来ない。企画を通すのも、会議で説明するのも、著者を説得するのも、本として出来上がる中身も言葉である。せっかく、いい企画があるのに、説明がヘタな人がいる。説明がヘタな人は、本作りもヘタである。毎日、包丁を研ぐように、言葉という唯一の道具を使いこなしていけば、いつか、どこかに辿り着けるのである。

では、「言葉とは、一体、何なのだろうか。ギリシャの昔から、哲学者は、必ず、「言葉とは何か」と問い続けてきた。正解はない。考え続けることで、哲学が成り立っているといってもいい。戦後の日本は、言葉を問わなくなった。だからダメになった、とボクは思っている。

言葉にも、右翼的、左翼的なとらえ方がある。マルクスは、すべてのものを「上部構造」と「下部構造」に分けていた。下部は「人間の社会的な存在」である。その下部を土台として、上部に「意識＝言葉」が派生すると言っている。これが、自然や社会、歴史の発展過程を、物質的なものとしてとらえた弁証法的唯物論（唯物史観）である。毛沢東、レーニンも同じである。

一方、江戸時代の国学者・本居宣長は、「言葉は精神至上のもの」という捉え方をしている。日本の伝統的な認識論からいえば、言葉は、「魂」を内包している「コトダマ（言霊）」である。たとえば、「美しい」という言葉には、美しいというイメージが内包されている。それが、言葉の「魂」である。ボクも、言葉は、非常に、コトダマ的なものだと思っている。マルクスの唯物史観からすると、言葉はコトダマではない。マルクス哲学の唯一説明できない部分が、言葉であるともいえる。

エンゲルスも同じである。日本の左翼は、いい加減だからどうでもいいが、ロシアのニコライ・マルという言語学者は、「言葉だけは、人間の文化の中で例外であって、上部のモノ、中のモノ、下部のモノ、外のモノと言えない」と言っている。このように、言葉については、多くの学者も悩んできた。哲学的に。

本居宣長の流れを汲む東京大学の言語学者・時枝誠記教授は、「言葉の捉まえ方には二つある」と考えていた。「歴史的言語学」と「過程的言語学」である。歴史的言語学の文法は、「名詞＋助詞＋形容詞＋動詞」、ボクたちが学校で習ってきた文法である。過程的言語学の文法は、名詞と助詞を分けずに考える新しい文法である。時枝教授は、「一語」とは何か、と考えていた。

たとえば、「犬はかわいい」という場合、歴史的言語学の文法では、「犬＋は＋かわいい」と名詞と助詞を分ける。過程的言語学の文法では、「犬は＋かわいい」と、名詞と助詞を分けない。「わたくしは、コンビニへ行きます」というセンテンスを、歴史的文法では、わたくし「は」コンビニ「へ」行きます。と、「わたくし」と「は」に分ける。「コンビニ」と「へ」も分ける。ところが、過程的言語学では、それを分けずに、「わたくしは」「コンビニへ」というように、不可分の一語として認識する。時枝教授は、歴史的言語学を、過程的言語学に作り直そうとしたが、残念ながら、学問として成り立つ前に亡くなってしまった。継承者がいなくなり、東大の言語学は歴史的言語学に戻った。

この過程的言語学の文法に似ているのが、ロシア語である。「モスクワへ行く」を英語でいうと「to Moscow」であるが、ロシア語では「Москва（モスクヴァ）」という名詞が「モスクヴェ」というように語尾が変化する。モスクヴァという名詞そのものが、動詞に支配されて変化するのである。「of Moscow→モスクヴァの」という場合は「モスクヴィ」となる。

と、ズラズラと言葉についてアレコレ並べてみたが、コムズカシイしいことは、どうでもいい。分からなくても、正解がなくても、いいのである。新しい国語の文法を生み出そうとしていた時枝教授のように、絵本のことばかり考えていたナンバさんのように、「言葉とは、一体何だろう」と考えるだけでいい。それが、大事なのである。

名詞ひとつですら、分けて考える人もいれば、分けない人もいる。言葉について、じつに多くの哲学者や言語学者が、色々なことを考え続けている、ということを認識するだけでいい。一〇〇%言葉という道具で商売をしている編集者である以上、常に言葉に対するオソレ（畏れ）を持ち、自分の言葉にも、相手の言葉にも、敏感でなければならない。いつも、考えていないといけないのである。

内面形式と外面形式

言葉には、「内面」と「外面」の二種類がある。自分の頭の中にある言葉が「内面形式」、この内面形式が言葉として表現化され、頭の外に出て行くのが「外面形式」である。たとえば、ボクがインタビューに応えると、ボクの頭の中の「内面」が、口語（声）という「外面形式」となる。それをインタビュアーがメモする。このメモ書きは、「外面形式」の「二次使用」である。この「二次使用」を本として出版することが「三次使用」になる。このように、言葉は、その発生点から本になるまで、二転三転していくのである。

言葉の「外面形式」にも二種類ある。話し言葉（スポーク・ランゲージ）と、書き言葉（ライトダウン）である。インタビューに応えたボクの声が、話し言葉。それを、紙に文章として残したものが、書き言葉である。話し言葉は、著者との会話、企画会議や編集会議、上司や社長を口説き落とす時に活用する。お喋りや雑談などの言葉である。書き言葉は、紙に残すものである。

これが、やがて商品になり、最終的に読者（エンドユーザー）に繋がる。「ライトダウン」には、手書きやパソコンなど、方法は色々ある。何であってもかまわない。しかし、「スポーク・ランゲージ」は、そうはいかない。自分の声として表現化される「言葉」だけだからである。

本は、まず、企画会議でのやり取りや、著作者とのお喋りによって出来る。だから、お喋りが下手なヤツに、いい本が作れるわけがない。相手が喋っている言葉も、自分が喋っている言葉も、「これが、文章になる時には、どんな風になるのか」と考えながら喋る必要がある。「スポーク・ランゲージ」は、編集者にとって大切な武器なのである。

編集者がつき合う著作者は、内面形式を外面形式にするプロフェッショナルである。彼らは、頭の中にある内面形式を、絵にする、音楽にする、文章にする、という「形式化（表現化）」でメシを食っている。だから、表現というものに、非常に、敏感である。ボクの経験から言えば、赤塚不二夫みたいにオカシなヤツだって、表現には非常に繊細で敏感だった。おざなりな言葉では通用しないこともあった。

つまり、表現化のプロに対しては、借り物ではない自分の言葉で分かりやすく話すことが大切なのである。その言葉が、ほかの編集者と違っても、世間からズレていても、ちっとも、かまわない。「他者と差別化された自分自身の言葉」に徹しないといけないのである。

流行り言葉

いつの時代にも、若い人同士だけが使う、暗号のような流行り言葉がある。たとえば、「大変」なことを「めっちゃ」というように。めっちゃは「滅茶苦茶」の略語であろう。ある女性タレントのブログに、「めちゃくちゃ元気な子が生まれた」と書いてあった。この用い方は正しくない。もともと「滅茶苦茶」は、汚いイメージを持つ言葉だからだ。本来の意味は、「全く筋道が通らない、度外れなこと。どうにもならないほど壊れたり、混乱したりすること」である。このタレントの「めちゃくちゃ元気な子」を、本来の意味通りに解釈すると、「度外れに泣いて暴れて元気な子」となる。正しくは、「大変に元気な子が生まれた」というべきなのである。

同様に、「大変なこと」を「すごい」とか「すごく」とも言う。「とても」とか「とっても」とも言う。この「とても」も、本来は、そのあとに打ち消しや否定的表現を伴って、「とても悲しい」「とてもじゃないが、そんなことは出来ない」というように否定的な気持ちを強調する副詞である。それが、時代と共に「非常に、大変に」という意味合いが加味され、「とてもステキだ」というように、肯定的な言葉の副詞としても使われるようになった。

ちなみに、「すごい」は「凄い」と書く。これは、本来、「ぞっとするほど恐ろしい。

非常に気味が悪い」という意味を持ち、「凄惨」と書くように壮絶なイメージが込められていた。だから、ボクは、「凄惨」アルイハ「凄」という文字を見ただけで、戦時中に見聞きした「凄惨」な場面や、「凄惨」な情景や心情が込められた曲の歌詞、その情景がありありと浮かんで、たまらない気持ちになってしまう。いまは、編集者が、作品に対して「すごいですねえ」と言えば、感動を伝える言葉として解釈されるだろう。それでも、ボクとしては、「すごく」と言うべきところを、たとえば、「すごい美味しい」と言われると、かなりの違和感がある。「すごい＋形容詞」という言い方は、言語学的におかしいからである。せめて、「すごく美味しい」と言えないのか、と苦々しく思ったりする。

そうは言っても、言葉は、時代と共に変化していくものである。本来の意味合いさえ変わっていく。新しい言葉が生まれ、生まれては消えて行く。「超かわいい」とか「爆ナントカ」という流行り言葉は、日常的に仲間と話す時には「共鳴」を誘っていいと思う。しかし、気をつけていないと、仕事相手と話す時にも出てしまう。

わざわざ、編集者が好んで使う傾向もある。編集者は、このような言葉が、創作者に通じるかどうか、考えて使わなければいけない。

中身のない、おざなりな言葉も同じである。ボクは、いくら時代が変わっても、古い時代に使われて、いまも、生き残っている日本語を、自然に使ったほうがいいと思っている。古い言葉には、先人の知恵と魂が籠もっているからである。それが「コトダマ（言霊）」である。

小学館の入社試験で、役員面接を受け持ったことがある。入社試験なのに、若い人は、平気で、「わりかし楽しかった」なんて言葉を使う。ボクが知らないだけで、「ワリカシ」という言葉が流行った時期があったのかもしれない。いずれにしても、アタマが古くて固い重役の中には、「ワリカシ、なんて言うヤツは落とせよ」と、さっさと落第にしてしまう人もいた。カンタン過ぎる判断ではあるが、「言葉は、その人そのもの」として受け取られるということである。

しかし、アタマの固い役員も、自分でそう言って落としておきながら、いつの間にか、自分でも、「ワリカシ」なんて言っている。意識的なのか無意識なのかは分からない。言葉というものは、自分が使う分には気にならないが、ヒトが使うと気になるということである。カチンと来て、言ったヤツに腹を立てたりもする。そういう、敏感なイキモノということでもある。

言葉は、誰かの頭の中で発生した時点から、外に出て表現されるまで、そして、本になるまでに、何度も変化していく。その変化を読めるか読めないかが、編集者の資質である。いつも、こういうことを考えている編集者はいるだろうか。あまり、いないのではないだろうか。人は、そういうことを考えられるようになる頃に、だいたい定年を迎える。定年になった人が、パッといきなり三十歳くらいに若返れば、いちばん、いいのだけれど、そうはいかない。歳を取ったら、卒業せざるを得ない。

まあ、卒業すべきなのである。ひとり辞めれば、二人でも三人でも、若い人を雇える。新しい人が入って来ることによって、新しい発想が入って来る。そうでなければ、出版社の質は向上しない。出版社として生き続けることも出来ない。世間には、ようやく人生の深みや色々なことに気づいた人が退職して行ったまま、新しい人も入れず、社員全員で歳ばかり取る一方という出版社もある。反対に、いっせいに若い人ばかりにする出版社もある。

いまの編集者に、「若いうちから、こういうことを考えておけ」というのは無理かもしれない。しかし、人の回転というモノを考えないと、出版社は「いい姿」にならない。出版社にとって大事なことは、知識と発想の回転だからである。言葉の変化と同時に、こんな変化も考えておくと、時間の無駄遣いにならないのではないかと思う。八十歳を超えた今だから、そう思うのである。

生き残っている言葉

ボクが、まだ、若い編集者だった頃、古い言葉を、じつに、粋に使う著作者がたくさんいた。たとえば、画家の松本かつぢさん、蕗谷虹児《ふきやこうじ》さん、『少年倶楽部』の作家だった山中峯太郎さん。彼らの言葉遣い、そして、彼らと交わした会話が懐かしい。

いまでも死なずに生き残っている言葉は、文化である。松本さんたちは、その文化を、日常的に、非常に大事にしていた。そういう方々と話す時には、ボクも、安心して古い言葉を使っていた。そうすると、可愛がってくださった。非常に、仲良しになれたような気もした。

ある時、ボクは、松本さんに、銀座でご馳走することにした。日頃、お世話になっている、ささやかな御礼である。その前日、ボクは、「松本先生、銀座といっても大したお店じゃないので、明日は、ざっかけない姿で来てくださいよ」と念を押した。「ざっかけない」というのは、本来は、「いいかげんな、ふざけた」という意味である。ボクが松本さんに言ったのは、「普段の格好で」という意味である。松本さんは、非常に、お洒落な方だったから、上等な格好で来られては困る。当時、金がなかったボクは、いい店にお連れすることなど、出来なかったからである。

松本さんは、喜んでくださった。ご馳走することではない。「ざっかけない」という言葉を、非常に懐かしがり、ボクが使ったことを、喜んでくださったのだ。ボクは、松本さんの言葉を真似しただけである。普段、松本さんが、蕗谷さんや山中さんに、「ざっかけない格好で来いよ」と言っているのを聞きかじっていたのだ。その時代の人たちにとっては、普通の言葉だったのである。

そして、当日、ボクは、松本さん流の「ざっかけない格好」に感激した。松本さんは、上質の結城紬の着物姿だった。しかし、帯は、茶のイッポンドッコ（一本独鈷）である。つまり、上等な着物に、普段している角帯を締めて来てくださったのである。言ってみれば、江戸風の野暮なお洒落、ドレスダウンである。松本さんなりに、ボクの言葉に気を遣ってくださったことがよく分かった。それでも、相当、お洒落なスイジン（粋人）にしか見えなかった。これが、ホンモノの粋である。

ボクは、松本さんの「ざっかけない」という言葉から、粋なお洒落というものを、そして、人に対する優しさというものを、教えていただいたのである。

文風の刷新

ボクは、共産主義者ではない。毛沢東も、政治家としては、ある程度、尊敬しているが、好きではない。しかし、毛沢東の著書『文芸講話』を読んで、ひとつだけ感心したことがある。毛沢東は、「共産主義は、幹部がしっかりしていないと、下の者がついてこなくなる。国が壊れる」と危惧した。そこで、共産党の幹部と若い党員に対して、『文芸講話』を書いた。この『文芸講話』は、一九四二年、毛沢東が、延安の講演で示した「三風整頓運動（整風運動）」が隠れたテーマになっている。

一、　学風　学習の態度
二、　党風　党の方針・やり方
三、　文風　言語・文章活動

毛沢東は、学風・党風・文風の三風を整頓、スナハチ刷新すべきだ、と提唱したのである。当時の共産党には、妙に、かたくなで、ズル賢いヤツらが集まる可能性があった。毛沢東は、党全体に蔓延している小市民的でイヤな空気「党風」を刷新したかったのである。といっても、学風・党風の刷新は、どの世界でも当たり前の

自分の言葉を刷新する

ことなので、ちっとも、面白くない。ボクは、「文風」の刷新に感心した。この点において、毛沢東は非常に優れている。著しく影響を受けた。いまでも受け続けている。毛沢東は好きではないが、三分の一くらい、認めるようになった。

文風の刷新とは、それまで統一され、誰もが使っていた同じ言葉を、自分の言葉に刷新するという意味である。毛沢東は、「自由主義者も共産主義者も、みんな同じ言葉を使っている。それは、いいことではない。自分自身の言葉を使うことによって、共産党も中国もよくなる。文風が刷新されなければ、学風も党風も刷新できない」と言っている。その通りである。これこそ、『文芸講話』の奥にある真のテーマである、とボクは思っている。

ひとつ「シマ」があれば、その中で、何かひとつのことを表現するために、誰もが同じ言葉を使おうとする。人と同じ言葉を使っていると、言葉に対して無神経になっていく。自分の意見も持たなくなる。モシクハ持てなくなる。日本のほとんどの政治家が、都合が悪いことが起きた時に、「遺憾」という言葉を使うのもそう。若い女性が、何を見ても、「カワイイ!」というのも、同じである。誰もが同じ言葉を使うことはない。同じ考え方をすることもない。色々な言い方、様々な考え方をする人々がいて、いいはずである。

たとえ、その言葉が稚拙《ちせつ》であっても、自分のアタマで考え、自分で選んだ言葉を使うべきなのである。みんなが使っているから、という理由で、言葉を選ぶべきではない。毛沢東が提唱した「文風の刷新」とは、そういうことだ、とボクは思った。『文芸講話』を読んでから、ボクは、会議や会合で、ちょっと変わったことを言いたい時、できるだけ、言葉を選んで話すことにしてきた。人にヘンだと思われるような言葉でも、若い人には分からない古い日本語であっても、あえて使ってきた。

日本語でウマく言えない時には、石原慎太郎のように、横文字で言ってみることもある。石原は、たとえば「劣等感」を「インフェリオリティ・コンプレックス」と言ったりする。英語が分からない人には、何を言っているのか通じないし、相当、イヤラしい言い方である。しかし、石原自身の言葉であることは間違いない。彼は、すべてにおいて、「石原慎太郎的な差別化」に成功しているのである。だから、人気がある。だから、嫌われる、という側面もある。それで、いいのである。

ボクは、自分で選んだ言葉で自分の考えを言おうとすることが、いかに大事であることかを教えてくれた毛沢東と『文芸講話』を高く評価している。短い本なので、ぜひ、読んで欲しい。そして、ぜひ、自らの文風を刷新して欲しい。

言葉の引き出しを増やす

いまは、メディアというシマの中で、誰もが、同じ言葉を使おうとしている。流行りの言葉を使ったほうがいいのだ、と思っているフシがある。編集者も、そうである。普段、面白おかしく話す仲間同士ならいい。しかし、仕事相手と話す時にも出てくるようでは困る。というのは、学者や絵描きや作家という著作者と話す時に、みんなと同じ言葉では、印象に残らない。つまらなく聞こえる。つまらない人間に思われてしまうからである。つまらない人間に思われたら、つまらない仕事しか、してもらえない。だから、あえて、編集者は、みんなと違う言葉を使うべきなのである。

それには、語彙（ボキャブラリー）を豊富に持つことである。語彙とは「言葉の群れ」のこと。言葉の群れを増やすためには、本をカタっぱしから読むこと。恥じずに、面倒クサがらず、雑学・雑読に徹することである。編集者は、言葉をたくさん知らないことには、仕事にならないからである。

ひとつのモノゴトを表現するのに、幾通りもの言葉がある。たとえば、ボクは、よく「差別化」という言葉を使う。クチで言ったり、文章に書いたりもする。出版でも、一般企業でも、成功するための大切なポイントだと思っているからである。

ボクが選んだ「差別」という語彙は、「区別」「個性」「創意」「創作」「オリジナル」「オリジナリティ」などと同じ意味合いである。ボクは、これらの語彙を、一度、全部、アタマの引き出しから出して並べてみる。そして、この言葉の群れの共通因子を抽出《ちゅうしゅつ》し、その中で最も的確と思われる「差別化」を選択して使っているのである。

自分の「母親」の呼び方に、「お母さん」「母さん」「お母ちゃん」「オカン」「ママ」など、色々な言い方があるように、人の頭の中には、言葉が入っている引き出しが、いくつもある。何か言おうとする時に、どの引き出しの、どの言葉を使おうか考える。その引き出しを、たくさん持っている人と、少ししか持っていない人がいる。ひとつの引き出しにたくさん言葉が入っている人も、少ししか入っていない人もいる。もちろん、たくさん引き出しがあって、その中に、たくさん言葉が入っているほうがいい。言葉をたくさん持っているということは、た、く、さ、ん、の思想・感情を知っているということである。

言葉の持ち駒が少ない人の引き出しは、力士が少ししかいない相撲部屋と同じである。強い力士が三〇人いる部屋と、三人しかいない部屋の差は、番付を見るまでもなく、勝負は明らかである。語彙というのは、相撲でいえば、この部屋のことである。編集者の唯一の道具は、言葉である。この言葉が詰まった部屋（引き出し）をたくさん持っていないことには、仕事の道具に出来ないのである。

ただ、重要なことは、その部屋を、単に、たくさん持っていればいい、ということではない。使う時には、たくさんの言葉を知っていながらも、そこから、ひとつだけ選んで、さっぱりと使う。ひとつを拾う時には、みんなと、ちょっと違う拾い方をする。多くの人が使っている言葉と同じ言葉は、できるだけ少なくする。この、「できるだけ少なくする」という所に、言葉の重味や意味合い、その人の味が出てくるのである。

流行り言葉なんかを安易に使う編集者は、歳を取っている側からすれば、「若くて可愛い人だな」と思うこともある。しかし、たいていは、内心、「コイツはバカじゃないか」と思われている。そう思われるような人間関係で、いい作品が生まれるわけがない。そうではなく、相手に、「この編集者は、言葉に敏感だな」と思ってもらえるように、ならなければいけない。そうすると、相対的に著作者自身の言葉や文章も敏感になる。いい作品が生まれる。編集者は、こういう小さな所を埋めていくことが大切なのである。

ボクの知り合いに、面白い女子大生がいた。彼女は、いつも、小さい引き出し付きの、小さい箱を持っていた。その引き出しには、大小、様々な消しゴムが二〇個くらい入っている。いつも、その中から、どれを使おうか、楽しそうに選んで使っていた。ボクも、消しゴムは好きである。赤や白の可愛い色のものから、紺や黒の渋い色のもの。動物の形をしたものや、イチゴの匂いのするもの、石油で作ったプラスチック製の消しゴムなど、色々な種類がある。

彼女のように、日常的に使う道具を楽しむのは、はっきり言って、「職人」のやり方である。編集者も職人カタギ（気質）で、道具としての言葉を使うことである。

アタマの中の引き出しから、自分の言葉を取り出す。そういう体質の編集者のほうが、いい企画を立てられる、いい本が作れる。こういうことは、ボクが　長年つき合い、一緒に仕事をし、話をしてきた大勢の編集者たちから学び、感じ取ってき

語彙も連想で増やせる

たことでもある。

ひとクチに「アカ」といっても、色々な「あか」がある。朱色も、緋《ひ》色も「あか」。「紅《くれない》」も「あかい」と読む場合がある。ミカン色まで「あかい」と言う人もいるくらいだから、何通りもある。表現者と話をする場合、漫然と「赤」というのではなく、「朱に近い赤さ」だとか「ミカンに近い赤」というような言い方をすれば、非常に、細かいことが分かる編集者だと認識してもらえる。文字面《もじづら》だけではなく、実際に、「茜色《あかね》に近い赤」と「ミカンの赤」の違いが分かるかどうかが大切なのである。

ボクは、女優の冨士眞奈美と仲が良かった。二人で六本木を飲み歩いている時、その名も「茜」という飲み屋によく行った。眞奈美ちゃんは、句会で秀作を作る言葉の達人でもある。ある時、彼女が「茜」の女将さんに、「どうして、このお店は、茜という名前なの？」と訊いた。女将さんは、「茜というのは、太陽が沈んでいく時の夕焼けの色だから、その時間になったら飲みに来てくださいね、という意味でつけたんですよ」と説明していた。これは、やや、ケンキョウフカイ（牽強付会）で、いい加減な説明のようだけれど、話としては、よく、まとまっている。

だいたい「茜」という漢字は、草カンムリに「西」と書くのだから、夕陽が野原に落ちていく時の色である。それを知っているだけで、茜色を表現の中で的確に使うことができる。たとえ、知らなくても、漢字から連想すれば意味は分かる。まさに、「漢字は絵」である。奥深いのである。

編集者も、飲み屋の女将のように、言葉を上手に使えるかどうかである。持っている言葉が少ないと、女将のように、洒落た話は出来ない。語彙も連想である。連想ということを絶えず意識することで、語彙も増やせるのである。

コピーライターから
音を学べ

言葉は、音楽（旋律）である。だから、リズムがない言葉は、ギクシャクしてダメである。文章も同じである。昔から、五・七・五・七・七の「韻文」が好まれたのは、調子がいいからである。

しかし、いまは、韻文は、古い時代のモノと打ち遣られ、わざと、リズムを壊した、現代的な、ザラザラしたモノが好まれる傾向にある。それにも、それなりのリズムがある。その人なりのリズムになっている。この言葉のリズムを勉強するには、コピーライターから学ぶのがいちばんである。

「言葉を唯一の道具」として扱う編集者であっても、コピーライターになれる人と、なれない人がいる。だから、コピーライターの技術とリズムを盗むのである。コピーライターは、言葉のリズムだけで生きている。短い文章・言葉にすることだけを商売にしている。といっても、昨今のコピーライターは、商売（仕事）の中身が変わってきているようである。昔は、たしかに、広告文案だけをナリワイ（生業）としているコピーライターがいた。しかし、いまは、それだけで食っていける人は、ほとんど、存在しないだろう。コピーライターは、企業のイメージ全体、広告の概念全体を取りまとめ、企画の段階からディレクションすることが仕事になっているはずである。だから、ボクがいうコピーライターとは、キャッチフレーズ、スローガンのような短い文案も含め、言葉そのものを考えることを商売にしている人のことである。そのコピーライター（クリエイター・クリエイティブディレクター）が生み出す作品から、音（言葉のリズム）を学べ、ということである。

そうであっても、最近は、電通や博報堂が、コピーライターを大事にし過ぎている（甘やかしている）せいか、コレ、と思えるいいコピーがない。広告代理店にオ能がある人材が減ったということでもある。

サントリーのキャッチコピーも、昔ほど、冴えない。しかし、ほかの企業と比べると、ちゃんとしたコピーもある。たとえば、「水と生きる SUNTORY」というコピーがある。最近、サントリーは、宣伝の照準を「水」に合わせている。ウイスキーやビール、ソフトドリンク類も多く扱っているので、「水がよくないと、ウマいものは造れない」と謳いたいのだろう。サントリーの創業者は、いいウイスキーを造るために、良質な地下水が流れる京都の山崎に、蒸溜所を造った。その名も「山崎」というウイスキーもある。サントリーは、「水と生きる SUNTORY」というコピーで、「わが社は、良質な水と仲良くしていますよ」「いい水を使っているからウイスキーがウマいんですよ」「山崎の地下水と、富士山の真ん中の水しか使っていませんよ」ということを言いたいのだろう。それが、ひと目で分かるコピーである。水と結びつけたところが、サントリーの才能であり、他社との差別化である。

五十年以上前、山口瞳や開高健がサントリーの宣伝部にいた当時のコピーは、どれもステキだった。「水と生きる SUNTORY」は、そういう才能を受け継いだコピーである。えらくカンタンで、素直で、分かりやすく、平凡でいい。しかし、狙いはいいけれど、惜しいところもある。新聞広告やポスターなどで、コピーを「目にする場合」はいいが、テレビやラジオから「聞こえてくる音（サウンドロゴ）」としては、あまりよくない。そこが、ちょっと、残念だなと思う。

世の中を見渡すと、新聞も、電車やタクシーの中も、街の中も、宣伝コピーだらけである。朝から晩まで、それらのキャッチコピーを見ていると、くだらないモノもあるが、一〇にひとつくらい、かなり、いいフレーズがある。編集者は、溢れるキャッチコピーやキャッチフレーズを、カタっぱしから読むべきである。毎日、新聞広告から、いいコピーを三つ四つ拾うだけでも、言葉のリズムの訓練になる。そのコトバをハンスウ（反芻）し、自分のものにしていけばいい。言葉のいいリズムを盗むということを、普段から意識して心がけるべきである。

新聞広告のキャッチコピーを、何千件も集めた本もある。リズムを学ぶためには、いい参考書である。雑誌広告やカタログやチラシのキャッチコピーを集めた本もある。この本に採録されているコピーは、どれも、誰かが、何日も苦労して、一行ずつ作ったキャッチコピーである。それらを一括して見るには、便利な本である。

ただし、こういう本を、キャッチフレーズを学ぶための本だと思ってはいけない。本の中に並んでいるのは「音楽の切れっぱし」である。そう思って読まなければならない。音楽としての言葉を学ぶためのいい参考書だと思って、もっと、買って読む人がいなくちゃいけない。もっと、売れなくちゃいけない本である。しかし、逆の見方をすれば、買う人が少ないということは、こういう大事なことに、気づいている人が少ないということである。いい編集者になろうとする競争相手が、少ないということでもある。

おもしろくて ためになる

小学館にも、大正十一（一九二二）年の創業時から、「おもしろくて ためになる」というキャッチフレーズがあった。このコピーは、現在は、講談社をはじめ、複数の企業が使っているが、小学館の学習雑誌の基本コンセプトは、昔から、ずっと変わらず、「おもしろくて ためになる」である。

ボクは、こんなに分かりやすいコピーはないと思う。子供でも、おじいちゃんでも、世代を超えて、誰にでも、何のことを言っているのか、すぐに伝わる。

ボクが編集局長だった時、日頃から仲良くしていた講談社の編集局長が、「講談社でも、そのコピーを使いたい」と言って来たくらいだった。といっても、そのままではなく、講談社は、「ためになって おもしろい」というコピーにしたい、と言って来た。いいのか悪いのか、よく分からなかったけれど、ボクとしては、エンターテインメントがテーマである講談社は、「ためになる」なんてことは考えず、「健康的なおもしろさ」でいいと思っていた。それに対して、「ニコニコして学べる」のが小学館である。この両社の特徴を、両社とも、少しずつ間違えた時期もあった。「おもしろくて ためになる」はずの小学館と、「ためになって おもしろい」講談社が、コピーと一緒に、中身までごっちゃになってしまったのである。

いま、小学館は、半分、間違った道を歩いている。講談社も、割合、高価な百科事典などを手がけているが、売れないと思う。講談社は、あくまでも、「おもしろくて おもしろい本」をやらなくちゃいけない。それぞれが、大会社なりに、それぞれに間違いも犯している。しかし、間違っていることが分かっていれば、いい。きっと、そのうち、間違いに気がついて、軌道修正できるはずである。

キャッチフレーズには、そういう大事なことも含まれている。コピーを見るだけで、その企業の体質が分かる。社員の性質も、業務内容も分かる。何が違うのか、何が正しいのかも分かる。こういうことを、ボクは、大事な文章論として、編集者にテイショウ（提唱）したいのである。

一語一意

一語一意とは、「ひとつの言葉には、ひとつの意味がある」ということ。または、「ひとつの言葉には、本来、ひとつの意味しかない」ということである。ところが、実際には、同じひとつの言葉なのに、聞く人によって、意味が変わってしまう言葉がある。これが「一語二意」である。例を挙げれば「遺憾」がそうである。何か問題が生じた企業の社長や政治家が、マスコミで謝罪する時に、よく使う言葉である。

たとえば、A社がBさんに何か悪いことをしたとしよう。A社は「大変に遺憾です」と言う。Bさんも「大変に遺憾です」と言う。同じ「遺憾」でも、AとBの「遺憾」は大きく意味が異なる。

単純に解釈すれば、Aの「遺憾」は、謝罪であり、Bの「遺憾」は、怒りである。これが「一語二意」である。Aは、謝る気持ちがあるのなら「ごめんなさい」「申し訳ない」と言わなければいけない。「遺憾」と言うだけでは、謝ったことにならない。おそらく、Aは、「言葉で、はっきりと謝りたくないが、表面上は、謝っているという立場を取りたい」のだろう。だから、「勘弁してくれ、これ以上、追いかけないでくれ」という気持ちを込めて「遺憾です」と言っている。

しかし、本来は、怒っているBが、「こんなことは、不本意である」という意味で「遺憾である」と言うのが正しい。Aが「遺憾である」と言うと、果たして、謝罪しているのか、自分のしたことを後悔しているだけなのか、判別できない。このような曖昧な言葉は、相手や世間に誤解を与える。双方、誤解したまま、モノゴトが、あらぬ方向に進んでしまうこともある。

編集者は、このような間違った言葉の使い方をしてはいけない。曖昧な表現を選んではいけない。編集者が使う言葉は、一語一意でなければいけないのである。

東日本大震災で、福島第一原子力発電所のメルトダウン（炉心溶解）を、東京電力が認めたのは、事故後、二カ月も経ってからだった。東京電力は、記者会見で、「この点では、悪いと思っております」ということを言った。わざわざ「この点では」と言うことは、ボクには、「ほかの点は悪くないが、致し方なく頭を下げている」としか聞こえなかった。非常に、失礼な言い方である。

最近は、テレビを点ければ、誰かが、アタマを下げている。結婚しても、離婚しても、病気になっても、ナンでもカンでも、すぐに、記者会見を開く。そして、必ず、「みなさんに、ご迷惑をおかけして…」と言う。「みなさん」というのは、誰のことを言っているのか。これも、曖昧である。おそらく、国民全員のことだろう。

しかし、国民のひとりであるボクは、ちっとも迷惑ではない。誰が結婚しようと、離婚しようと、全然、関係ない。それなのに、公共の場で、曖昧な公衆に向かって、曖昧に謝っている。ボクも、謝罪対象のひとりに含まれてしまっている。本気で記者会見に臨んでいるのか、不本意なのかも分からない。どちらでも同じようなものだが、したくもない記者会見を、イヤイヤしているようにしか見えない。

ボクは、ヒマな時に、わざとテレビを点けて本を読んでいる。記者会見があると、イジワルな姑のような気持ちで見る。そうすると、「謝らざるを得ません」とか、「しみじみと悪いと感じております」などと言っている。おかしな日本語である。「悪いと感じる」とは、どういうことだ。「じつは、少しも悪いと思っていないが、そう感じるような気がする」と解釈されても致し方ない。「悪い」と素直に非を認め、明らかに謝罪と分かる言葉を選んでいないからだ。いや、わざと、曖昧にしておける言葉を選んでいるのだろう。前日に、顧問弁護士かなんかと、綿密に、打ち合わせしているに違いない。チンプである。そういう日本語は、全部、レイテン（零点）である。

誰に向かって、何を言っているのか、分からないような話し方をする編集者がいるとしたら、その人は、編集者ではない。編集者は、相手に解釈を委ねるような、遠隔な言い回しをしてはいけない。不正確でもいけない。常に「一語一意」で語らないと、いけないのである。

ゆるい日本語

ボクは、著作権法についての原稿を書くことが多い。そのたびに、不思議に思うことがある。著作権法の条文の中に、「公正」という言葉が、三箇所ほど出てくる。これらが、それぞれ、違う意味合いに取れるからである。

第一条（目的）は、「この法律は、著作物（中略）に関し著作者の権利及びこれに隣接する権利を定め、これらの文化的所産の公正な利用に留意しつつ、著作者等の権利の保護を図り、もつて文化の発展に寄与することを目的とする」とある。第三二条（引用）には、「公表された著作物は、引用して利用することができる。この場合において、その引用は、公正な慣行に合致するものであり、かつ、報道、批評、研究その他の引用の目的上正当な範囲内で行なわれるものでなければならない」。この双方の「公正」の意味は、厳密にいえば異なる（傍点は筆者）。

また、著作権を有する作品のことを、「原作」「原作品」「原著作」「原著作物」と、色々な言い方をしている。いちばん多用されているのは、「原作品」である。ボクは、言葉を統一することに、それほど意味はないと思っている。しかし、人によって解釈が変わる可能性がある言葉を、複数、配置すべきではない。

もうひとつ、第三〇条（私的使用のための複製）の条文も分かりにくい。「（前略）個人的に又は家庭内その他これに準ずる限られた範囲内において使用すること（以下「私的使用」という。）を目的とするときは、次に揚げる場合を除き、その使用する者が複製することができる」。

これは、平たく言えば、書籍や絵画、映像などを、個人的にまたは家庭内なら、著作者に黙ってコピーしてもいい、ということである。しかし、「個人的に又は家庭内その他これに準ずる限られた範囲内」の「範囲」が、「場所的なこと」を言っているのか、「人数的なこと」を言っているのか、いかにも曖昧である。もし、人数のことだとすれば、二〜三人ならいいのか。三〇人や一〇〇人ではダメなのか。

たとえば、「少人数」は、日本語の解釈では「二〜三人」であっても、外国では、「a few」→「七〜八人」の場合もある。それに、家族以外の友人・知人と一緒に利用すると「家庭内」ではなくなるのか。「これに準ずる限られた範囲内」という「限られた」というのはどこまでのことなのか。

これらは、「日本語のゆるみ」である。もとから、解釈を投げ出したような言い方でもある。立法上の欠点かもしれない。正確に伝えるためには、言葉のゆるみをなくし、書き直したほうがいいと思う。たとえば、前述した著作権法の条文の中で、「公正」ということを言いたいのであれば、「公正」とは違う語彙を使って、誤解や曲解されないように説明すべきなのである。そのためには、様々な言葉を知っていなければならない。語彙が豊富でなければ、伝えたいことを、正しく表現できないのである。

日本語の半分は「どうも」

一語二意どころか、もっと、たくさんの意味（解釈）を持つ日本語がある。「どうも」である。ボクが知っているフランス人やドイツ人、その他の国の友人や知人も、「日本語は、ドウモ、を知っていれば、大半の会話ができる」と、よく言う。顔を合わせた相手に「どうも」と言う。相手も「どうも」と返す。電話でも同じである。「どうも」と言うだけで挨拶になる。「おはよう」も「こんにちは」も「いただきます」も「ご馳走様」も「さようなら」も、それこそ、「ごめんなさい」も「ありがとう」

も、全部「どうも」で通じる。

仕事の時も、酒を飲んでいる時も、レジで勘定して帰る時も、朝起きてから夜寝るまで、ヘタをすれば（ウマくいけば）死ぬ時まで「どうも」で済んでしまう。

たしかに、「どうも」は、日本語の大半である。聞きようによっては、言葉を出し惜しみしているようで、気持ち悪い言葉である。しかし、場合によっては、便利で有効な言葉である。「どうも」は、「一語二意」以上の言葉である。「遺憾」どころではない。

しかし、ボクは、何がナンでも、絶対に、「一語一意でなければいけない」と、ガンコに言いたいのではない。「どうも」と笑顔で言えば、日本語に不案内な人にでも、あるいは、日本人同士であっても、「どうも」に込めた気持ちが、相手に通じることもある。編集者に意識して欲しいのは、曖昧な意味を与えないという意味での「一語一意」である。

「どうも」は、若い女の子が、何を見ても「カワイイ！」と言うのに近い。最近は、「ギガカワイイ」とか「ヘタカワイイ」なども言う。こういう若い人の言葉は、ある時代の、あるジャンルの人にとっては、時流に乗った「共通語」だろう。しか

私のハハは

し、ボクのような年寄りには、分からない。テレビから「ギガカワイイ」と聞こえてきた時には、考え込んでしまった。そのうち、たとえば、プロ野球選手がエラーして負けても、「ヘタカワイイ」ということになるのだろうか。

そういう造語は、日常会話で使う分には問題ない。「超ウマイ！」でも「激カッコイイ！」でも何でもいい。時代や場面に即して、造語が生きてくることもある。

しかし、編集者が、学者や文学者などの著作者に対して使えば、バカにされる。相手にどう思われるのか、連想しながら言葉を選ばなければならない。言葉の選択にも、相手の心を読む連想が必要なのである。この連想能力をレンマ（錬磨）しない限り、編集者は、著作者やその他の人々と、いい関係は構築できない。内心バカにされるような相手とは、いい仕事ができない。いい本が作れない編集者は、存在の意味がないのである。

最近、ある女性作家が、「私のハハは」と書いている新聞のコラムを見つけた。「私の母は」のことである。独特な表現だと思った。普通、「母は」と漢字で書くところを、「ハハは」とカタカナで表記することによって、母と娘のいい距離感が出ていた。じつに、いいニュアンスである。

というのも、常々、ボクは、「母」と漢字で書くと、よそのお母さんのことを言っているみたいで違和感を感じていたからだ。継母《ママハハ》のようにも思える。かといって、平仮名で書くと、「ははは」と続いて読みにくい。「母」という意味に読み取ってもらえない。それを、音《オン》で表現するように「ハハ」と書くと、他人のようにも、継母にも感じない。それが、じつに、よかった。

これは、語彙（ボキャブラリー）の問題でもある。母親のことを表記するには、母親・実母・お母さん・お母さま、または、義母・姑・等々いくつも浮かぶ。このうちの、どれかを選ぶのだが、この作家は、どれでもない「ハハ」を選んだ。非常に個性的である。ボクは、カタカナで書かざるを得なかった作家の心情と感性が面白い、と思いながら彼女の随筆を読んだ。

ちなみに、ボクは、自分の母を、面と向かって「おかあさん」とは呼べなかった。わざと洒落ているナリキン（成金）みたいでイヤだったからである。それに「おかあさん」と呼びかけると、「母」と書くのと同様に、よそのお母さんのことを言っているようで、他人行儀に感じてしまう。

戦後、洒落た家の子供は、「ママ」と言っていた。下町の子供は、「かあちゃん」「おかあちゃん」、山の手や上流では、「お母さま」。昭和三十年代は「おかあさん」が標準だった。わざと時代がかって「母上」という人や「おっかあ」という人もいる。関西では「おかん」である。

母に呼びかけることは、日常的に必要だから、どれかを選択しなければならない。しょうがないから、ボクは、面と向かって呼ぶ時には、「ねえ」とか「おお」とか言っていた。男の子には、そういうところがある。「かあさん」と呼んだこともあった。しかし、どう呼んでもしっくりこない。照れもあった。高校を卒業する頃から、「おふくろ」と呼ぶようになった。ほかの人に話す時も、母のことはそう言っていた。母が亡くなった時に、姉や友人に、「おふくろが死んだよ」と電話した覚えがある。

余談であるが、詩人サトウハチローの子供は、父親を「チチ」と呼び、母のことを「ハハ」と呼んでいた。童画家・黒崎義介《くろさきよしすけ》が飼っていた犬は「イヌ」という名で、猫は「ネコ」という名だった。「いい猫ですねえ」というと、自分の名前を呼ばれたと思って「ネコ」が寄ってくる。創作者というものは、名前ひとつでも、個性的な表現をするものだな、と思った。編集者は、こういうところにも着目し、何かを感じ取るべきである。そして、面白がらないと、いけない。

カタカナは漢字

日本語には、漢字と平仮名と片仮名の三種類の文字がある。漢字にも、音読みと訓読みの二種類がある。このように、複雑な言語体系を持っている国は、世界中で、日本だけであろう。この日本語を、長年、使ってきたボクは、誤解があるかもしれないが、個人的に、「カタカナは漢字である」という考え方を持っている。女性作家の「ハハは」が気になったのは、ボクも、わざと、漢字と同じ意味で、カタカナを多く使うようにしているからである。

もともと、日本古来の日本語・大和《やまと》言葉は、話し言葉だけで、文字を持っていなかった。古墳時代に中国から漢字が伝わり、その漢字を日本流に崩して使っているうちに、平仮名と片仮名が生まれた。平仮名は、平安時代の貴族、主に女性が書いた歌（恋文）によって生まれたといわれている。

一方、片仮名は、その当時、中国から仏教が伝来した際に、お坊さん（男性）が、経典の漢字のわきに書いた読み仮名（ルビ）が基調になっているといわれている。

こうして、日本語は、複雑になっていったのである。このように、日本語の文字の成り立ちを辿れば、平仮名も片仮名も、基は漢字である。「か」と「カ」は、漢字の「加」を簡略化した文字。「加」の「口」を「丶」にしたものが平仮名の「か」。「か」から「丶」を取ったものが「カ」。平仮名も片仮名も、漢字から生まれたのだから、漢字と「親子」である。同じ親（漢字）から生まれた平仮名と片仮名は、兄弟（姉妹）同士である。そして、平仮名は「音」。すなわち「表音文字」である。モシクハ、語と語を結ぶ文字、漢字と漢字の接着剤のようなものである。一方、漢字は「表意文字」。ボクは、この漢字を「絵」だと思っている。

漢字と平仮名と句読点、ツマリ「絵」と「音」を混ぜて書く日本語の文章は、分かりやすさを兼ね備えた「絵日記」なのである。アルファベットと数字・記号だけで作られる英米文（その他の国の文章）は、絵日記ではない。日本語の複雑さが、日本の文学や文化に影響していることは明らかである。いずれも、日本語というものを理解する上で、非常に重要なことだと思う。

日本語の親子と兄弟（姉妹）で綴られた文章は、「絵」である。そうであるならば、文字が並んでいる本の一頁も「絵」、ボクのメモ帳の見開きも「絵」である。ある箇所は、妙に行間が空いていたり、別の箇所は、やけに文字が混んでいたり、赤や青のインクを使い分けたり、線や矢印をゴチャゴチャと使ったり、ボクにしか判読できないが、このメモ帳も、本の頁も、どんな誌面（紙面）も「絵」なのである。編集者は、この構造が日本語であることを意識して文章を書くべきである。

「カタカナは、漢字である」というボクの考え方からすれば、カタカナも「表意文字」である。ツマリ「簡略化された漢字」である。だから、ボクは、わざと、漢字ではなく、カタカナで書くことがある。漢字と同じなのだから、遠慮しないで、ドンドン使っていいと思っている。カタカナの躍動こそ、戦後、ダメになってしまった日本語を刷新していくカナメ（要）と思えてならないからである。

最近の女性文学者は、割合、カタカナを上手に使う。たとえば、「この間」というのを、昔は「此の間」と書いていたが、時代と共に「この間」になり、最近ある女性作家は、「コナイダ」と書いていた。このカタカナの使い方のウマいヘタが、文章のウマいヘタに関係していると思う。

ボクが書いた本を読み返してみると、カタカナが多い。ところが、カタカナを多用する文章は読みにくいらしく、真面目な編集者には、「豊田流」とヤユ（揶揄）されて、イヤがられることもある。しかし、ボクは、わざと、カタカナを多用する実験をしているのである。カタカナが少ない文章と多い文章とでは、どちらが読みやすいか、どのくらい、漢字の代わりに表意（表現）できるか、という実験である。場合によっては、カタカナに漢字のルビを振ってもいい。そういう実験もしている。

たとえば、「流離い歩くのを慫慂する」と書く場合、通常は、「流離《さすら》い」「慫慂《しょうよう》する」と、漢字にルビを振る。ボクが試しているのは、「サスラ《流離》い」「ショウヨウ《慫慂》」というように、カタカナで書いて、漢字のルビを振ることである。そのくらい言葉をいじることによって、文章を自分なりの「絵」にしてしまおう、あるいは「音楽」にしてしまおうと思っている。言葉を「いじる」ことは、「いじめる」ということである。イジメることで、言葉をオリジナルの「絵」に「音楽」に出来るのである。

流離《さすら》い歩くのを慫慂《しょうよう》する

サスラ《流離》い歩くのをショウヨウ《慫慂》する

言葉は、時代の流れの中で、絶えず変化している。その人自身の中でも、常に変化している。「私のハハは」と表現した女性作家の文章は、非常に、分かりやすかった。しかし、その作家も、カタカナを多用するボクのように、異端児的な扱いを受けているかもしれない。でも、それは、一種の過渡期であって、彼女の文章も、いずれ、典型的な書き方に戻っていくのかもしれない。戻らないかもしれないが、かなり、日本語が揺れているいま、それはそれで、いい。カタカナを上手に使うことは、日本語がいい方向に変化していく過程で、非常に、大きな意味があると思うからである。

漢字・平仮名・片仮名・外国語

日本語の文章は、「漢字」と「平仮名」と「片仮名」、そして、「外国語」の四種類で成り立っている。これは間違いない。外国語というのは、英語もフランス語もドイツ語も全部一括した外国の言葉である。その外国語を大きく分けると、中国語とヨーロッパ語になる。日本語は、どんな外国語もはめ込める便利な構造になっているのである。

戦後、日本には、カタカナ語(外来語)が増えていった。いま、「バイト」と省略して言っているのは、「アルバイト」というドイツ語、「労働」「額に汗して働く人」という意味である。アルバイトが省略されて「バイト」になるように、使う人々が、言葉を使いやすいように壊していく。壊しながら分かりやすくなっていく。そして、いずれ、「分かりやすい」という「イヤ（賤）しさ」に気がつくと、バイト↓アルバイトというように、モトに戻っていくのかもしれない。

たとえば、大昔の青年は、女の子のことを「メッチェン」、恋人のことを「リーベ」などと言っていた。両方ともドイツ語である。リーべは、いまの女の子が、「彼氏」と言うのと同じである。ボクの孫娘は、「彼氏」の語尾を上げていう。上げるか下げるかで意味が違って聞こえる。孫の場合は、語尾が上がるから、ボクには、カタカナの「カレシ」に聞こえる。

カタカナが増えていくということは、純粋な日本語が増えていくことでもある。なぜなら、カタカナは「簡略化された漢字」だからである。ボクが多用すべきだと言っているのは、外来語（カタカナ語）のことではない。カタカナを「漢字」として、「絵」として使うべきだということである。だから「ハハ」とカタカナで表記するのは、先端的なことなのである。

ひとつのことを表現するのに、みんなと同じ言葉を使う必要はない。いや、同じ言葉を使うのは、よくない。編集者は、わざと、みんなと違う言葉を使ったほうがいい。統制された新聞社のように、面白くもなく、つまらない言葉（文章）では、いけないのである。

ある時、友人夫婦と一緒に、回転寿司屋に行った。その店で目についたのは、メニューの「カツオのカルパッチョ」の「カツオ」である。ボクは、日記は書かないけれど、食い物のことだけは、毎日、手帳に書き留めている。もし、その回転寿司屋のことを書くとしたら、「カツオ」ではなく「カツヲ」である。カツオを漢字で書けば、「鰹」「堅魚」「松魚」と色々ある。カタカナで書くと、カツオは魚であるから、自然に「ウオ」→「ヲ」と思っていた。ボクが、幼いころ、言葉を習った人が、明治生まれだったということもある。東京と関西でも言葉は違う。結局は、ひとつしか選べないのだとしたら、ボクは、カタカナを選ぶ。

ボクにとって、カタカナの意味が、日々、重くなりつつある。ボクは、言葉や文章については、非常に、ガンコだから、カタカナを多用して書くボクの文章が、アタマの固い、古い時代の人たちに嫌われている姿を、いまの若い人たちに、あえて、見せる必要があるとさえ思っている。カタカナが先進的に生き続けることを、編集者に知らせる意義がある、と思っているからである。

表記のバランス

新聞記事は、どの新聞社でも、表記を統一している。「また」を平仮名で統一している新聞社も、「又」と漢字で統一している新聞社もある。しかし、出版の編集者は、そんなことに、とらわれてはいけない。表記は自由にすべきである。

出版社によっては、一冊の本の中や、同じ頁の中で、言葉遣いや文字を統一したがる場合もある。ボクは、その文章の内容によって、この頁は平仮名、次の頁は漢字、と使い分けてもいいと思う。読者が統一感を求めているような本などは、そうすべき場合もある。幼児や小学生、中学生向けの本の場合などである。しかし、大人に読ませる場合は、文章の内容や流れの具合で、「ここは、漢字より平仮名のほうがいい」「カタカナにしたほうが、読みやすい」と変化をつけても、いいのである。たとえ、その前の行に、漢字で書いてあっても、次の行、次の頁では、平仮名でもカタカナでもいいと思う。

ボクは、「すなわち」を漢字で書きたい時と、カタカナで書きたい時の両方がある。文章の内容や時と場合に応じて使い分けている。「すなわち」のすぐ前や後ろの言葉が漢字なら、漢字ばかりでは読みにくいので、真ん中は、平仮名がいいに決まっている。しかし、どちらかというと、漢字ではなく、平仮名やカタカナで書くようにしている。「則ち」「即ち」「乃ち」という漢字が嫌いだからである。昔の人は、「すなはち」「スナハチ」と書いていた。声に出して言う時は「こんにちわ」と言うのに、文字では「こんにちは」と書くのと同じである。

文学博士で心理学者の波多野完治は、著書『文章心理学』(新潮社)の中で、「センテンスは短い方がいい」と言っている。同書は、ボクの文章の教科書である。しかし、波多野完治が言う「センテンス」が、文章として書いた文字数のことなのか、音(オン)の数なのかは、明解に書いていない。たとえば、「あさおきました。」という場合、平仮名のままだと「。」も入れて八文字。「朝起きました。」と漢字まじりで書けば七文字。声に出して言うのも七文字である、波多野は、いずれにしても、文章を分かりやすくするために、「文字数は少なく」と教えているのである。

ここで、ボクが言いたいことは、「朝起きました」と書く場合の、漢字と平仮名のバランスである。人によっては、「できるだけ漢字で書く」という人がいる。これもひとつの主義である。ボクは、「漢字と平仮名とカタカナを、混ぜて書いたほうがいい」という主義である。これは、文科省がイヤがるような少数意見である。それでも、ボクは、ぜひ、カタカナを多用すべきだと思っている。

平仮名が多いために読みにくい文章の典型は、『源氏物語』である。日本でいちばん読みにくい古典の原文である。「読みにくい」という意味では、いい文学ではない。ただ、オソレ（畏れ）多いから、誰も、「読みにくい（よくない）」とは言わないだけで、「素晴らしい」作品ということになっている。読みにくいのは、平仮名が多い上に、句読点もなく、行替えも全くないからである。だから、読みやすくするために、漢字を使って、作り直したのである。なぜ、多くの学者が『源氏物語』を書き直しているかというと、読みにくい、という弱点を補っているのである。

ところが、補っているとは言わず、「源氏物語を、よりよく源氏物語的にするために」なんて言っている。ちなみに、漢字と平仮名のバランスが、じつにいいのは、『徒然草』である。読みやすい。『平家物語』よりもいい。ボクは、古典の中でいちばん好きである。

明治になると、今度は、逆に、漢字が多くて、読みにくくなってきた。文語体で書かれた『五重塔』の著者・幸田露伴の文章などは、いまの人には、かなり、読みにくいと思う。露伴自身、自分が「漢語」を使い過ぎていることは知っていた。そして、自分の文章も、決して、いいとは思っていなかった。露伴は、江戸の文学者・井原西鶴に憧れていたのである。西鶴の文章は「いい加減」である。カナ遣いも間違っているし、句読点もデタラメ。旧カナ遣いの時代なのに、新カナを遣っている。

もともと、商人だった西鶴には、教養がない。だから、発音通りにしか書けない。しかし、文章は、いい加減でも、文学センスはズバ抜けていた。だから、露伴は西鶴に憧れていたのである。西鶴の才能を認めながらも、露伴自身の文体は「非西鶴的」だった。じつに、おカタい文章を書いている。

紫式部が、『源氏物語』を平仮名で書いたのも、吉田兼好が、『徒然草』をバランスよく漢字と平仮名で書いたのも、露伴が、漢語を使い過ぎたのも、ボクが、「スナハチ」とカタカナで書くことも、すべて、個性である。ボクは、こんな目線で文学を見ている。表現としての文学を見ている。

新聞社のように、表記の統一などにこだわらず、出版は、漢字・平仮名・片仮名・外国語を、使いたいように使ったほうがいい、ということである。とりわけ、カタ

自分自身の文章を持つ

カナの上手な使い方ができれば、尚いい、とボクは思う。漢字とカタカナと平仮名、そして、句読点の関係を考えることは、言葉というものを「音楽」としてとらえるか、「絵」としてとらえるか、の境目である。これが、編集者の文章観の中にあれば、カタい文章を書こうと軟らかい文章であろうと、自分自身の文章であれば、かまわない、ということである。

文章を書く以上、ボクは、自分の文章でなければ面白くない、と思っている。言葉も文章も「音楽」である。百人百様の音楽である。十年も逢わなかった人なのに、隣の部屋で話している声を聞くだけで、その人だと分かることもある。同じクラシック音楽でも、ベートーヴェンのような人もいれば、バッハのような人もいる。その人の個性をあらわす「リズム」がある。このリズムを壊すことで偉くなったストラヴィンスキーは、音楽理論から外れた音楽である（一九一三年に作曲された『春の祭典』は、近代音楽の傑作として知られるが、複雑なリズムと不協和音に満ち、発表された当時、大騒動になった）。そういう音楽も、立派なクラシックとしてあり得るわけだから、どの文章も、その人固有の「旋律」でなければならない。

言葉や文章を、画一的に統一する文部科学省のやり方は、おかしい。

　言葉や文章を統制しようとすることは、人の思想や表現を統制しようとすることである。文科省は、教育の効果を上げるために、統制したがっているのかもしれない。それにしても、こんなに、おかしいことはない。文科省の優秀なお役人も、教育効果だけではなく、教育の「質」も上げようと考えているのだろう。しかし、教育の現場では、そこまでは出来ない。中学・高校の教師に教える能力が、ないからである。大学に行くと自由になる。大学の教授は、決して、画一的な発言や文章を求めていない。統制したがる国文学者も、日本には、いない。

　しかし、作家の中には、尊敬する師匠と似たような文章を書く弟子もいる。好きな作家の影響を受けて、自然と似た文体になっている作家もいる。それでも、よく読めば、ちょっと似ているけれど違っている部分が見えてくる。この、「ちょっと違う」という微妙なところが、個性（差別化）である。編集者は、こういう小さな部分から、何かを、大きく見出さなくてはいけない。「文は人なり」といわれているように、言葉も文章も、その人そのものなのである。

　そして、誰が読んでも「いい文章」というものは、ない。文章の良し悪しは、主観である。万人に受け入れられる文章は、存在しない。だから、みんなが「いい」というから「いい」と思わないで、自分が「いいか悪いか」を決めることである。

誰でも、一年ずつ歳を取っていく。それに従って、多少は、文章に対する「目」が進歩する。退化することはない。そして、最後に行き着くところまで行くのだから、誰に何と言われようと「このやり方でやる」と、ガンコに、自分の方法論にこだわっていけばいい。文科省の統制なんかにこだわらないほうがいい。誰かに褒められようとして書いた文章など、つまらない。書くに値しない。手段と目的を、間違えてはいけないのである。

新聞社の文章は正しいからつまらない

新聞の文章は、記者自身の文章ではない。人の思想や表現さえも統制しようとしている文科省とケッタク（結託）しているせいで、つまらない文章になっている。音楽的でも、絵画的でもない。どの新聞社の記事も語彙が似ている。タイトルが違うだけで、中身は、ほとんど同じ文章である。

体制やスポンサーに拘束されているから、文章にスキがない。常に、莫大な広告掲載料をもらっている大スポンサーの悪口が書けない、というジレンマを抱えている。これは、間違った言葉の使い方である。

言葉というものは、みんな、バラバラに使うことに意味がある。経済学でいう「予定調和」が、いちばん、よくない。『国富論』の著者アダム・スミスは、社会に「見えざる手」が働き、「市場メカニズムが一種の予定調和をもたらす」。ツマリ「調和的世界が実現する」と示した。

結局、原発についても、尖閣諸島などのことでも、政治家の予定調和的な言葉より、国民のアンケートを採った結果（世論調査）のほうが正しい、ということもある（民主党は、国民の回答が「原発ゼロにしたほうがよい」という多数の回答に従って、原発ゼロにすると方針を変更した）。言葉というモノは、ゴチャゴチャにすることで、「いい平均」に近づくのである。

広告でいえば、どの企業も、本当は、敵対会社の悪口を書き連ね、それに比べれば自社の製品のほうが断然いい、とアピールしたいと思っている。しかし、日本では、そういう広告手法は許されていない。だから、巧妙に、「敵の会社の悪口を言っているようで、はっきり、そうは言っていないが、よくよく聞けば（見れば）じつは、けなしている」ような広告を出している。褒めているようで、褒め殺しをしているだけ、ということもある。敵を意識し、自社が儲かるような文案を作ることが、広告宣伝の本質である。同じように、著作物という商品を扱う出版も、他社より売り上げを上げるために、差別化に命運を賭けることが、複製産業の基本である。

　法律や文科省の統制に従っているだけの新聞には、こんな芸当もない。だから、読んでも、つまらない。面白い文章を書く新聞記者は、朝日新聞社のかつての記者、扇谷正造くらいで、ほかにはいない。しかし、どんなにつまらなくても、くだらない文章であっても、文章としては、新聞社の文章が、いちばん正しい。正しいから、つまらないのである。

　新聞記事は、無駄な言葉をなるべく排除して、順序よく書く、という三段論法が基本である。全国紙は、どれも、みんな、典型的な文章になっている。自分の文章など書いてはいけない。書く必要がないのである。字数ですら平均している新聞からは、面白い文章の書き方は学べない。真似をすべきでもない。しかし、基本のデッサンを学ぶことはできる。参考にすべき点は、大いにある。分数でいえば、新聞社の文章が「分母」で、出版社の文章が「分子」である。大事なことは、体制にがんじがらめになっている新聞社と出版社の文章は全く違う、ということを認識しておくこと。その上で、基本のデッサン（分母）の上に、自分が思う個性的なもの（分子）を重ねることで、自分自身の文章になっていくのである。

面白い文章は分かりやすい

出版の文章は、壊れていたほうがいい。新聞とも、テレビとも、全く違う、出版独自の言語構造であったほうがいい。目指すべきは、面白いか、面白くないかである。面白ければいい、分かりやすければいい、売れればいい、と徹すべきである。面白い文章こそ、分かりやすく真意が伝わるからである。

たとえば、講談社やマガジンハウスのように、エンターテインメントを追求する出版社は、面白い文章を書く。一方、新潮社のように、文学を主体とする出版社の文体は、おおむね、カタい文章である。新聞の文章と同様に、正しいけれど面白くない。ボクの文章は、こういう出版社の人には人気がない。ということは、大いに壊れているということである。いいことである。

最近、ボクは、日本の小説の文章は、この十年で大きく変わったと思っている。いまの編集者は、気がついていないかもしれないが、ひとつは、女性の作家が増えたということ。女性作家の文章は、決して、いい文章ではないけれど、「新しい」

ということ。それに引き替え、男性の文章は、非常に、保守的で、ヘタクソになった、ということである。たとえ、芥川賞や直木賞の受賞作品でも、最近は、あまりに、くだらない文章なのでイヤになり、一編を読むのに一週間もかかってしまうこともある。選考委員もおかしいと思う。全体的に見れば、女性の作家の文章が、日本の先端を行っている、とボクは思う。文科省に言わせれば、どれも「壊れている文章」である。壊れているけれど、面白い。分かりやすい。こういう文章が「音楽」として、「絵」として、美しいのである。

新聞と出版の文章の違いについて書かれている論文は少ないが、社会学者で評論家の清水幾太郎の『論文の書き方』(岩波新書)と、波多野完治の『文章心理学』(新潮社)には、その違いが書いてある。両者とも文章論の名著である。

波多野完治は、日本の作家の文章を調べ、平均して、この人は何文字なのか、と著している。そして、「ワンセンテンスの長さが、書く人の性格を表す」と言っている。ボクも、そう思う。センテンスとは、「今日は晴れである。」の「今日」から「。」までの長さのこと。波多野は、日本の小説家で、いちばんセンテンスが短いのは、志賀直哉、いちばん長いのが、谷崎潤一郎だと言う。谷崎には、八〇字を超えるセンテンスもある。「…であります」調の文章を書く中村光夫の文章も長いが、読んでみれば、分かりやすい文章である。小田切秀雄の文章は、長いだけで分かりにくい。長い文章だから悪いというのではない。難しい言葉を使っているのに、分かりやすい文章もある。反対に、やさしい言葉を使っていても、分かりにくい文章もある。ツマリ、いい文章の基本は、あくまでも、分かりやすいということである。

副詞・形容詞は使わない

分かりやすく、面白い文章を書くために、清水幾太郎は、「副詞や形容詞は、要らない」と言っている。形容詞とは、「美しい」とか「素敵だ」というような言葉である。ボクも、そう思う。美しい女の子を表す場合、ただ「美しい」と書くのは野暮である。たとえば、「目のぱっちりした女の子」というように、具体的に表現すべきである。昔の童謡『赤い靴』に、「赤い靴 はいてた 女の子」という歌詞がある。「赤い靴」という具体的なモノだけで、可愛い女の子ということが分かる。「可愛い女の子」と書いても、その可愛さの具体的なイメージは伝わらない。事実は伝わるけれど、オモムキ（趣）がない。これが、新聞社のつまらない文章である。

淋しさを表現する場合も同じである。ただ、「淋しい」とか、「この道を歩いていたら、淋しかった」というのではなく、たとえば、「草が一本だけ生えていたよ」と具体的に表現すれば、伝わりやすい。抽象的な副詞・形容詞は、なるべく使わないほうがいいのである。

こういうことは、ヘタな短歌を読んでみれば分かる。短歌は、俳句に比べて言葉が過剰である。俳句は、言葉が短いだけに、読み手に想像させるように作られている。だから、俳句は短歌より優れているのである。これは、新聞社の文章も出版社の文章にも共通している基本である。つまらない新聞の文章の中で、わずかにいいのは、日経新聞である。具体的でカタチが分かる。「絵画」のように、目に浮かぶような文章のことである。

「が」を少なく
センテンスは短く

それにしても、最近は、日本中が「接続詞だらけ」になっている。若い人だけではない。ボクのような年寄りでも、人と話す時に、言葉の最後に「ね」を入れてしまう。「ね」は接続詞ではなく、終助詞であるが、接続詞的に多用することが多い。

ボクが生まれて住んでいる東京では、誰もが、語尾に「ね」をつけて喋る。いわゆる「東京弁」である。NHKのアナウンサーの言葉が、「標準語」である。「そしてね」「それでね」「今日、学校でね」という場合の「ね」は、「まだ、このあとにも言葉が続くから、終わりではないよ」という意味である。最近の若い人が使う「それでえー」「だからあー」という接続詞も同じ。「ワタシ、このあともまだ喋るわよ」という自己主張の語尾である。

清水の『論文の書き方』の中で、ボクが、最も立派だと思ったのは、「文章の中で『が』をあまり使わない方がいい」と言っていることである。清水自身も「『が』という濁音を使いたくない」と言っている。「が」というのは接続助詞である。日本語で最も多く使われている助詞である。結婚披露宴の退屈な挨拶を聞いていると、いかに多用されているかよく分かる。「…ですが」「…だそうでありますが」「…そうしましたところが」。「が」は、英語でいうと「and then」。「にもかかわらず」は「notwithdistanding」である。

しかし、清水が言う「が」は、単なる接続助詞ではない。「『が』のあとに、何でも言える『助詞』だ」と言っているのだ。たとえば、「友人の家に行ってみたが、歓迎された」ともなる。「…行ってみたが、追い返された」ともなる。「が」のあとに何が続くのか、その続きを聞いて(読んで)みなければ分からない。肯定なのか否定なのかも曖昧である。「そういう『が』を使うな」というのが、清水の論拠である。

清水は、そのために、本を一冊、書いているようなものである。しかも、「が」を使うと、センテンスが長くなる。読みにくくなる。読むことも、考えることもヘタクソな現代人にとって、非常に、難読な文章になってしまう。だから、すぐに「。」がつく短いセンテンスにしないといけない。

ボク自身、無意識に文章を書いていると、ついつい、長くなってしまう。校正の時に、わざと、所どころに「。」を入れなければならない。いつでも、自分の文章の長さと闘いながら書いているようなモノである。

「『が』を少なく、センテンスは短く」。これは、編集者の美徳である。編集者は、著作者の言葉と言葉を繋ぐ役目をすることもある。その時に、著作者の言葉を勝手に都合よく、あるいは、意味や解釈が変わるほど、すり替えないようにするためにも、非常に、大事なことである。

『論文の書き方』を読むと、清水は、たしかに「が」を省いて書いている。使わなくてはいけない場合にだけ使っている。しかし、実際に書いてみれば、「が」がないと、文章が書けないことが分かる。ボクも、致し方なく「が」を使う。あるいは、無意識のうちに使っている。だから、必ず、文章を読み直して、「が」を省くようにしている。そうすると、けっこう、多用していることが分かる。「が」を省くことは難しい。「が」を使わずに、文章という「道」を絞り上げていくことは、言葉を締めつけていくことだからである。その道を行けば、「このあとは、どこにでも行けますよ」というように、角に「が」が待っている五叉路がある。編集者は、そんな道を目指してはいけない。この一本道しかない、という横丁（言葉）を選ぶべきなのである。

世の中に、文章入門の本は、山のようにある。ボクの書斎にも、いまだに、三〇冊以上ある。でも、どれも面白くない。谷崎潤一郎や三島由紀夫の『文章読本』（どちらも中公文庫）でさえも、読んでもしょうがないと思う。ボクの心には、選びに選んだ波多野完治と清水幾太郎の本しか、引っかからなかった。

ボクは、この人生で、波多野さんの『文章心理学』を、三回も買った。戦中、戦後、そして、最近。貸した友人が、返してくれなかった時である。大事にしている本は、たくさんある。中でも、この『文章心理学』は、ボクが、そばに置いておきたい本

文章は
絵であり
音楽である

のヨウテイ（要諦）である。人には、一生気になって、おんぶオバケのようについて回る本がある。この二冊がそうである。編集者には、ぜひ読んで欲しい。五叉路で迷わなくてもすむ、一本道の文章を目指して欲しい。

昭和三十年代、小学館で初めての女性週刊誌を創ることになった。当時、ボクは編集部長だった。最初の試みだから、誰が編集長になっても、ウマくいかないことは分かっていた。編集長になったヤツが苦しんで、恥をかくだけだったら、と思い、ボクが編集長を兼任することにした。

少年少女の本でも、女性誌でも、週刊誌を出すとなると、編集者は、どんな文章を入れるかを、自分で考えないといけない。人の文章と人の文章を繋げる場合もある。あるいは、人の文章を買って来て、載せないといけない。そこで、ボクは、波多野さんに意見を聞きに行った。波多野式の学問でいえば、若い女性向けの雑誌に、どんな文章、どのくらいの文字数が好ましいのか、訊きたかったのである。

その女性誌は、十七歳から二十七歳までの女性を、読者対象として狙って創刊した。だから、『女性セブン』と名付けた。読むのは若い女性である。そう説明すると、波多野さんは、「ワンセンテンスが、二〇字だったら理想的」と教えてくださった。

ところが、実際に書いて見ると、二〇字では、とても、文章が書けない。どうしても、もっと、長くなる。それでも、ボクは、できるだけ波多野式にこだわった。

そして、そこから、大切なことを学んだ。いい文章は「絵」であるということ。具体的で、カタチが分かる文章がいい。絵のように、目に浮かぶような内容であれば分かりやすい。副詞や形容詞なんか使っても、状況が具体的に浮かんでこない。だから、接続詞はできるだけ省く。その代わり、句読点は、多くてもいい、ということである。

ゴッホの点描と同じである。絵の具が流れていく日本画や浮世絵ではなく、文章は、点描のほうがいい。「絵」であると同時に「音楽」だからである。「、」も「。」も貴重な一字である。「、」を打つなら、打っただけで、「にもかかわらず」という意味だと分かるような「、」でなければならない。

文章には、アルイハ、喋り言葉には、二つの側面がある。ひとつは、その人の個性を表す「音楽（旋律）」であること。もうひとつは「絵」である、ということである。この「音楽」と「絵」がぶつかり合ったところが、その人自身の「言葉」であり、「文章表現」である。それが分かれば、文章も分かりやすくなる。そういう意識を持っていない限り、文章はうまくならない。

編集者は、普段から、「センテンスは短く、句読点は多く」と意識してタンレン（鍛錬）し、苦しみながら、メモや日記を書いていけば、商売の文章も分かりやすくなっていく。企画を立てる時も、その内容を紡いでいくのは言葉である。その言葉が、音楽であり絵でなければ、人に伝わらない。意味がない、ということである。

ボクは、文章がヘタである。出版社の人に、よく、野次られる。しかし、ボクなりの音楽（リズム）がある。それが、句読点である。句読点というのは、紙の上における白（ホワイトスペース）である。だから、アラっぽく言えば、句読点も多いほうがいい。その打ち方で、旋律が変わってくるからである。たとえば、「私は初め考えた」という文章を、多くの人は、「私は初め、考えた」と、「私は初め」のあとに「、」を打つ。ところが、ボクは、「私は、初め考えた」と、「私は」の次に「、」を打つ。主語のあとで、ひと呼吸ついているのである。口頭で言う時も、主語の下を、半角あけるような感覚で話している。それを、文章（書き文字）にすると「、」になる。

以前から、ボクは、主語のあとに、すぐに副詞や形容詞を入れ、その後ろに「、」を打つ文章に疑問を持っていた。ボクひとりが抵抗しても、世の中の流れだから、しょうがないと諦めている。

しかし、わずかに、第一行目の「、」の打ち方であっても、これは、ボクの個性なのである。この個性が悪ければ、ボクの負けである。それなら、それでいい。ガンコなところも、ボクの個性である。自分自身を差別化するためにも、それでいいのではないか、と思っている。

傷つくということ

ボクが影響を受けた人は、大勢いる。数え切れないほどの人から、大切なことを教わってきた。その中で、原稿を書く時に、いつも、必ず、思い出し、決定的な影響を受けている人がいる。小説家・舟橋聖一である。舟橋さんが教えてくれたことは、「自分が傷つかない言動は、ほんとうの言動ではない」ということである。

舟橋聖一は、かつて、日本文藝家協会の理事長であり、『雪夫人絵図』や『絵島生島』という男女の物語を書く小説家であった。セックスそのものではなく、メロウな男女の色っぽい側面を描いている。舟橋さんが小説を新聞に連載していた頃、日本には、自由経済主義よりも、社会主義的な考え方が台頭していた。社会党の片山哲が総理大臣だったこともある。児童文学者の中にも、社会主義者がいた。そんな時代に、心理的にセクシーな小説を書いていた進歩主義者の舟橋さんは、嫌われていた。男女の淡い恋とか、強い愛とか、そういう、一種のロマンチシズムは「軟弱だ」と批判されていた。もっと、世の中のためになるモノを書け、という社会主義的（左翼）な風潮が強い中、軟弱の象徴であるかのように叩かれていた。

ボクは、左翼・右翼という考え方は野暮だと思っている。左でも右でも、どちらでもいい。ヒューマニズムに対しては、左から行っても、右から行っても同じである。いいモノは、いいからである。ボクは、舟橋さんは小説の達人だ、と思いながらよく読んでいた。

その頃、ボクは、大学生だった。いまも就職難であるが、昔は、もっと、ひどかった。大学四年生の夏休み、どんな会社から求人があるのか、学生課に行ってみた。すると、廊下に、「夏季講座」という貼り紙があった。そこに、小さく「文芸家・舟橋聖一氏の雑談を聞きましょう」と書いてあった。舟橋さんが好きだったボクは、講演を聞きに行った。驚いたのは、世間からの嫌われ者の講演会なのに、満席だったことである。

舟橋さんは、満員の学生に向かって、まず、「私が、日本中の新聞と評論家に叩かれている舟橋聖一です」と自己紹介した。そして、「しかし、私は、私を叩く日本中の評論家は、卑怯だと思っています」と言った。学生だったボクにも、その意味はよく分かった。舟橋さんは続けた。

「人の批評をすること、また、人を批評する文章を書くということは、自分が傷つくことである。自分が傷つく批評は、正しい批評である。しかし、いま、舟橋聖一を叩いている批評家や新聞記者は、自分が傷つかない立場に立ち、防弾チョッキを着て、高い所から、低い所にいる裸の者に、鉄砲を撃っているようなものである。そうではなく、モノを言うのなら、言ったコトに対して、必ず、自分が傷つくようなモノを言っている人のことを、私は、信じたい。いまの評論界で、私を正しく批評してくれるのは、二人だけである。ありがたいと思っている。しかし、あとは、みんな、信じない。本当の批評というものは、言ったことによって、自分が傷つくものである。傷つきたくなかったら、『沈黙は金なり』という教えに従って、黙っていればいい。それも、知恵である。何かを言う以上は、賛成者もいれば、必ず、反対者もいる。その反対者によって、自分が傷つくかもしれない。たとえ、傷ついてもいいから、言いたいことを言う。それが、批評である」

舟橋さんは、最後に、「諸君の中には、文学部の学生もいるだろうから、これだけは、覚えておいて欲しい」と、締めくくった。ボクは、大きなショックを受けた。名言だと思った。六十年以上経ったいまでも、そう思っている。このショッキングな教えを、いまも、守っている。人には、ずっと、影響を受け続ける言葉というものがある。いまだに、ボクは、食い物の随筆だとか、著作権法の原稿を書いている。書くたびに、必ず、傷ついている。傷つくことで、慰められている。つい最近書いた出版権設定についての本も、こんな書き方をすれば、出版界に嫌われることは分かっていた。しかし、それでいい、と思って書いた。舟橋さんの教えの通り、傷つくことを避けないようにしているからである。だから、誰かに恨まれる。その代わり、誰かが賛成してくれる。

「誰にも恨まれない評論というのは、本当の評論ではない。自分が傷つかない文章は、本当の文章ではない」と学生最後の夏に聞いた舟橋聖一の言葉を、文章を書くたびに、必ず、思い出している。

守るべきことは、ただひとつ。

「速やかに・爽やかに・率直に」

行動することである。

六、

マナーが悪い

ファミリーレストランに行くと、気になることがある。店のニンゲンも、客も、どちらも、マナーがなってない、ということである。サービスする側の店員は、テーブルに置いていく皿の位置が、だらしない。サービスを受ける側の客も、それに頓着せず（逆らわず）置かれたままの位置に手や首を伸ばして食べている。

ボクは、外国人の家庭の夕飯に招かれる機会が多かった。いい家庭ほど、食器の配置が、さり気なく美しい。子供でも、必ず、お皿を手前に持って来るから、テーブルもきれいである。外国では、こういうマナーを、ちゃんと家庭で教える。姿勢を正し、食器は自分のほうに引き寄せる。だから、どこも汚れない。ところが、日本はサカサマで、こちらから、無理な姿勢で、ウツワ（器）を迎えに行く。だから、途中のモノが汚れる。

ファミレスで観察してみれば分かる。最初が、だらしないなら、最後も、だらしない。食べ終わった食器を、ちょっと片づけるだけで、きれいになり、店の人も、片づけやすく、運びやすくなるのに、そのままにして帰る。と、モンクを言っているボクも、いい加減だから、汚す場合もある。それに、あまり几帳面すぎるのも、気持ち悪い。だから、その加減が難しい。そこに、人格や品格が現れるのである。

かつて、小学館で、「文化史」についての本を出版した時、京都在住の茶道と懐石料理の先生に、小料理屋に連れて行ってもらった。その先生の食事をする姿、食器の扱い方、箸の使い方は、見事にきれいだった。帰り際も、さり気なく食器を整え、テーブルの上に美しくレイアウトされていた。

ボクは、いま、週に二度ほど、わざと、地元の安い飲み屋に行っている。わざと、というのは、ファミレス同様、観察しに行くのである。気軽な店だから、行儀を無視する客も多い。しかし、店の人も、客も、みんな、人柄はいい。格式張った料亭のほうが、店も客も、人柄がよくないと感じるくらいだ。

気楽な飲み屋の客にも、食べ終わったあと、きれいに整えて帰る人と、置きっぱなしの人がいる。一〇人に九人は、箸を無造作に置いて帰る。本来、箸というものは、最初から最後まで、客の胸と水平に置いておくものである。格式高い料亭で、客に対して直角に置かれたことは、一度もない。横位置に置かれた箸は、元のように、横にして置いておくのが正しい。

もっと正式なことを言えば（そこまでは求めないけれど）通常、客が取り扱いやすいように、箸の上部を、客の右手側に置くのが正しい。食べ終わった箸は、左右を逆にして置いておく。そうすれば、一〇〇点である。それが、「ご馳走様でした」という合図、無言の挨拶にもなる。

フォークとナイフは、食器の左右に縦に並べられる。食事が終わったら、食器の上に横にして（または斜めにして）置く。たとえ、食器に料理が残っていても、こうすれば、「食べ終わりました」という印である。ところが、きちんと、そうして帰る人は、ほとんどいない。ちっとも、美しくない。美しくないものは、正しくないのである。

編集者は、著作者の家でご馳走になったり、どこかの店で、一緒に食事をすることもある。そういう時に、美しくない所作を披露すれば、バカにされる。ボクは、マナーのことだけを言っているのではない。芸術家は、モノの形や美しさに、こだわって生きているプロである。だから、所作も美しい。人を見抜く感覚も鋭い。

そういうプロに、マナーがなってない編集者は、すぐに、「コイツは、仕事に対しても同じなのだろう」と見破られてしまう。企画の立て方も、人やモノへの対応も無神経なヤツなのだろうと思われてしまう。一目瞭然、一事が万事なのである。

食い散らかすな

いま、テレビを点けると、朝から晩まで、食べ物の番組ばかりやっている。いつも、誰かが、何かを食べている。それだけでも気持ち悪い上に、箸の持ち方が悪い、食器の扱い方が悪い、食べ方が悪い。だから、余計に気持ち悪くなってくる。そんなテレビを見ているから、多くの人が、おかしな箸の持ち方をする。マナーも、どんどん低下していく。これほど行儀が悪い画像を、どうして平気で流しているのだろう、と思う。番組を作る側が、何も、連想していないからである。

たとえば、視聴者の五人に一人が子供だと考えれば、「正しくない箸の使い方を、そのまま流すのはよくない」と判断して当然である。「悪い箸の持ち方を流しているから、おかしな箸の使い方をする子供が増える」と気づくべきである。そんな配慮も連想もないから、箸を振り回し、食べながら喋っては、食い千切って歯形がついた物を、そのままカメラに差し出す人を、映し出してしまう。こういう簡単な原則を、作る側が考えていない。ツマリ、雑学がないのである。

いい雑学がないから、分からないに違いないが、本来、食べ物は、食い千切っては、いけないモノである。歯形がついた食べ物を人に見せるのは、ヨーロッパの学校教育では、いけないことになっている。日本の小笠原流でも、ハシタナイこと、と教えている。食べ物は、箸やナイフで切り分けるのが正しい。または、手で割ったり、千切ったりして、食べやすい大きさに分けてから、口に運ぶ。どうしても囓《かじ》らなければならない場合は、歯形を歯形でなくすために、そっと、素早く、歯形の両端を噛んで形を整える。礼儀作法の講座でも、同じように教えている。

子供がトモダチと遊んでいるような時には、何を、どう、カジってもいい。大人でも、気の置けない仲間と飲み食いする時には、食い千切っても、何をしてもいい。しかし、公共の電波で流してはいけない。そんなモノを平気で放映するのは、無神経としか言いようがない。番組の質を落としているだけである。出版も同じである。

佇まいを整える

日中友好編集者会の参加者だった中国の方々が、御礼のため、来日されたことがあった。小学館の役員会議室にお招きした。若い役員秘書が、日本茶をお出ししたあと、テーブルの中央に、急須《きゅうす》を置いた。たまたま、その急須の口が、お客様のほうを向いていた。気になったので、ボクが、それとなく自分のほうに向けた。散会してお見送りする時、中国の女性が、「中国でも、よい家庭では、急須の口は、お客様に向けません」と、そっとボクに言った。箸でも急須でも、先の尖ったものを、人に向けてはいけない、というマナーを知らない人には、分からないのかもしれない。しかし、編集者は、そうではいけない。

編集者に、こういう資質があるかないかは、茶碗の持ち方で分かる。箸の持ち方で分かる。箸は、通常、右手で持ち上げ、左手で受け、右手で持ち直して使うものである。そして、箸の上のほうを持てば持つほど、上品に見える。その証拠に、子供ほど下を持つ。まだ、ちゃんと持てる手に成長していないからだ。箸で、小さい物をつかむことも出来ないだろう。いいお母さんは、ツルツルのお皿に豆を一〇粒ほど置き、箸でつかんで別のお皿に移す練習をさせる。兄弟（姉妹）で競争をさせたりする。遊びながら、正しい箸の持ち方を学ばせるのである。一度、学んでしまえば、体が覚える。これが、「経験則」として生き、将来、彼らの役に立つ。

ボクの長男は、イギリスにある全寮制の高校に留学していた。もともと乱暴だった性格が、よく躾けられて帰って来た。食事のマナーも、食べ方もきれいになっていた。自分の息子を自慢しているわけではない。マナーを守っている姿の向こうに、施された教育が透けて見えるということである。

マナーを守ることも、売れる本を作ることも、「経験則を大事にすれば、成功する」という点で、同じである。これらを、ほぼ常識的なことだけで終わらせず、「なぜ、いいのか、なぜ、悪いのか」と考えなければいけない。日常の、何でもないような所作でも、すべてのことが、編集者の質に関わってくるからである。正しい箸の置き方も、使い方も分からず、きれいな食べ方も、マナーも考えない者が、企画を立て、記事を書き、本を作れば、どんなモノが出来上がるのか、おのずと想像がつく。美しくなるわけがない。編集者は、日頃から、常に、佇まいを整えておくことが大事、ということである。

会議と雑談

「お喋り」と「話すこと」は、同じようで、全然、違う。テーマがあるか、ないかである。テーマもなく、何くれとなく話すのが「お喋り」、テーマがあるのが「話すこと」である。もっとも、決まったテーマで話を進める会議より、お喋りや雑談の中から、面白い企画が生まれることもある。

ボクは、会議は、一時間以上やらない主義だった。だらだら時間をかけても無駄だからである。時間を決めてやると、言いたいことがある者は、パッと手を挙げ、手短に話す。時間を決めずにやっていると、緊張感が途切れ、そのうち、世間話になってくる。男同士であれば、食い物の話かワイ談をするだけである。そんな話は、会議室ではなく、飲み屋ですればいい。「話すこと」にウエイトを置いて「お喋り」を削れば、会議は一時間で充分である。

遅刻も厳禁だった。ひとりでも遅刻者がいると、ボクは、即座に、「部署に戻ってくれ」と、会議を中止にした。編集長時代も、編集局長、出版部長になっても同じだった。半年に一度、社内の編集長が、全員、集まる「編集長会議」があった。このような重要な会議でも、一分でも遅れる者がいれば、即刻、中止にした。

不測の緊急会議ではない。事前に会議室を確保し、あらかじめ、日時を全員に通達してある。分かっているのに遅刻するのだから、言い訳も聞かない。ボクは、たまたま、若い頃から編集局長をやっていたので、部下には、かつての上司や大学の先輩もいた。たいてい、この中の誰かが遅刻してくる。「ちょっと電話が長くなっちゃって…」とか、「書き始めた原稿が、あと一行で終わりそうだったから…」という理由である。これは、ボクをナメているのではなく、甘えているのである。

たとえ、どんな理由があっても、どんなに尊敬している先輩でも、遅刻は認めなかった。延期し、改めて、会議の日時を通達した。その時も、定刻に全員揃っていなければ、中止・延期である。この主義は、ボクが退職するまで、絶対に変えなかった。だから、評判が悪かった。廊下で先輩に呼び止められ、「トヨちゃん、あれはダメだよ。カタすぎるよ」と言われたこともある。「生意気だ」と悪口も叩かれたりした。

どんな場合でも、他者に迷惑をかけないことは、人としての基本である。特に、編集者にとっては大事なことである。社内では、遅刻が「なあなあ」で許されても、対外的には許されない。著作者や印刷会社が、大した理由もない遅刻を認めてくれるだろうか。大した理由があったとしても、自分が待たされる場合を想像してみれば分かる。そのココロが、相手の気持ちである。

戦場を想像してみてもいい。第二次世界大戦中、海軍は、会議の五分前には、必ず全員が集まっていた。上官が到着する時には、ひとり残らず揃って迎える「五分前主義」である。このような「○○主義」を、すべてにおいて通すことが、海軍の特徴だった。立派な主義である。一方、陸軍は、○○主義ではなく「時間を守ると同時に、きちっと揃っていろ」というように、「○○と同時に」というのが特徴だった。

戦場のように、命懸けではなくても、たとえ、相手が許してくれたとしても、遅刻をすれば、内心、「コイツは、約束を守れないヤツだ」と認識され、度重なれば、「人の迷惑を顧みない遅刻魔」とレッテルを貼られる。そして、いざとなれば、そのことが、何かの起爆剤になる。だったら、普段から、一分たりとも遅れないことである。それが、いいに決まっている。

いま思えば、先輩に言われたように、ボクは、カタかったかなと、多少、後悔もしている。先輩の指摘やカゲグチは、ボクへの「正しい批評」だったのだと思う。しかし、ボクは、悪口を言われて傷ついた。傷ついたからこそ、ボクの判断は正しかったのだ、と思っている。

このことを、ボクは、学生時代に、作家の舟橋聖一から教えてもらった。「自分の言動に責任を持ち、傷ついてこそ、ホンモノの言動である。傷つかないような言動はニセモノだ」ということである。非常に重要なことである。ボクは、いまでも、舟橋さんの教えを遵守している。言い換えれば、遅刻者がいる会議を中止にしたボクが、みんなに褒められるようでは、ボクの言動なんか、全然、大したことじゃなかった、ということである。

気楽な仲間同士の集まりなら、お喋りでも、遅刻でも、自由にすればいい。ボクも、そうである。

ボクの二人の息子は、彼らが持って生まれた資質なのか、長男は、幼い頃から几帳面で、時間をきちんと守る子供だった。自分のことは自分で決める性質でもあった。イギリスの高校に留学することも、自分で決めてきた。ボクには、「留学していいか」ではなく、「留学する」とだけ報告してきた。彼が選んだのは、躾が厳しいパブリックスクールだった。日本でいえば、行儀作法に厳しい、伝統的な女子高のような学校である。彼は、そこで、イギリス流の、かなり厳格なマナーを、完璧に身につけて帰って来た。

いま、三カ月に一度、その息子たちと酒を飲もうという時に、長男は、必ず、約束の時間の一分前に現れる。誤差があっても、プラス・マイナス一分ほど。自分の息子ながら、見事である。なぜ、彼はそうするのか、と考え込んでしまうほどである。

ひとつには、彼が学んだイギリス流のナイト（騎士）精神であろう。時には、乱暴な言葉で話すことがあっても、彼の行動は、常に、紳士的である。たとえば、年長者と歩く時は、必ず、その人の少し後ろを歩く。ボクと一緒に歩く時も、決して、前や横を歩かない。並んで腕を組んで歩くような場合でも、ボクの、ちょっと後ろにいる。目的の場所に辿り着くと、静かに、素早く、先に行き、よく躾けられたシェパードのように、ドアを開けて待っている。ボクを先に入れ、自分は、あとから入って来る。こういうことが、不自然ではなく自然に出来る。これだけ見ても、英国のマナーは、立派だと思う。

日本の教育は、そこまでやらない。日本でやれば、不自然で、かえって気持ち悪いかもしれない。自然に、気持ち悪くないようにやれるところが、英国流である。ボクたち日本人は、知識として、アタマでやるから、妙な感じになる。敬語の使い方も、おかしくなることがある。さり気なく、自然にやれるのは、大したものだと思う。

彼が通っていたパブリックスクールは、非常に、優秀な対応をしてくれる学校だった。特に感心したのは、校長先生が、直接、ボク（保護者）に、成績表を郵送してくれること、その成績表に、校長の感想が手書きされていることだった。生徒のいいところと悪いところが書いてある。ある時の成績表には、「あなたの息子は、ジェントルマンである」と書いてあった。

長男は几帳面だから、勉強のスケジュールを立てるのは得意だった。でも、肝心の勉強をしなかったから、学力は、Bクラスだった。しかし、校長が言うように、自分の息子ながら、身のこなしが出来ている。確かに、ジェントルマンになった。そういう教育システムに、頭が下がった。ボクが、部下に対する際に必要なことだ、と、非常に、参考になった。

もうひとつ、彼を躾けてくれたのは、彼が入社した商社である、とボクは思っている。大きな取引をする場合、商社マンにとって、時間厳守は、非常に重要なことである。遅れることで、相手をイライラさせない、無駄な時間を使わせない、失礼なことは、決してしない、ということである。

次男も、就職した銀行が躾けてくれたと思っている。長男と違って、次男は、「約束の時間に五〜十分、遅れる主義」の子供だった。ずっと、注意しようと思っていたが、ボクが注意する前に、就職した銀行で教わったようで、「約束の五〜六分前には、到着する主義」になった。次男を躾けてくれたのは、課長や部長というニンゲン（上司）ではなく、社員をがっちりつかまえている銀行そのものである。ボクは、そう思っている。

その点、商社や銀行に比べて、出版社は、だらしがない。朝九時に出社しても、ほとんど、誰もいない。ボクは、十時に出社することに決めていた。でも、だいたい、十一時くらいにしか行かなかった。その代わり、終わりは、いつまでもいた。

そんな、だらしのないボクと比べると、息子たちは、学校や社会、会社で叩き上げられたマナーを自然に身につけている。そうしてくれた環境を、親として、著しく尊敬している。

聞き上手になる

人には、「人と話すことが苦手で、自分から話さないタイプ」の人がいる。「人の話を聞くのが苦手」という人もいる。ボクは、話を聞くのが苦手である。昔も今も、「豊田先生は、最後まで話を聞いてくれない」と、よく言われる。自分でも自覚しているが、どうしても、自分ばかり喋ってしまう。それが治らないまま、歳を取ってしまった。一生このままかもしれないが、いまさらながら、我慢して、人の話を最後まで聞かなくてはいけない、聞き上手という意味を、正しく噛みしめる必要がある、と思っている。

しかし、いくら聞き上手でも、たとえば、寿司屋の大将が、客の長ーい話を聞いていたら、商売のラチが明かなくなる。だから、途中で話を遮って、注文のニギリを差し出す、ということもある。これは、寿司屋という「職業の差別的方法論」である。寿司屋も編集者も、人と向き合う職業である点では同じだが、編集者は、寿司屋とは逆の方法論じゃないと、いけない。編集者は、写真を撮る人、絵を描く人、文章を書く人など、創作者（オーサー）に対応しなければならないからである。

創作者は、モノゴトを、内から外へ、表していく人である。当然、自分の表現にも、他者の表現に対しても、敏感である。だから、こちらが、話の途中で、分かったつもりになって、遮ったりしてはいけない。創作者には、思っていることを、自由に、吐き出させることが、大切なのである。それが、相手の満足感になる。こちらが聞き逃した場合は、もちろんだが、そうではなくても、「もう一度、そこのところを教えてください」と、わざと言って、喋らせてもいい。編集者は、相手に満足感を与える技術を、身につけなければならない。それが、いい仕事に繋がるからである。

それには、人の心を読むこと、ツマリ、連想力である。連想とは、結局は、優しさである。人の心を読むのは当たり前のことだけれど、五人のうち一人くらいしか

トラブル処理の三原則
速やかに・爽やかに・率直に

読まない。ボクの、生涯の課題でもある。

どんな仕事にも、トラブルは起きる。クレームも来る。出版では、誤字・脱字、表現方法の良し悪しなどについて。時には、内容について、右翼や左翼にカラまれたり、タカられたりすることもある。そして、トラブルには、こちらが責められる場合と、相手を責める立場になる場合がある。いずれの場合も、守るべきことは、ただひとつ。「速やかに・爽やかに・率直に」行動することである。こちらが悪い場合は、なおさらである。これは、ボクが、独自に掲げ続けてきたスローガンである。

これまで、ボクは、じつに大勢の編集者と、つき合ってきた。他社の編集者たちも、見てきた。ボク自身の反省も含めて言えば、だいたいにおいて、編集者や新聞記者は、謝ることがヘタである。十人のうち九人はダメである。モノゴトを処理する時に、速やかな編集者が少ない。爽やかな編集者が少ない。率直で正直な編集者が少ない。自分が謝りに行くことも、上司に報告することも、イヤだからである。

仕事相手や上司に怒られると思うと、一日二日と問題を塩漬けにし、時間だけが、どんどん、経ってしまう。そして、いよいよ、どうしようもなくなった時に、ぼそっと、「じつは…」と言ったりする。単なる、時間の無駄遣いである。

作家のA氏が、怒って、電話してきたとする。担当編集者は、電話口で、何とか処理しようとする。これが、いけない。とにかく、間髪入れずに、A氏の元に行くことである。怒りの文書が届いた場合も、同じである。相手の怒りが、大きければ大きいほど、強い口調で叩かれたり、強烈な文書が来たりする。編集者は、ビビッて、何とかしなければ、と考えあぐね、言い訳を捜す。それも、無駄である。一刻も早く逢いに行って、直接、謝罪することである。

怒っている人は、相手が来るまでの時間が、長ければ長いほど、どんどん、怒りを増殖してしまう。自分が怒らされた場合を想像してみれば分かる。まず、「速やかに逢いに行くこと」が大事なのである。顔を見せれば、ものすごく怒っている人でも、優しい気持ちになり、許してくれる場合がある。ところが、かかってきた電話口でゴチョゴチョ言い訳をしたり、手紙でクドクド弁解しても、相手の気持ちは収まらない。かえって、怒らせてしまう。メールなんて、言語道断である。

原稿を依頼する時には、面白いからホイホイ行くのに、何かが起こった時には、腰が重くなる。半日、一日、二日と時間を稼ごうと遠回りをする。どうしても、そうしてしまう。しかし、たとえ半日でも放って置かれると、その時間に正比例して、相手の怒りは増大する。とにかく、面と向かって頭を下げ、スパッと謝る。その上で、「一両日中に、資料を持って、ゆっくり、ご説明に上がります」と言えばいい。そう言って、さっさと逃げて帰って来てもいい。大事なことは、相手に「謝った」という事実を、スパーンと与えることである。

次に大事なことは、「速やかに」先方に出向いたら、結論を真っ先に言うことである。ゴチャゴチャと言葉を並べない。「ごめんなさい。ワタクシが悪かったと思います」とパキッと謝る。これが、「爽やかに」ということである。速やかに出向いたのはいいけれど、しばらく、相手の顔色や様子を見て、逃げられるものなら、なんとか逃げたい、少しでも許してもらいたい、と思いながら言葉を連ねるのは逆効果、絶対にダメである。怒っている相手は、そんな、逃げ腰の対応に慣れている。お見通しである。自分本位のニンゲンを、許してくれるわけがない。

弁解したい気持ちは分かる、しかし、ヘタな弁解が、いちばん、いけない。ポイントは、結論を先に言うこと。そして、どうしても、弁解する場合は、「弁解しても、いいですか」と断り、相手に「いい」と言わせてから、弁解することである。

「じつは、私は、分かっていたのですが、どういうわけか、あそこで、こうなって、ああなってしまって…」と、先に、くだらない言い訳をし、最後に、「ごめんなさい。申し訳ありませんでした」では、サカサマである。

日本の政治家のまどろっこしい国会答弁が、いい例である。国民にバカにされているのは、ちっとも「速やかに・爽やかに・率直に」答弁せず、その逆をやっているからである。どんな場合でも「速やかに」が第一条でなければならない。「爽やかに」というのは、言い方に濁りがないということ。ストレート・オン（真っ直ぐに）ということである。「率直に」というのは、正直に、ということ。ウソをつかないことである。

弁護士という法律や権利闘争のプロの場合も、必勝法は、「速やかに・爽やかに・率直に」である。ある時、著作権に関する現場の意識と弁護士の意識のズレについて、討論会を開いたことがある。その討論会でも、ボクは、同じことを述べた。弁護士の先生は、「弁護士の世界でも、モノゴトをスムーズに運ぶためには、速やかに・爽やかに・率直に、という三原則が大切である」と言っていた。しかし、「本来はそうだけれど、弁護士は、こちらが悪くても、依頼者を勝たせるために、致し方なく、ウソをつかなければならない場合もある」とつけ加えた。
たしかに、弁護士は、商売上、勝つために、事実に、ウソという「肉」をつけなくてはならないことがある。ケンカのプロである弁護士は、そうであっても、編集者は、自分の言動にウソという肉をつけてはならない。アマチュアのヘタクソな肉が、いちばん邪魔になる。弁解するにしても、「速やかに・爽やかに・率直に」が基本である。ウソは、必ず、バレる。ウマく逃げようとすることも、すぐに、見透かされるからである。

大小いずれのトラブルでも、弁護士に依頼する場合は、「速やかに・爽やかに・率直に」が基本である。上司や弁護士に、少しでも格好よく思われたくて、事実にウソや誤魔化しの「肉付け」をしてはいけない。身内をウマく騙せば、騙された弁護士が、自分の思う通りに闘ってくれる、と思うのは、浅はかな考えである。自分が悪かった場合でも、事実を、自分のいいように歪曲しないことである。

弁護士には、「確かに、こちらはこのように悪いことをした。でも、悪いことをしなかったように、ウマくまとめて欲しい」と率直に依頼すべきである。弁護士も人間だから、正直に泣きつけば、頑張ってくれる。ところが、「コイツは、妙に逃げたがっているな」と思われると、そんなヤツの案件に、親身になってくれない。情熱と迫力を持って対応してくれるわけがない。悪いことは、全部、正直に吐き出す。味方には、ウソをつかない。カッコつけない。そのほうが、精神衛生上もいい。ラクになれる。清々と仕事が進められる。

相手をいじめない

小学館は、雑誌の発行部数が多かった。だから、毎月、必ず、どこかで事件が発生した。こちらが悪い場合は、もちろん「速やかに・爽やかに・率直に」謝る。しかし、明らかに相手が悪い場合、小学館は、相手を、イジメないことにしていた。どんなことにも、間違いや手違いはある。勘違いもある。こちらが、責められる立場になることもある。だから、責める立場になった時は、相手を、必要以上にイジメずに、「貸し」を作ってしまうのである。

しかし、上司のボクが、そう言っても、怒っている現場の編集者は、そんな、手ぬるい方法をイヤがる。自分たちが一生懸命に作ったモノを、無断で真似されたりすれば、腹立たしくなるのは、当たり前である。気持ちは分かる。それでも、ボクは、「真似された事実」と「それはよくない」ということだけを、相手に伝えることにしていた。そして、部下には、「深追いするな、貸しを与えておけ」と指示した。ズルい考え方ではあるが、これは、「狡知に長けた処理方法」である。いつ何《なん》時《どき》、逆の立場、責められる側になるか、分からないからである。

小学館と講談社は、企業としての規模や、企画の内容もよく似ていた。両社で大きな企画がバッティングすると、「小学館vs講談社戦争」と、マスメディアに取り上げられたりもした。ボクが知っている限りでは、小学館が講談社のモノを盗んだことは、一度もない。しかし、講談社は、時々、小学館のモノを持って行くことがあった。あからさまに、「その企画をくれ」と言われたこともある。率直に「くれ」と言ってきた時はいいけれど、黙って持って行かれる場合は、ちょっと、やっかいなことになる。

ある時、黙って、横取りされたことがあった。そのあと、講談社の編集者が謝りに来た。その謝り方が、冴えなかった。爽やかでも、率直でもなかった。それでも、やはり、イジメても、しょうがない。だから、責めないことにした。重要なことは、こちらが相手に損失を与え、責められる場合を考えた上での処理方法だ、ということである。

相手が謝っている時は、深追いしても、いいことはない。例外があるとすれば、被害が莫大な場合である。年間、五〇〇〇万から一億円の利益が上がりそうだったのに、他社に同じような本を作られたことで、半分くらいになってしまったような場合。そういう大きな事件になってしまったら、もう、素人では、どうしようもない。そういう時は、弁護士に頼めばいい。小さなトラブルでも、できるだけ、専門家に任せたほうが、いいに越したことはないが、金額がそれほどでもなければ、ちょっと我慢して、相手に貸しを与えたような印象を与えておくほうが得策である。ボクは、経験上、何度もそう思った。編集者には、こういう狡知も必要である。

狡知に長ける

クレームの相手が、右翼や左翼、暴力団のような場合もある。そういう時には、必ず「証拠」を残しておくことである。電話でねじ込まれた場合は、録音する。客でも来たように装い、「ちょっと、お待ちください」と時間を稼ぎ、その間に、録音機器をセットして、会話をコピーしてしまうのである。相手が、脅すようなことを言った時には、わざと、「そんな、怖い言い方をしないでください」「強い、お言葉で言わないでくださいよ」などと言う。こちらの、この言葉が録音機器に残って

災い転じて幸いを残す

いれば、脅された証拠になる。相手の弁護士に聴いてもらえば、「こちらも悪かったな」と思わせることもできる。

出版社のトラブルは、編集部だけではない。営業サイドでも起こる。書店や取次との関係で、お金が絡むケースもある。何が起きても対処できるよう、編集者は、いい意味で、狡知に長け、ズルくて賢い知恵を働かせる必要がある。すべては、いい本を作り、無事に出版するため、より多く売るためである。

しかし、狡知に長けていても、いかにも、狡知に長けているように見せてはいけない。ここが、肝心なところである。「コイツは、なんだか、素朴で正直で、いいヤツだな」という印象を与えながら、じつは、心の中で、非常に、狡知に長けた策を弄している。その究極的な技術としての方法論が、「速やかに・爽やかに・率直に」である。

謝り方がウマいと、そのあと、前より、いい関係になれることもある。怒りやすい人というのは、割合、カンが強く、厳しい仕事をする人が多い。編集者も同じである。仕事に厳しい人が怒りっぽいのである。そういう人は、有能な場合が多い。

だから、「災い転じて幸いを残す」という謝り方をすべきなのである。

たとえば、どの出版社も、何か問題が起きたら、謝罪文を、囲み記事として、自社の出版物に掲載する。ちなみに、新聞にも「訂正記事」があるが、これは、訂正しているだけで、謝罪ではない。確かに、二～三行の訂正文を載せている。しかし、どこにも、「申し訳ございません」とは書いていない。テレビも同じである。「先ほどの○○は△△の間違いでした。訂正してお詫びします」と頭を下げるだけで、「ごめんなさい」とは言わない。

そういう意味では、ある時期の『女性自身』（光文社）は、謝り方がウマかった。いわゆる「リリシズム」という方法を持っていた。リリシズムというのは、叙情詩的ということ。ツマリ「お涙ちょうだい」のことである。いかに、自分たちが苦労して仕事をしたか、を語り、そうであったにも拘わらず、読者の皆様方に、ご迷惑をお掛けしてしまった、と振ってから、弁解を述べていく。本当は、いちばん、やってはいけない方法であるが、これが、不思議と相手を泣かせるのである。そうすると、謝り終わった時に、怒っていた相手が、いつの間にか、こちらの味方になってしまう。

最近は、どうなのか分からないが、創刊からしばらくの間、『女性自身』は、そういう謝り方をしていた。敵を味方にしてしまうような謝罪の方法は、たしかにある。ボクも、真似しようと思ったことがあった。でも、『女性自身』ほどは、ウマく出来なかった。だから、いつも、「速やかに・爽やかに・率直に」というやり方しか、なかったのだ。

そうして、謝ったら、もうひとつ、大事なことがある。多くの場合、謝って許してもらえた途端に、ほっとして、連絡するのを止めてしまうことが多い。「触らぬ神に祟りなし」と逃げ腰になるからである。それでは、そこで、その関係は終わってしまう。先方は、怒ったことで、自分から関係を切ったようなものである。仕事先が減ってしまうのだから、先方にとっても、損なことである。そういうことは、怒ったほうも、ちゃんと分かっている。怒っている最中は、忘れていても、怒りが鎮まったあとに、「ちょっと、やり過ぎたかな」と後悔したり、不安なまま、時間を過ごしていることもある。そういう時に、大した用もないのに、顔を出すと、先方は感動する。ちょっとした仕事でも、依頼をすれば、一転して味方になってくれる。災い転じて幸いを残す。これも、狡知に長けた編集者のコツである。

宿題を後回しにしない

何か問題が起きたら、社内の人間にも、「速やかに・率直に」説明しておくことである。立派な編集長や部長がいれば、処理を引き受けてくれるはずである。本来、上司は、そのためにいる。

中には、「お前が片づけろ」と部下に押しつける上司もいるだろう。それでも、そう指示した上司は、それで、スッキリするわけではない。仕事しながら、不愉快な気持ちでいる。上司にとっても、トラブル・クレームなどは、不快なことだからである。一日でも一週間でも、不愉快な思いを抱えたまま仕事をするのは、能率的ではない。仕事の仕上がりも悪くなる。だから、上司が編集者に成り代わって、トラブル処理をすることが、いちばん、いいのである。そして、最後に、張本人と一緒に謝りに行けば、ポンと終わってしまう。

ボクは、立派な上司ではなかったが、部下に、「お前が謝りに行け」なんて言ったことは、一度もない。さっさと自分で謝りに行っていた。謝ったあと、時間をかけて説明させてもらった。そして、和解したら、「ところで、こんな仕事なのですが…」と仕事を依頼して、仲良く握手して、味方にしてしまう。

トラブルとまではいかなくても、依頼した作品の出来上がりが気に入らないと、必ず、部下に、「作り直してもらって来い」と指示した。ある時、ボクが、いちばん信頼していた部下にそう言った。ところが、彼は、なかなか、実行しなかった。自分の机の中に、画稿をずっとしまっておき、締切りギリギリになって、直っていない画稿を、そのまま、ボクに差し出した。

これは、宿題を、その日のうちにやってしまう子供と、先延ばしにする子共の違いである。その日のうちにやってしまう子供は、秀才のAクラスである。前の晩、遅くになって慌ててやるのは、秀才でもBクラス。それでも、間に合わせるからBクラスなのだが、編集者は、常に、「速やかに・爽やかに・率直に」対応する、超Aクラスの秀才を目指すべきである。

とにかく、「速やかに・爽やかに・率直に」という三原則を守っていれば、どんなことでも、どんな場合でも、ある程度のことは解決できる。トラブルやクレームの対処ばかりではない。仕事を順調に進めるためにも、無理だと思う相手に仕事を依頼したい場合でも、同じである。だから、「速やかに・爽やかに・率直に」は、いつでも、呪文のように唱えていて欲しいスローガンなのである。

新聞の切り抜き

語彙を増やしたり、自分の文章にこだわっていくためには、多少の努力が必要である。ひとつ、サンプルを紹介しよう。同じモノを、毎日、連続して見続けるという例である。

ボクは、昔から、かなり徹底して、日経新聞を読んでいる。記事は、もちろん、朝夕刊の連載小説も、ハサミで切り取って読み、文章と挿絵の両方を、念入りに見ている。文章は、ストーリーを追うというより、昨日と今日と、どこが違うのだろう、と読み比べる。気になった言葉遣いや、ヘンな文章には、「ボクと同じように、ヘンな奴もいるのだな」と思いながら、赤線を引いておく。

挿絵のウマいヘタも見る。この絵は、文章のどの部分を抽出したのかも見る。たとえば、「なぜ、金魚の絵なのか」と考える。妙に理屈っぽい文章の時には、「絵にならないだろうな」と心配しながら見る。絵だけを連続して見ると、こういう面白さもある。そして、連載が終わると、溜まった切り抜きを紐で綴じる。すると、手作りの本が一冊できる。これが、けっこう楽しい本になる。内容は、単行本として刊行されるモノと同じなのだから、子供か、仲のいい友達にあげたりする。

ストーリーを追いながら、「どうして、こういうタイトルをつけたのかな」と謎解きをするように考えていくのも面白い。たとえば、二〇一二年二月から、夕刊に掲載されていた連載小説に関して言えば、連載がスタートしてから最初の二週間は、本文中に、タイトルについての述懐も、主人公さえも出てこなかった。ようやく、両方とも登場した時に、「ああ、なるほどな」と思った。作家の頭の中の構造を探るために、切り抜きをやっているようなものだ。同じモノを見続けていることで、分かってくることが、たくさんある。

この物語の主人公は、都内在住。五十歳前後の高校教師で、高校一年生か二年生を受け持っている。子供が結婚し、東京から離れたので、夫婦二人になってしまった。そして、奥さんも、どこかへ行ってしまった。ひとり暮らしになった主人公は、自分で料理を作る。その料理の話が、よく出てくる。何と何をバターで炒めたとか、焦げ目を、どうつけたとか、詳しい記述がある。ボクは、食いしん坊だから、こういう話も面白い。それに、いまの平均的な日本の高校の先生が、普段、何を食べているのかも分かる。

ちなみに、この小説のタイトルは、『ファミレス』である（重松清著・峰岸達画／二〇一三年・日本経済新聞出版社）。ファミリーレストランの省略であろう（と思わせている）。ファミリーレストランのファミリーは「家族」のことである。昔は、その名の通り、家族連れが多かった。でも、いまは、家族連れが少なくなっているそうである…ということを、主人公に言わせている。

つまり、ファミレスの「レス」は、レストランではなく、家族が少ない（いない）「ファミリーレス」のことなのだと。なるほど。そう納得したら、今度は、「そういう理屈をこねながら書く作家の文体は、どうであろうか」という目で読んでいく。ボクが思うに、この作家の文章はヘタである。同様に、朝刊の連載小説もヘタである（安部龍太郎著『等伯』／二〇一二年・日本経済新聞出版社）。この程度の文章でも、日経という大新聞の連載ができる時代なのだな、と思ったりする。

藤子不二雄もヘタクソだった

大昔の例を挙げれば、吉川英治の『宮本武蔵』（講談社）も、最初は、朝日新聞の朝刊の連載小説だった。開始は、昭和十（一九三五）年。まだ、子供だったボクでも、じつに、立派な文章だ、と思いながら、全部、連載で読んだ。単行本になった時は、全六巻という長さだった。挿絵も立派だった。連載前半は、矢野橋村《きょうそん》、後半は、石井鶴三《つるぞう》という画家が担当していた。いま読んでいる連載小説の挿絵とは、比べものにならない迫力があった。

いまの挿絵は、横から見ているだけの絵である。しかし、矢野と石井は、全体を俯瞰《ふかん》して描いていた。この画家たちの影響を受けたのが、『少年王者』と『少年ケニア』の山川惣治《そうじ》である。そして、山川の影響を受けたのが、『鉄腕アトム』の手塚治虫である。彼らは、いまの挿絵の担当者のように、横から見るだけの平坦な絵は描かない。『鉄腕アトム』を見れば分かる。アトムは、じつに雄大な空間を飛んでいた。ところが、藤子不二雄は、絵がヘタだった。いまの挿絵家と同じようなものである。ドラえもんが、友達と三人で遊んでいる遠景の絵なんか、描けなかった。

こんな風に、毎日、連続して挿絵を見るだけで、絵描きの能力も分かってくる。そして、「もし、ボクが、いま、現役の編集者だったら…」と考えたりする。「文庫本の小説の、五頁にひとつくらい挿絵を入れるとしたら、この絵描きは、案外、不器用だからダメだな」などと、連載小説を見続けながら、ボクは、編集者としての知識を得ているのである。

そうではなくても、毎日、寝る前に、連載部分をハサミで切って、切り抜きを溜めていくのは、楽しい作業である。一冊の束にして改めて見てみると、もっと、色々なことが分かってくる。編集者は、そういう、ちょっとした努力をするといい。日常的に、楽しみながらやっていくと、いい。そうすると、何かが分かる。何かが見えてくる。自分の欠点も分かる。語彙も増える。自分の文章にも、より一層のこだわりが出てくるはずである。

ヘンな編集部

入社して五～六年経った頃、『小学六年生』の編集長になった。その時の編集部には、とんでもないヤツらが集まっていた。たとえば、ロシア文学者、詩人、俳句の名人、「戦中派」という言葉を生み出したオトコ、全学連（全日本学生自治会総連合）を作ったヤツ。というように、すでに、世の中で、ひとわたり、若いのに有名になったヤツらが、四～五人、同じテーブルを囲んでいた。編集している雑誌は、子供向けの月刊誌なのに、児童文学の専門家も、詳しいニンゲンもいない。おまけに、執筆者も、児童文学者なんか、ひとりも使わない、という、ほかの雑誌と違って、変わった編集部だった。

じつは、このヘンな編集部は、戦後の文部省の画一的な教育に対して、ずっと、疑問を持っていたボクの提案に、当時の社長が理解を示し、積極的に取り入れてくれたおかげで、誕生したものだった。それが功を奏したのか、昭和三十年代はじめ、『小学六年生』は、前年度と比べて飛躍的に売上を伸ばした。ヘンな連中が集まって、ヘンな本を作ると、ヘンじゃない本より売れる場合がある。もちろん、その逆に、潰れてしまう場合もある。これが、編集の面白さである。

小学館には、社外の仕事をしてはいけない、という就業規則があったけれど、この編集部だけは、特別に許されて、各自それぞれの仕事もしていた。全員すでに有名人というヘンな連中の中で、編集長のボクが、いちばん若かった。そして、やや、マトモだったのも、ボクだけである。

この連中とは、ケンカもした。日中友好編集者会に参加した時のことである。日本人の参加者は、ボクを含めて六人。その中に、前述の「全学連」を作ったヤツ(以下S)も入っていた。Sは中国が好きで、毎月一度は中国に行き、それまでに、二〇〇回以上は行っていた。その経験を活かして、彼が渡航の手配をしてくれた。

Sは、「中国主義」と言われるほど、中国を敬愛していた。だから、編集者会の席で、共産党の中央委員である華国鋒《かこくほう》のことを話す時に、必ず、「英明なる華国鋒」と前置きをつけて言った。ボクは、この「英明なる」が気になった。イヤだった。

ホテルに戻ってから、Sに、「英明なるは、要らないだろう。ただ、華国鋒さんと言えば、いいじゃないか」と言った。

ボクの考えはこうだった。「中国人の中には、日本が好きな人と嫌いな人がいる。日本人にも、中国が好きな人と嫌いな人がいる。この日中友好編集者会に参加している人の中にだって、じつは、中国は嫌いだ、と思っている人がいるかもしれない。それは、当たり前のことである。中国にも、日本にも、色々な人がいる、ということである。それを、お互いに、認め合いながら話すことが、唯一、日本と中国を対等にし、親睦を深める方法じゃないか」と。

だから、個人的な思いは別にして、ただ、華国鋒さんと呼べばいい。もしかすると、中国側は、「英明なる」を取ったことで、傷つく人もいるかもしれない。でも、ボクは、それはそれでいい、と思った。傷つくことが「真実」だと思っているからだ。「英明なる華国鋒」と呼ばなければ傷つくのなら、向こうが過剰反応しているだけである。わざわざ、編集者という肩書きで、日中友好編集者会という名目で中国に来て、中国の文部大臣にメシを奢ってもらって、お世辞を言って、帰ってくるだけだったら、こんな会、開かないほうが、よかったのだ。そんなことを言って、

Sと大ゲンカをした。

以前、Sは、「中国人は、学校で、カンニングをしてもいいんだ」と言っていた。「勉強のできる子が、できない子に、答案を見せてやって、みんなで助け合うのだ」と。いくら共産主義の中国でも、ボクは、それはウソだと思った。もしかすると、本当に、そういうことも、あったのかもしれない。しかし、Sの言葉だけでは、それが事実だという立派な証拠にはならない。

ボクは、そういうSを見て、「何かに溺れる」というのは、こういうことなのだな、と思った。しかし、中国に溺れている本人に、そう言っても分からないだろう。発言を批判されたことで、傷つくだけである。

かつて、作家の舟橋聖一は、「傷つかない言動は、本当の言動ではない」と言った。その言葉を信じて生きてきたボクは、「傷ついてこそ、正しい批評だ」と思い、傷ついているであろうSの言い分を、許すことにした。おかしいことを言っても、傷ついているのならいい。傷つかない言動は、ダメということである。

たとえば、ボクは、政治家として、周恩来を尊敬している。周恩来は、毛沢東の三羽烏のひとり。田中角栄首相と「これから仲良くしよう」と、日中友好のサインをした首相で、「戦争は、もう終わった」と確認したのも、周恩来である。政治家・周恩来は、学者でもある。学生時代、日本に留学し、神田淡路町から天現寺あたりを、ウロウロしていた。ボクは、中国人で、あんなに偉い人はいないのではないか、と思っている。しかし、「中国主義」のSのような溺れ方はしない。周恩来は好きだけれど、毛沢東は嫌いだし、共産党も嫌いである。色々な人がいて当然だ、という思いにも、変わりはない。

だから、ボクは、言葉を選んで生きている編集者同士の「言葉の遊び」だと思って、Sとケンカしていた。ケンカしながら、ボクは、Sに言った。「色々と思うことがあるけれど、今回の編集者会では、上手に笑いながら話をして、最後には、お世話になりました。いままでも、中国にはお世話になったけれど、これからも、仲良く面倒を見てください、と言って帰ってくればいいじゃないか」と。しかし、中国に溺れているSには、そういうベタなことが出来なかったのだ。こういうヘンなヤツと、ボクは、『小学六年生』を作っていたのである。

飛び出せ編集者

小学館は、古くて、大きい出版社だと思う。だから、編集者は、自分から何かをしなくても、机の前に座っていれば、向こうから、「何か書かせてください」と人が来る。つまり、その気になれば、大規模の出版社の編集者は、一歩も外に出なくても、本が作れてしまうのだ。ボクが、会社が大きいほど編集者はダメになる、と思うのは、ここである。

小さい出版社ほど、いい編集者がいる。じーっと見ていると、キラキラしている編集者がいる。かつての『小学六年生』の編集部のように、妙な才能の持ち主が集まって、妙に、いい本が出来てしまうこともあるけれど、体を使わない編集者は、ダメである。小規模の出版社の編集者は、書いて欲しい人に頼んでも、書いてもらえない場合がある。そういう意味では、なかなか、足が重いということもあるだろう。しかし、たいてい、どこかに飛び出して行く。

だから、編集者は、小さな会社で育って、大きな出版社で、自由にお金を使うようになれたら、いい仕事が出来ると思う。現役を引退して二十年経ったいま、しみじみと、そう思う。

『小学六年生』の編集長になっていたボクは、戦後、芥川賞が復活し、受賞者が決まった時、「よし！ いままでの受賞作家ひとりずつに、作品を書いてもらおう」と思いついた。忙しい作家には、書いてもらえないから、あまり、忙しくない受賞作家に、原稿用紙十五枚の少女小説を書いてもらい、毎月、『小学六年生』に掲載することにした。

原稿を依頼した作家のひとりは、東北在住だった。彼に原稿を依頼すれば、東北に行くことが出来る、とボクは思った。東京の日常からの脱出である。当時は、まだ、蒸気機関車の時代だった。その列車に乗っていると、ゼゲン（女衒）に連れられた若い娘さんを見かけたりした。女衒というのは、家族を養うために、芸子や娼《しょう》妓《ぎ》になる娘さんに、仕事を斡旋する人のことである。机の前にいるだけでは、絶対に見ることができない風景である。

といっても、ただ、物珍しく、女衒と、彼に連れられた人を見ていたわけではない。外に飛び出して行かなければ、見えない風景がある、ということである。編集者のヤクトク（役得）である。その経験が、編集者としての栄養になっていく。そこから企画が生まれることもある。

その頃、ボクは、まだ、若くてお金がなかった。それでも、自腹を切って、色々な地方に出かけた。もし、ボクが依頼した作家の原稿料が安ければ、ボクが自費で動いた分を、作家のギャラに回せばいい、と思っていたのである。当時は、いまと違って、サラ金なんかない。カンタンにお金を借りられるのは、質屋くらいだった。何の質草もなかったボクは、社長や編集局長に借用書を書いて、借金もした。小学館の社長は、ボクと同い年だったから、随分、ボクの考え方を理解して、好き勝手にやらせてくれたのである。時代が違うといえば、それまでだが、いまの編集者にも、こういう心意気を持って欲しい。外に、どんどん、飛び出して、自分だけの風景を見つけて欲しい。それは、間違いなく、貴重な財産になるからである。

誰がつかまえるのか

中央公論社は「中央公論新社」と名前を変えたけれど、『婦人公論』を出し続けている点では、読売は、エライと思う。かつて、この中央公論社は、谷崎潤一郎をつかまえた。新潮社がつかまえたのは、太宰治。文藝春秋は、司馬遼太郎である。このように、出版社は、「これだ」という人物をつかまえたら、双方のいい関係を、大事に育てていかなくてはならない。では、そういう著作者を、誰が、つかまえるのか。社長がつかまえても、編集者がつかまえても、どちらでもいい。しかし、ボクは、そういうことを、あえて、社長にやらせるような編集者になって欲しい。編集者が社長に、社長らしい判断をさせるお膳立てをするのである。良かろうと、悪かろうと、会社のことをいちばん心配しているのは、社長である。社員全員のフトコロ具合を考えながら仕事をする社員なんか、いない。社長は、命懸けで考えているはずである。

その社長が、社運を賭けている企画や心配事に加担してあげる。あたかも、社長が考えたように協力するのである。そして、成功したあかつきには、「社長の才能のおかげで…」と思わせて、社長を喜ばせておく。決して、自分がやった、と言ってはいけない。会社を辞めるまで、言ってはいけない。社長というものは、間違いなく、オダテに弱いから、「ほんとうに、社長のご英断のおかげです」と言っておけば、いいのである。

労働運動が盛んだった戦後の時期は、社長を喜ばせるような行動をすると、仲間にバカにされた。バカにされてもいい。企画会議をやってみれば、誰に力があるのか、すぐに分かる。誰の目にも明らかになる。だから、社長の力になってあげることである。社長が何を考えているのか、理解することである。それが、会社に貢献

誰をつかまえるのか

することである。編集者が、すべき、第一のことである。

小学館も講談社もそうであるように、編集者には、早稲田大学の出身者が多い。早稲田の学生だった者が、特に、優秀だからではなく（その逆でもなく）、単に、学生数が多いということである。慶應義塾大学は、学生総数が少ないから、三人に一人、採用しても、早稲田より採用率は高くなる。

編集者に、早稲田の出身者が多いということは、執筆者にも、早稲田の出身者が多いということである。編集者は、縁故者や先輩に頼りがちである。ちょっと忙しくなると、仕事を依頼しやすい先輩に頼んでしまう。これでは、日本全体の「頭脳」を見渡していることにはならない。自分がどこの大学出身であろうと、アルイハ、大学出身ではなかろうと、広く、日本中（世界中）の大学・学校を視野に入れ、「これだ」と思う執筆者を選ばなくてはいけない。

夏目漱石も、大学を卒業した直後は、四国・愛媛県松山市の中学の先生だった。最終的には、東京大学の先生になったけれど、その漱石を、中学の先生時代につかんだのだから、岩波書店の創設者・岩波茂雄はすごい。ここがエライ。これが、他

武井武雄さんに諭されたこと

社との差別化に成功した、岩波の「発想」と「企画」である。どこの誰をつかまえるのか。誰が、いつ、つかまえるのか。何のために、つかまえるのか。そして、その誰かとの関係を、どう育て、どう持続させていくのか。編集者は、全体とその先を見据えた発想で、企画を立てなければ、いけないのである。

戦後、日本の童画家の中で、いちばん偉かったのは、「童画の父」といわれた川上四郎である。そして、初山滋《はつやましげる》、河目悌二《かわめていじ》、武井武雄、この方々が、主に活躍していた。中でも、武井武雄は、日本の童画家のトップの人である。しかも、世界的レベルでも、トップクラスである。ボクは、武井さんの童画が大好きだった。その才能を大いに認めていた。だから、ボクが作る雑誌には、必ず一頁、絵を描いていただいていた。

ある時、ある雑誌の口絵に、武井さんの絵を掲載することにした。当時、小学館は、昔からの決め事で、絵の制作費は、一頁につきいくら、で計算し支払うことになっていた。だから、同じ一枚の絵を描いていただいても、見開きで掲載する場合は、二頁分の料金を支払うのである。武井さんにも、慣例に従ってお支払いをしていた。そんなある日、武井さんから、「うちに、いらっしゃいよ」と呼び出された。

お宅に伺うと、まず、ジュンジュン(諄々)と、芸術についてのお話があった。

それは、作品に対する対価の「質と量」に繋がるお話だった。

「私はこの間、小学館に一頁分の絵を描いた。豊田くんは、私に一頁分のお金を支払った。私の一頁の金額は、ほかの絵描きさんより高いから、お金の額の、いい悪いを言っているのではない。ただ、原稿料が、一頁だったら一頁分、二頁にまたがった場合には二倍というのはおかしい。一頁であろうと二頁になろうと、一枚の絵を描く努力は同じである。絵の内容も価値も同じである。それなのに、頁数によって値段が変わる支払い方法は、おかしい。それは、原稿用紙何枚分という小説の支払い方法を踏襲《とうしゅう》しているからではないか。小学館は、他の出版社にも影響を与えるのであるから、見直すべきである」と武井さんは言った。

武井さんに指摘されたように、小説に対する支払いは、四〇〇字詰め原稿用紙一枚につき、いくら、で計算していた。単純計算すれば、二〇枚の小説に対して、一〇〇枚の小説は、支払い金額が五倍になる。このことについて、武井さんは、「二〇枚に収まるように書く苦労と、一〇〇枚の長さを書く労力は変わらない。その内容と努力も同じである」と主張した。武井さんの話を聞きながら、ボクは、たしかに、そうだと思った。

ちなみに、詩は、作品自体が短いから、原稿用紙一枚いくら、で計算しても、二枚になることは滅多にない。だから、原稿用紙の枚数ではなく、ひとつの作品がいくら、という勘定で支払っていた。詩と散文も、長さだけでいえば、微妙に異なる。しかし、作品に対する重さの違いは量れない。作者の評価が、人によって異なるからである。たとえば、まど・みちおの詩は、かなり内容が濃い。だから、それなりの金額を支払ってもいい。それでも、長さでいえば、見開きに入ってしまう。だから、一編分の金額しか支払っていなかった。

俳句は一句・十七文字、短歌は一首・三十一文字。この文字数の違いで、値段を変えることは、あり得ない。ただ、詩や散文と同様に、作者に対する評価と、作品の善し悪しで値段が変わるということはあるかもしれない。と、ボクは、武井さんに、原稿作品に対する支払い方法を説明した。すると武井さんは、「そういうことが、文字（文学）の世界ではあるのに、絵については、一枚いくら、と単純に計算される。それは、おかしいのじゃないか」と反論した。

「たとえば、一頁に三センチ四方の挿絵として複数掲載される場合、挿絵ひとつについて、いくら、という勘定の仕方があるのは、ある程度わかる。しかし、少なくとも、口絵や絵本の場合は、スペース（頁数）で値段を決めては、いけないのだ」と。最後に、武井さんは、「私は、作品の『質と量』のことを考えてくれる編集者と、つき合いたいんです。豊田くん、私の言っていることが、分かりますか」と言った。ボクは、「篤《とく》とよく分かりました。私たちの会社の考え方が、間違っていました」と応えた。小学館に入社してから、初めてそう思った。

早速、ボクは、全社的に、原稿料の見直しをしようと思った。当時、雑誌の原稿料は、それぞれの編集部が持っている予算の中で差配していた。その編集長が、全員、集まる編集長会議で、ボクは、「原稿料の支払いの立て方を、少し変えたい」という議題を出した。しかし、結果的には、半分くらいしか変わらなかった。

ボクとしては、「質と量のことを考えてくれる編集者とつき合いたい」という武井さんの言葉を、非常に正しいと思い、胸に刻むべきだと思ったのだ。少なくとも、参考にすべきであると。そう思って、かなりの部署に徹底させたのだが、強制はしなかった。それまでの支払い方法を変えない編集長が、半分いたのである。ボクと

質と量で考える

意見が違う編集長がいても、それはそれでいい。それぞれの持ち場で、それぞれが勉強していけばいい、と思ったのである。武井さんに指摘されたボクのように。

仕事の単位を、「質」で計るのか「量」で量るのか。編集者は、そのことを、常に考えなくてはいけない。武井武雄さんが教えてくれたことは、絵の作家とも、文字の作家ともつき合っていく編集者として、非常に、重要なことだった。結局は会社が支払うのだから、と無頓着ではいけないのである。その値段を、編集長が決めるのか、編集者が決めるのかは、ケース・バイ・ケースかもしれない。

しかし、たとえば、ボクは、編集者が編集長に、「これは、もう少し余分に支払うべきだ」と言ってもいいと思う。編集者は、そういう中で、作品を「質で考えるか、量で考えるのか」モシクハ「その両方の攻め方がある」ということが分かってくる。値段を決める時、お金を支払う時、編集者は、悩むことが必要なのである。何となく、会社の決まりでやっていては、ダメなのである。

できるだけ支払いを少なくして、儲けを大きくしたい、というのは、商売の原則である。出版界ばかりではない。いまのような不況の時代は、特に、そうである。

質と量とお金の三角関係

ところが、支払い方が上手じゃないと、無駄遣いになることがある。そのような価値のないヤツに、無駄に多く支払ったりしてしまうからである。だから、編集者は、いつも、「質と量とお金の三角関係」を仕事のひとつとして考えていなければいけない。そうでなければ、編集者として一人前ではないのである。

そのうち一人前になるからと、普段から質と量とお金の関係を考えず、会社が決めた支払い方法を繰り返していると、四十歳になっても五十歳になっても一人前になれないまま終わってしまう。一人前になれずに終わってしまう人は、編集者とはいえない。単なる、お使いヤッコ、メッセンジャーである。一人前の編集者は、アルバイトと同じではいけない。社員には、社員としての責任がある。編集者の責任として考えなければ、いけないのである。

非常に、ギャラにうるさい男性の小説家がいた。うるさいというより、ガメツイと言ったほうがいいかもしれない。一枚につき、いくら、という原稿料だったため、いたずらに、原稿の枚数を増やしてくるのである。一行でも稼ぐために、会話型式を多くする。行替えも多い。「そうだね。」で一行。「うん。」で一行。「彼は、そう言った。」で一行。だから、見た目の原稿は、スカスカである。内容にしても、彼の作品二〇枚は、たとえば、井伏鱒二の一枚分の価値しかない。当時の文壇のクラスでいえば、井伏のほうが上だったけれど、流行作家としては、ガメツイ男（以下ガメ男）のほうが売れていた。

両者を「作家の質」と「人気の質」で計ってみると、ガメ男は、人気の「質」で優勢である。井伏が一週間かけて書くところを、二～三分で書いてしまうこともあるからだ。しかし、作家としての「質」は、井伏のほうが上である。一枚の原稿を、一週間かけて、いじ、く、り、倒、す、人であっても。

たとえば、「作家の質」を基準に、値段を考えるとしよう。思い切って、ガメ男の値段を下げ、下げた分を、井伏に回すのである。しかし、こんなことを実行する編集者は、いない。作品を、「商品価値」としてしか見ていないからである。その栄養価やカロリーで見ないのである。

社内でも、部署によって支払い金額が異なるように、当然、出版社によっても異なる。支払い金額のことを、単なる金額としてしか考えていない出版社もあるだろう。考慮しようとしても、その通りに実行できない出版社も、あるに違いない。

しかし、著作者にとって、たとえ、思ったような金額が支払われなくても、こういうことを考えてくれる編集者がいることが、大きな慰めになるのである。「分かっていながら、そうは出来ない」というのなら、質や量に見合わなくても、著作者は納得してくれるかもしれない。しかし、何も考えず、安く支払って大きく儲けることばかり考えている編集者は、著作者から軽蔑されるだけである。いざという時に、力になってもらえない。

作家および作品を、「質」で計るのか、作品の「量」で量るのか。アルイハ、人気の度合いで比べるのか。著作者にギャラをいくら支払うのか、ということは、非常に、難しく、デリケートな問題ではある。それだけに、人間関係に繋がる大切な問題である。

武井さんは、武井さんにとって編集者という存在だったボクに、かなり、大きな影響を与えてくれた。いまだに、ボクは、そのことから抜け切れないところもある。そのために、かえって、人にモノが言いにくくなったり、原稿が頼みにくい感じになることもあった。それでも、武井さんのおかげで、「質と量とお金」の関係を取り間違えず、正しいバランスで考えられるようになったと思う。武井さんは、お金

恩は遠くから返せ

の多寡《タカ》ではなく、誠意のある支払い方を教えてくださったのだ。そのことに、心から感謝している。

小学館と講談社は、会社の規模も、企画内容なども似ていることから、世間では、ライバル会社といわれていた。ボクが編集局長だった時の講談社の編集局長は、ボクの地元の先輩でもあった。ここでは、クボタさんとさせていただく。

小学館と講談社が激しい競争をすると、新聞に、クボタさんとボクのインタビューが並べて掲載されたりもした。敵対会社ではあるけれど、ボクは、クボタさんを尊敬していた。ボクにはない「勇気」を持っている、立派な編集者だったからである。

ある時、講談社に頼まれて、編集者に講演をすることになった。その帰り、三人の若い編集者とお茶を飲んだ。その時、ボクは、「キミたちの会社の編集局長を、心から尊敬している」と話した。「クボタさんは、立派な編集者だから、あの人から、色々学んだほうがいい」と。

そんな話をしたことも忘れ、十年くらい経ったある時、ボクは、偶然、寿司屋で、クボタさんご夫妻にお逢いした。その時、ボクは、奥さんから、思いがけないことを言われた。「うちの主人は、昔、豊田さんが社員に言ってくださったことを聞いて、ほんとうに喜んでいたんですよ」と。

ボクは、びっくりした。クボタさんを尊敬していること、立派な編集者であると褒めたことが、講談社の若い社員からクボタさん本人に伝わり、クボタさんが奥さんに伝え、それが、ボクに戻ってきたのである。ボクは、クボタさんに伝えてもらいたくて、若い社員たちに話したわけではない。クボタさんには内緒で、そっと、話したつもりである。意識してやったことではないが、クボタさんが、非常に喜んでくださったと聞いて、ようやく、恩を返せたような気がした。

昔から、「恩は遠くから返せ」という諺《ことわざ》がある。「人から受けた恩は、恩返しと分かるような返し方をするのではなく、さり気なく、しかし、きちんと返すべきだ」という意味である。「遠回しに返したほうが、効果的である」という先人の知恵も含まれている。

ボクは、クボタさんから、直接、何くれと、恩を受けたわけではない。当時の若い社員に言ったように、クボタさんの仕事ぶりから、多くのことを、学ばせていただいただけである。だから、面と向かって御礼を言うようなことではない。照れくさいということもある。言うに言われぬ恩を、結果的に、遠くから返せたことになって、ボクのほうこそ、うれしかった。

こういうことを、編集者は、意識的にでもいいから、上手にやっておいたほうがいい。あからさまに分かるようにやるのは野暮だが、本人に直接、返す機会がなければ、関係する人に返していけばいい。これが、ヒューマンリレーション、コミュニケーションの基本だと思う。

野蛮な勇気

クボタさんの仕事で、ボクが、いちばん驚いたのは、クボタさんが編集長を務めていた『婦人倶楽部』の編集内容だった。

当時、講談社の『婦人倶楽部』は、主婦の友社の『主婦の友』と激しく競争していた。大正時代に創刊された『主婦の友』を『婦人倶楽部』が追いかけて、いい競争になっていた。その後、主婦と生活社から『主婦と生活』が、講談社から派生した婦人生活社から『婦人生活』が刊行され、ますます、熾烈な闘いになった。

四誌、合わせて、読者は二〇〇万人。どこかが四〇万部なら、どこかが六〇万部というように、くっきり四分の一ではなかったが、全体で、二〇〇万部の売上があった。つまり、四誌で、二〇〇万人の読者を奪い合っていたのである。

　ところが、ある年、『婦人倶楽部』の売上がトップになった。理由は、はっきりしていた。それまで、婦人誌ではタブーになっていた「セックスの技術論」を取り上げたからである。そんなモノを掲載すると、ＰＴＡがうるさい。そこで、子供が見ないように「袋とじ」にして折り込んだのである。

　これを半年続けたら、購読部数がダントツになった。ボクは、非常に、驚いた。そして、クボタさん独自の戦法に感心した。しかし、やり方としては、汚いと思った。ボクには出来ないことだとも思った。講談社の社中でも、反対はあったに違いない。でも、クボタさんは、やってのけた。

　クボタさんには、非常な勇気があった、ということである。いわば、野蛮な勇気「バンユウ（蛮勇）」である。蛮勇でも、勇気は勇気である。世の中には、蛮勇だけでやっている出版社もある。しかし、そういう蛮勇とは違って、クボタさんの勇気は、技術として尊敬すべき勇気だった。こんなことで尊敬していいかどうかは別にして、巡りめぐって、クボタさんに、ササヤカな恩返しが出来てよかった。そんな時に飲んだ酒は、ことのほか、ウマかった。

編集者の道徳

不吉は言うべからず

　編集者は、ささいなことでも、人に嫌われると、商売に差し支える。だから、相手が不愉快になることは、言わないほうがいい。相手の弱点に、触れないほうがいい。格言で言うと、「不吉は言うべからず」である。この「不吉」というのは、多くの人が意味を読み違えていることだが、「吉」の反対ではなく、「触れられたくないこと」という意味である。それが、その人にとって「不吉」なことになるのである。

　たとえば、ある著作者のお嬢さんが、大学受験に失敗したとする。それを、人から聞いて知っている編集者は、つい、「先生、お嬢さん、大学を落ちられたそうですが、ご心配ですね」と言いたくなる。これが、「不吉」なことである。あるいは、ある著作者の奥方が、アルツハイマーになったとする。そのことを知っていても、「先生、奥さん、お身体がお悪いそうですが、いかがですか」と言う必要はない。仕事上、触れる必要も、全くない。たとえ、本人のことであっても、「先生、この頃ちょっと、お顔にシミが…」と言う必要もない。

　こういうことを口走る人は、相手を心配する好意からの言動だと思っている。お世辞だと思っているのである。その実、相手を傷つけていることに気づいていない。

実際に、ボクに、「先生、生きている間に、原稿をまとめてくださいよ」と言う編集者もいる。この編集者は、本当のことを言っているだけである。ウマい冗談を言っているつもりかもしれない。そこが、編集者の、いいところでもある。しかし、相手の気持ちを何も考えていない。

ボクの経験からすると、編集者は、あまりにも多く、不吉に触れたがる。そうとは気づかず、朝から晩まで、不吉を口にしている。若かろうが、老人であろうが、人知れず気にしていることは、誰にでもある。ボクは、自分自身の余計なことを、あまり、言いたくないほうであるが、ある時、発音が悪くなったので、若い編集者との集まりの会で、その理由を、みんなに言った。半分、人工の歯にしたのである。ところが、それ以来、何かというと、彼らは、ボクに、入歯の話をしたがる。

こういう人たちは、不吉に触れると、話が弾む、と勘違いしているのである。サカサマである。「先生、腰がお悪そうですね」と、話の接ぎ穂のように、カンタンに言うのも、相手のことを思い遣って言っている、と思っているのだ。要するに、人の心が読めないのである。何でもないようなことであるが、何でもないようなことの累積が、人間の品性になっていくのである。

仕事ではなく、仲のいい友達に、さり気なく、「あなた、少しシワが増えたわね」と言うのならいい。しかし、時と場合によっては、これも、余計なお世話になる。表面上は笑顔で受け止められても、そこで関係が終わってしまうこともある。

だから、もし、仕事相手の靴が汚れていたら、「先生、お靴が汚れていますよ」とは言わず、黙って、ハンカチで拭けばいい。編集者には、こんなことを口にするより、もっと話すべき重要なことは、たくさんあるはずである。

ツヤっぽい人になる

編集者は、話し方や立ち居振る舞い、やること、すべてにおいて、ツヤっぽいほうがいい。ボク自身のことを棚に上げないと言えないことだが、ボクトツでもなく、サバサバと乾燥しているのでもなく、妙に、ツヤっぽい人のほうがいい。相手に良い印象を与えられる。好感を持ってもらえるからである。

それには、「笑い」が分からないといけない。笑い方には、微笑・微苦笑《びくしょう》・嬌笑《きょうしょう》・爆笑など、色々ある。どんな風に笑ってもいいけれど、それぞれの笑い方の違いや意味合いを考え、理解していなければいけない。笑い方がヘタなヤツは、意味もな

粋と野暮

くバカバカしく大声で笑う。嘲けるように笑うこともある。この「嘲笑」がいちばんいけない。嘲けるように笑うのは、不吉を口にするのと同じである。自分がそうすることで相手がどう思うか、連想すべきである。多少は、トボケてもいいと思う。

しかし、相手を傷つけないことが大原則である。ツマリは「優しさ」である。妙にツヤっぽい人というのは、その優しさを、「さり気なく、内に秘めている人」のことである。世の中、何も、わざわざ、「不吉」に触れなくても過ごせる。しかし、編集者は、意外と無意識にやってしまう。作品のことやスケジュールのことで、アタマがいっぱいで、余裕がないから、ヘラヘラと、言う必要もないことを口走ってしまうのかもしれない。クセになっているのなら要注意である。多くの人とつき合う編集者にとって、「不吉は言うべからず」は、非常に大切な道徳である。モノゴトを先読みし、いい仕事をするための大原則、守るべきオキテ（掟）である。

「粋」というのは、洒落ているという意味である。その反対は、「野暮」である。野暮な人は、上から見れば、それなりに、愛されはする。しかし、やはり、キザでもいいから、「洒落っ気のある野郎だな」と思われたほうがいい。仕事相手に、編集者としての存在を分かってもらうためには、「あの野郎、洒落たことを言うな」とか「洒落たネクタイをしているな」という程度でもいい。いいコミュニケーションを取る方法として、編集者は、粋じゃないといけないのである。

仕事の相手は、もちろん、仲間うちでも、その仲間を野暮にしないためにも、粋な存在であったほうがいい。しかし、世の中で、いちばん野暮なのは、新聞記者と編集者である。周りを見渡せば分かる。銀行員や商社の人と比べれば、粋な編集者は、あまり、いない。逆に言えば、ボクも含めた編集者は、野暮だから、編集者として生きてこられたのかもしれない。野暮が悪いと言っているのではない。野暮だって「野」が「暮れる」と書くのだから、空が茜色になる頃、野原に沈む夕日のように、照れて、粋なことが出来ないだけかもしれない。

しかし、野暮と思われている人は、仕事の相手をつかまえることが出来ない。カンの強い著作者は、野暮な（イヤな）編集者が行くと、いい仕事をしてくれないこともある。ただ、仕事はお金が絡んでいるから、たとえ、イヤなヤツでも、仕事を引き受けてくれる場合もある。それでも、編集者は、自分の職場をスカッとさせるような企画を立てたり、仕事仲間や、仕事相手に、可愛がられる存在にならなけれ

悪いヤツでも許される

ばならない。そのための条件として、常に、粋の方向を向いていないといけない。野暮は、そのうち、忘れられるからである。

人情の分かる人や、格好のいい人は、男も女も、ひと言でいえば、「粋」である。どの映画も、究極的には、「粋」をテーマにしている。歌舞伎のテーマも、全部、「粋」である。

たとえば、「助六由縁江戸桜《すけろくゆかりのえどざくら》」は、粋のカタマリみたいなものである。吉原で評判の男伊達・花川戸《はなかわど》の助六《すけろく》は、毎晩、誰彼、構わず喧嘩を売る。しかし、そのじつ、父の仇を狙う曾我五郎時致《そがのごろうときむね》の仮の姿。喧嘩の目的も、源氏の宝刀・友切丸《ともきりまる》を取り返すために、相手に刀を抜かせること、という話である。「勧進帳《かんじんちょう》」の弁慶も、粋である。源 義経《みなもとのよしつね》というイタイケ（幼気）な主人を守って、安宅《あたか》の関を切り抜け、飛び六方で花道を行く。その姿に、大衆は、感動する。いまの言葉でいうと、粋は、「カッコいい」ということになる。銭形平次も高倉健もカッコいい。粋だからである。

「青砥稿花紅彩画《あおとぞうしはなのにしきえ》」の白波五人男は、全員、泥棒だけれど、その泥棒のやり方が、粋だから、人気がある。彼らは、「盗み」のことを「お仕事」という。「盗みはすれども、人は傷つけない」というやり方が、いかにもカッコいい。泥棒が人を殺すのは「野暮」の象徴、泥棒の片隅にも置けない、ということである。いまのヤクザは、火を点けたり傷つけたり、殺すことによって自己主張している。いまの悪いヤツらは、みんな、野暮になってしまった。

昔は、悪いヤツでも、どこか、粋であれば許された。時には、英雄にもなった。国定忠治《くにさだちゅうじ》も粋である。赤城の山に刀をかざし、それだけでも、カッコいいのに、月の光を受けて、キラキラ光る刀に御礼を言う。「この刀のおかげで、俺はヤクザになれたのだ」と、そんな野暮なことでも粋に見せる。国定忠治というのは、いまでいえば暴力団で、悪いヤツではある。しかし、ヤクザな野暮、というカッコよさがある。

余談であるが、ボクは、小学校の国定教科書で、国定忠治の「国《コク》」と「定《テイ》」という漢字を覚えた。そして、映画館に『国定忠治』の映画を観に連れて行ってもらった時、国と定には、クニとサダという別の読み方があるのだ、と思った。子供でも、読み方を覚えるくらい、粋な英雄だったのだ。

粋の歴史を辿ってみると、芝居の登場人物ではなく、実在の悪いヤツの中でも、粋だからこそ許された人がいた。清水次郎長（山本長五郎）である。彼は、ヤクザな賭博師だったけれど、人気があった。理由は、「粋」以外の何モノでもない。

だから、慶応四年（明治元年・一八六八年五月）、明治新政府が設置した軍司令官「東征大総督《とうせいだいそうとく》」から、駿府町差配役《すんぷまちさはいやく》に任命された伏谷如水《ふせやじょすい》から、街道警護役を任命された。ヤクザの親分が、東海道・清水港の警護役となったのである。次郎長、四十九歳。「強きをくじき、弱きをいたわる」という心意気が、いまでいう、警察署長に繋がるくらい、次郎長独特の粋が認められたのだ。

現代の悪いヤツには、昔と違って、もう、逃げ場がない。法治国家としては、それでいいのだけれど、ボクは、編集者の中に、そういう粋な人がいて欲しいと思う。たとえば、著作者の家に打ち合わせに行ったり、原稿を取りに行ったりする時に、その編集者が、どこか洒落た粋な人であれば、「上がってメシを食って行け」と言われる。野暮なヤツには、メシを作ってくれたりはしない。歓迎される編集者は、言うに言われぬ、いいところがあるのである。

ボクの部下が、ある作家の家から戻ってきた時、「今日は、お汁粉を、ご馳走になっちゃいましたよ」と、うれしそうに言っていた。彼をずっと見ていると、なるほど、ちょっと、いいところがある。そうでなければ、誰も、お汁粉一杯も、作ってはくれない。いいところというのは、煎じ詰めれば、「粋」に通じるのである。

小粋なおきゃん

粋な人というのは、女性でいえば、「お俠《きゃん》」のことである。

その昔、芸者衆がいた東京の下町・芳町や柳橋、向島などでは、粋な女性のことを「小粋《こいき》」といっていた。昔から、日本人は、「こ」や「お」という接頭語をつけるのが好きである。生意気なヤツでも、ちょっとした愛情を込めて、コナマイキ（小生意気）とか、コニクラシイ（小憎らしい）などという。少々お腹が空いたことを、コバラ（小腹）が空いた、ともいう。女性の名前も、平安時代は、藤原定子《ふじわらのていし》、彰子《しょうし》と発音していたが、次第に、「さだこ」「あきこ」というように、「し」が「こ」になっていった。

「おきゃん」は、小生意気な娘のことである。親にしてみれば、素直に、おしとやかにしていて欲しいのに、逆らったり、跳んだり、跳ねたり、ハラハラさせられる。しかし、世間から見ると、どんなにお転婆でも、おきゃんは、さり気なく気配りできる、行動派の可愛い女の子のことである。

おきゃんな子は、昔の下町に、たくさんいた。青春小説の中にも、重要なポジショ

表と裏

ンで登場していた。たとえば、真面目な登場人物たちの中に、ひとりくらい、おきゃんな子がいる。日本の青春小説で、最も、多く読まれてきた作家は、夏目漱石と石坂洋次郎である。石坂洋次郎の『若い人』の中にも、おきゃんは登場する。おきゃんがいると、深刻に生きている登場人物が目立つ。主人公の捨て石としての良さがあるのだ。この、おきゃんも、突き詰めれば、「粋な娘」のことである。野暮なおきゃんは、「ダメっ子」である。

編集者も、男性なら、粋なヤツに、女性なら、おきゃんな娘にならないといけない。著作者という主人公を目立たせるための「捨て石」になるのである。主人公という「シテ」にとって、粋な「ツレ」にならないといけない。おきゃんになるのが面倒（無理）なら、おきゃんを理解する静かな存在になればいい。粋なおきゃんを理解できるか、できないかが、編集者の資質の差である。

すべてのモノには、必ず、「表と裏」がある。たとえば、『「いき」の構造』（九鬼周造著・岩波文庫ほか）という本がある。これが表なら、裏の「野暮の構造」という企画があっても、いいはずである。「野暮」の構造が分かれば「粋」の構造も分かる。「粋」が分かれば「野暮」も分かる。

表と裏は、全く別の存在である。絶対的に違う。しかし、そこには、共通するものがある。だから、全く同じモノでもある、というコムズカシイ理屈を、京都大学の哲学者・西田幾太郎《きたろう》に言わせると、「絶対矛盾の自己同一」ということになる。京都哲学の基本である。絶対に矛盾しているのだが、それを「遠望」から、じっと見ていると、ひとつのものに見える、という自己同一である。

同じようなことを、毛沢東も『文芸講話』の中で言っている。「すべてのモノは、ふたつに分かれる」ということである。マルクスがいう「正反合」とも同じである。先に行く者は、あとから来る者に征服される。その征服した者が、また、あとから来る者に征服される。その繰り返しである。「政党二党論」とも同じ理屈である。

中国も、共産主義の毛沢東と蔣介石《しょうかいせき》の資本主義者と、ふたつに分かれた時代があった。韓国には、儒教とキリスト教のふたつが存在している。日本にも神道と仏教がある。そのほかにも、たくさん信仰はあるが、色々なモノがあっても、大きく分けると、必ず、ふたつになる宿命がある。

これは、世の中のパターンである。あらゆるモノがそうだ、と言い切ってしまうとウソになるが、そういう見方をすると、色々なことが見えてくる。色々な企画が出てくる、ということである。ツマリ、何かひとつ企画が生まれれば、必ず、反対の企画が成り立つ。誰かが「黒」だと言えば、その裏側の発想で「白」という企画も存在する。どこかの出版社からベストセラーが生まれれば、その裏を返した企画も、世の中に受け入れられるはずである。これも、連想である。こういう考え方や認識のスタイルを、習性として持っていれば、企画力を養える。

枠を理解するために、『「いき」の構造』を読んでみることを勧める。ボクが、長年、愛読している要諦本の一冊である。いまも版を重ねて売れ続けている、文句なしに、いい本である。読んでみれば、枠の本質が分かる。この本は、中身がいいのは、もちろんのこと、読むと色々なことを深く考えさせられる。ぜひ、読んで、粋も野暮も分かる編集者になって欲しい。ボクは、秘かに、「いきの構造」の裏返し、「野暮の構造」を、ボクが大好きだった宮城音弥のような、優れた心理学者に書かせたいと思い続けている。「表」が売れれば「裏」も売れる。全てのものは二つに分かれる。こういうモノの見方が、企画のヒントになる。連想を展開していくパターンのひとつ、企画の源泉なのである。

編集者は、食いしん坊のほうがいい。
食べ物のウマいマズいが分かる人は、
色のデリカシーも、
人間関係のデリカシーも分かる。

七、

日々雑感　ボクの秘かな企画メモ

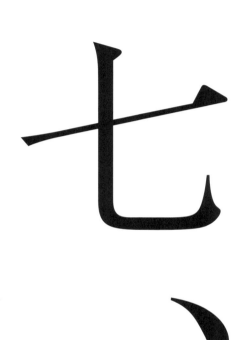

岩波書店
三つの時代

絵本づくりの達人ナンバさんを尊敬していたように、ボクは、岩波書店にも、ずっと、同じことを感じていた。その岩波を、ボクなりに見ると、大きく三つの時代に分けられる。

第一期は「戦前」。岩波が、非常に、良質な自由主義だった時代である。日本が戦争に突入していった軍国主義的な時代は、世界も、帝国主義的だった。そういう時代に、日本は、ドイツ・アメリカ・イギリス・フランスの真似をして、中国を侵略した。そんな時代に、岩波は、「本当の人間の自由というモノは、違うのではないか」と、冷静に焦点を合わせて、本を出していた。だから、岩波は、革新的だと言われていた。しかし、革新的な「いい本」を出している間に、左翼的な人が、編集者として集まってきたのである。

第二期は「戦後」。昭和二十年から五十年くらいまでの時代である。日本が戦争に負けてから、岩波は、左傾化していった。左傾化は、悪いことではない。左翼があるから、右翼の悪さが分かり、右があるから、左の悪さも分かる。だから、岩波にも、社会的な意味があった時代だとは思う。しかし、ボクは、岩波にしては、曲がった道を歩いていた時代だと思う。

第三期は「昭和後期から今日まで」。戦後、共産党が「武闘派」と「国際派」に分かれていたように、当時、左傾化していた社員も、二つに割れていた。個人的な思想と会社の思想の狭間で、社員同士、社内では仲良くしていながらも、秘かに、暗闘しているようであった。

しかし、最近の岩波は、上手に左から離れ、良質な右を覗くような企画が多くなってきた。岩波新書の企画の歴史を見ていると、真ん中から左に行って、ちょっと修正して、弁証法的な展開をしている。岩波の人々は、時代の流れと共に、そういう流動性を、編集者の運命として受け入れ、動いていったのである。

編集者は、左傾化したり、右傾化したり、というような、会社の匂いのようなモノと結びつきながら、離れたり、離れなかったりする。そういう会社や社員の動きを、全部、読んで、編集者として、どちらかに加担するのもいいし、加担せず、悩んだまま進むのもいい。ボクは、加担しない主義である。加担しないで、外から、岩波書店を、そして、世間を見続けている。

漱石山房

戦前「第一期」の岩波書店が、なぜ、あれほど、いい本が出版できたのか、ボクは、非常に、興味があった。岩波の本の歴史を調べていくと、戦前の岩波を支えた執筆者は、小宮豊隆《こみやとよたか》、安倍能成《あべよししげ》、寺田寅彦《てらだとらひこ》という評論家や科学者たちである。この数人の共通因子を見てみると、全部、夏目漱石だった。「漱石山房」といわれていた漱石の家に集まる門下生だったのである。これは、驚きだった。

漱石山房は、『吾輩は猫である』の「猫」がいた家である。前述の人々も、同書の登場人物のモデルになっている。漱石山房には通わなかったけれど、漱石が、一高（旧制第一高等学校・現在の東大教養学部および千葉大医学部・薬学部の前身）の教師だった時の生徒、菊池寛、芥川龍之介、久米正雄もいた。この三人は、親友である。漱石の文学の弟子ともいえる。岩波が成功したのは、漱石の弟子たちを、すっぽり、執筆者にしていたからだったのだ。

世間的に見れば、何の繋がりもない、単なる、いい執筆者たちにしか、見えないに違いない。しかし、モトを辿っていけば、全員、漱石山房に繋がる。もっと、驚くことに、岩波書店の創業者・初代社長の岩波茂雄も、若い頃、ひとりの編集者として、漱石山房に紛れ込んでいたのだ。この、編集者・岩波茂雄が、漱石の周りに集まって来る、ありとあらゆる学者を、じっと見て、ひとりひとりに本を書かせていた。岩波は、夏目漱石のおかげで、岩波としての基盤を作ったのである。

いつだったか、岩波の社員にこの話をしたら、誰も知らず、みんな、びっくりしていた。これは、岩波茂雄の伝記にも書いてあることである。だから、岩波書店の社員は、この伝記本を欲しがっているのだが、誰にもあげず、ボクが、大事に持っている。

この初代社長と同じやり方を、岩波は、次世代でも展開していった。漱石の次につかまえたのは、斎藤茂吉、志賀直哉である。だから、斎藤茂吉全集と志賀直哉全集は、岩波書店から、いちばん、いい本が出ている。当然、夏目漱石全集も、いちばん、いい。昔も今も、岩波の本は、ひとつひとつが、いい企画のものばかりである。編集者が、みんな、一生懸命に作っていることが分かる。全体像から見ると、漱石山房から斎藤茂吉、志賀直哉をつかまえた系譜がある。

その関係で、志賀直哉の息子さんが岩波の編集者になっている。そういう時に、ただ採用するのではなく、自社の仕事に役立つような人をウマく選んで入れる。公的な役所などではなく、個人企業である出版社には、そういう傾向がある。

京都学派をつかまえる

岩波書店は、最近の企画を見ても、驚くほど、細かく、いい問題を扱っている。中には、この本は売れないかもしれないな、と思うこともある。しかし、岩波は、あえて出版し、そして、売ってしまう。「いい企画であると同時に、売れる本」を作ることが出来る、稀有な出版社である。ボクが思い続けている「いい企画で売れる本はない」ということをクツガエ（覆）すように、いい企画の中から売れる企画を捜し出すのが、非常に、ウマいのである。小学館に入社した当初から、ボクは、「お隣」の岩波が羨ましかった。いつか、岩波と同じような企画を作って、岩波と、ぶつかってやろうと思っていた。ずっと思っていた。

たとえば、小学館が岩波に追いつき追い越そうとする場合、アルイハ、講談社のようなエンターテインメントの出版社に対抗しようとする場合、社内の誰かが、秘かに準備をしていかなくてはならない。ボクは、岩波を追い越すにはどうすればいいか、毎日、考えていた。会社に行く電車の中でも、飲んでいても、どこにいても、考え続けていた。

たとえば、誰をつかまえるべきなのか。岩波における夏目漱石の系譜、斎藤茂吉の系譜、志賀直哉の系譜……と思っていたある日、この系譜論でいくと、いま、東

東京と京都

京の出版界に欠落しているのは、「京都学派」であることに気がついた。

京都学派は、日本で、いちばん大きな知的集団である。当時、東京にある出版社で、京都学派をつかまえた出版社は、なかった。だから、この京都学派をつかまえることだ。岩波に対抗し、追い越すためには、どうしても、つかまえなくてはならない。それが、ボクの結論だった。

このことを、当時の小学館の社長に、飲みながら話してみると、社長も、同じ考えであることが分かった。それ以来、ボクは、書籍を作る時にも、百科事典を作るに時も、京都の先生に執筆を依頼した。用があっても、なくても、毎月、京都に出かけ、夜になると、先生たちと飲んだ。祇園で芸子を頼んだりもした。随分と、無理や苦心をしたから、ほかの人よりは、中に入り込めたようだった。しかし、なかなか、うまくはいかなかった。

マスコミに露出している京都の先生は、東京の先生と、ちょっと、匂いが違うところがある。京都は、妙に革新的ではあるが、ひと皮はぐと、「超」がつくほど保守的である。心の中が、超保守的なのに、いちばん、ハイカラな服を着ているのが、京都の学者である。京都の人は、東京をカタキ（敵）だと思っている。本来、京都が、日本のキャピタル（首都）なのに、東京に取られてしまった、という怨みがある。しかし、東京の編集者が行くと、大事にしてくれる。当時は、ボクのように、京都学派をつかまえようとしていた編集者が、意外と少なかった、ということもある。

京都学派の先生たちの中には、ボクの先輩も、後輩もいた。彼らを通して、京都学派に接近し、調べていくと、学派は、二派に割れていたのである。

たとえば、古代史の本を編集しようとする時に、上田《うえだ》正昭《まさあき》と梅原猛《うめはらたけし》をつかまえようとする。しかし、両者は、仲が悪い。一人をつかまえると、一人が敵になってしまう。それは、京都学派のいいところであり、悪いところでもある。ほかにも、色々な理由はあったけれど、結局、ボクは、京都学派をつかまえることはできなかった。編集者としての、ボクの失敗例のひとつである。

東京と京都というように、文化も考え方も、モノゴトは、すべて、二つに分かれるのが、世のパターンである。京都学派の二派のうちの本流には、「第二芸術論」を提唱したフランス文学者・桑原武夫がいた。第二芸術論とは、「俳句という形式は現代の人生を表し得ない。ゆえに、他の芸術と区別し第二芸術とすべきである」

ということである。桑原が、月刊『世界』(一九四六年十一月号)に発表した「第二芸術 —現代俳句について—」という論文がもとになっており、当時の俳壇に、大きな論争を引き起こした。

この「第二芸術論」を引き継いでいるのは、古代史の上田正昭である。桑原武夫から上田正昭という正統派の京都学派があって、その一方で、京都学派といわれながら、中ではバカにされ、外では尊敬されている梅原猛がいた。梅原は、『水底の歌—柿本人麿論』の著者であり、歌舞伎の台本『ヤマトタケル』も書いている。

京都学派の中では、梅原も、ハミダシ者である。そして、みんな引っくるめて京都学派である。かつての「滝川事件」(一九三三年・京都帝国大学で起きた思想弾圧事件)のように、日本が「皇国史観」で右翼的だった時代に反対したのも、京都学派である。逆に、体制を守ったのも、京都である。

もし、硬派の本を出すのだったら、京都大学の先生は、無視できない。そう思ったボクは、京都に通い続けた。いくら飲んでも、京都の先生は、自分で支払ってくれる。しかし、決して、自分が支払ったというアピールはしない。割り勘の場合も同じである。うまい具合に処理してくれる。そういう気概がある。モトが貴族だからである。その点、東京の大学教授というのは、相当、ズッコケている。
銀座に飲みに行っても、絶対に、自分で払ったりしない。必ず、出版社に支払わせて、遊びたがる。編集者から見ると、そんなところにも、京都と東京の違いがあって、面白かった。

京都学派だけではない。企業にも、東と西の差がある。日立と松下（パナソニック）では、まるで違う。社員の性格も、広告のやり方も、キャッチフレーズやスローガンも違う。こういう視点も、編集者には大事なことである。編集者の発想の資質として、言っているのである。文章論としても、同じである。文化の差はもとより、必ず、二派に別れる世の中のパターン、そして、その違いを、いつでも考えている人は、編集者として、後天的に育つ。生まれつき、資質として備えている人であれば、より、培質されていく。

京都の思い出

京都、といえば、思い出すことがある。ある作家のことである。ボクは、非常に、多くの人々と仕事をしてきた。ヘンな編集者もいれば、変わった作家もたくさんいた。もともと、作家（創作者）という人々は、それぞれの道で、独自の世界を為すのだから、個性的なニンゲンばかりである。ボクは、たくさん、素晴らしい個性を見てきた。だから、少々のことでは驚かなかったが、まだ、若かった大昔、ちょっと、アブナい目に遭ったことがあった。

その作家は、京都在住の画家だった。大正十四（一九二五）年生まれのボクより、少しだけ歳上の男性である。彼は、いい絵を描く画家である。戦後の少女雑誌の表紙や挿絵を手がける第一人者だった。評判もいい。人気もある。ボクも、好きである。小学館にとっても、大事な絵描きで、子供向けの本や雑誌に描いてもらった。

ある日、いつものように、連載の打ち合わせと、原稿を受け取るために、京都のお宅を訪ねた。話が終わったので、辞去し、ホテルに戻ることにした。すると、彼が、「今夜は、うちに泊まっていけ」と言い出した。「ホテルを予約しているので、失礼します」と、丁寧に辞退したのだが、妙に、しつこく引き留められた。挙げ句に、「ホテルは、どこ?」と訊く。致し方なく応えると、彼は、すぐさま、ホテルに電話し、勝手にキャンセルしてしまった。結局、泊まっていくことになった。

立派な布団だった。グーグー寝ていたら、翌朝、朝ご飯を作ってくれた。そして、「ひと晩中、豊田さんの寝顔を見ていたんですよ」と言われた。「あなた、寝言を言いましたよ。やっぱり、忙しくて、疲れていらっしゃるんですね」と。ボクは、何と返していいものか、困った。そんな思い出がある。

のちに、彼は、写真も撮るようになった。ある時、ボクに、フンドシ姿のオトコを写した写真を五〇〇枚くらい持って来て、「本にしたい」と提案してきた。戦後の少女たちに夢を与えてきた彼の作品とは、かけ離れ過ぎていたが、ボクは、どこか、納得できた。結局、この企画は、実現しなかった。残念ながら、六十歳代で亡くなってしまったが、彼の作品展は、いまも、都内をはじめ、各地の美術館で開かれている。ボクの、京都の思い出のひとつである。

岩波書店との差別化
『日本古典文学全集』

ついに、京都学派で失敗したボクは、それでも、いつか、必ず、岩波書店を追い越したい、と思い続けていた。編集局長になった時、いよいよ、岩波に対抗する本を出そうと思い立った。それが、『日本古典文学全集』である。

対抗すべき、岩波の『日本古典文学大系』は、非常に、優れている。岩波の編集者が、真面目に作った、素晴らしい全集である。当時、主要な古典作品が、全部、収まっているのは、日本には、これしかなかった。同様の文学全集は、他社からも、いくつか発行されていた。しかし、どれも、出ては消え、消えては出て、また消えて、唯一、生き残っていたのが、岩波の『日本古典文学大系』だった。「もうひとつ要る！」と、ボクは、心の中で、叫ぶように思った。昭和三十七（一九六二）年のことである。

ボクは、小学館の中で、非常に優秀な編集者を、本企画の編集長にした。この編集長は、最初の編集会議で、いい企画を出してきた。「執筆者として、現在の東大、京大、そして、文部省のエライ先生方を揃えました」と自慢気に言った。「これが、この企画のミソである」と。しかし、そういう発想では、まだ、九〇点である。岩波と執筆者が異なるだけで、本の中身は、ほとんど同じだったからである。この程度では、岩波に対抗できない。ボクは、編集長に、「これではダメだ。どこか、岩波と変わったところを決めろ」と言った。小学館なりの差別化をするためである。

そこで、モチベーション・リサーチである。小学館の『日本古典文学全集』は、全部で五〇巻になる予定だった。個人が購入するような全集ではない。全巻、買い揃えるには、親も子供も、フトコロ具合が大変である。国文学を学んでいる学生の、一〇〇人に一人か二人は、買うかもしれない。一冊ずつバラであれば、一〇人中、二〜三人は買うであろう。その代わり、図書館としては、ぜひ、置いておかなくてはならない全集である。大きな図書館が、全国に一万箇所あれば、一万部は売れる。少なく見積もって、全四〇巻だとしても、四〇万部は売れることになる。これで、モチベーション・リサーチは、いい。大事なのは、このあとである。それが、岩波との差別化となる執筆者の選定であった。

『日本古典文学全集』が完成するまでに、少なくとも、五年は、かかる（実際には、八年かかった）。その五年後に、いまの大学教授が、どういう状況になっているのか。ボクは、それを考えた。教授として円熟する年齢は、だいたい、五十五〜六十歳である。国立大学の定年が六十歳だとすると、いま、活躍中の教授のほとんどは、定年になってしまう。

そこで、五年後に教授になっている助教授に的を絞った。いま、四十代から五十代の優秀な人材が、五年後に教授になる。だから、現在の教授がバトンを渡す、若くて活躍中の助教授、その中でも、いちばん、という人を捜して、書いてもらうことにした。「これが企画というものじゃないか」と、ボクは、編集長に言った。彼は、その通りに実行した。

全訳への挑戦

しかし、岩波との差別化を徹底させるためには、ここで、もう一歩、踏み込まなければならなかった。ボクが、最も岩波に対抗した「差別化」は、すべての作品の「全訳＊」を掲載することだった。岩波の『日本古典文学大系』は「意訳＊」である。きちんと時代考証もされていて、文献学的にも優れたものが付記され、脚注も入っている。

しかし、ボクは、注釈など載せなくても、読者が、個々に字引を引けば分かるはずだ、と思った。しかも、意訳の優れたものは、すでに、岩波が出している。だから、意訳ではなく「直訳＊」ツマリ、ベタっとした「全訳」を載せたいと思った。準備の最終段階で、方針を変えたのである。

＊全訳　原文を省略せず、翻訳すること
＊意訳　一語一語翻訳せず、全体の意味やニュアンスを汲み取って翻訳すること
＊直訳　一語一語全部、翻訳すること

しかし、執筆者である国文学者は、みんな、全訳をイヤがる。なぜなら、国文学

者は、国語学者ではないからである。直訳というのは、相当、語学力がないと出来ない。それでも、ぜひ、全訳を敢行したいと思ったボクは、部下であるにも拘わらず、編集長に「辞を低くして」頼んだ。執筆者に対しても同じである。京都大学に行き、神戸大学にも行き、ひとりひとりに頭を下げた。解決策としては、どの国文学者もイヤがる「直訳」は、その学者が在籍している大学の国語学の中で、いちばん、いい先生に「本文」を訳してもらうようお願いした。

古典というものは、『源氏物語』ひとつを取っても「本文」は一〇種類以上ある。「原本」は、ほとんどが平仮名で、行替えも句読点もない。これを、漢字まじりにし、句読点を加え、行替えを施したモノが「本文」である。この本文には、「京都大学本」「天理大学付属図書館本」「文理大学本」など、いくつもある。そのうち、いちばんいいと思われる「本文」を教授に選んでもらう。これが、選者としての教授のオリジナルになる。モシクハ、文献学的に本文を、三つ四つ、混ぜ合わせた本文でもいい。小学館としては、どの本文を使うかということよりも、全訳にこだわった。そして、実行した。だから、五年の予定が、八年もかかってしまったのである。

原文を読み比べる

古典は、原本を読んでも、全然、意味が分からない。『源氏物語』を例に挙げると、「いづれのおほむときにかにようごかういあまたさぶらひたまひけるなかに…」である。この有名な冒頭部分は、「それは、いつの頃であったでしょう。女御、更衣という位の人が、たくさんいる中で、ひときわ、きれいな人が桐壺ですよ。それが、源氏のおっかさんですよ…」という「意訳」を読まなければ分からない。なので、ボクは、編集者たちに、いい古典を四つ選ぶように言った。そして、一週間、伊豆山の寮に籠もって、冒頭（書き出し）の一頁でいいから、岩波や他社の本と読み比べてみるよう指示した。

同じ原文なのに、なぜ、出版社によって、本文が異なっていくのかというと、たとえば、『源氏物語』の原文には、句読点がひとつもなく、行替えもない。漢字も少なく、ほとんどが平仮名の、のっぺらぼうである。昔の人々は、この原文を「音読」していた。その時に、どこかで息をつく。唾液を飲んで休む。そこが、句読点になる。あるいは、筆写する人が、自分の呼吸で句読点を入れてしまう。ここで、その人それぞれの、リズムになってしまうからである。

そうすると、「てにをは」も変わってくる。言葉そのものも、変わることがある。

たとえば、「しとどに」というのを「いみじく」と直してしまう人がいる。どちらも、「非常に very」という意味である。いまの言葉で言えば、「めちゃくちゃに」である。『源氏物語』の中の「しとどに」が「いみじく」になったり、その逆になったりしていくうちに、何冊も違う本が出来ていく。大きな流れは同じであるが、部分的に異なってくる。その部分的な違いを研究しているのが文献学である。

当然、先生方にも、様々な個性があった。昔の東京文理大学（現・筑波大学）に文献学のいい先生がいた。京都大学の先生は、昔も今も、源氏の時代の言葉を使っているから、京言葉の呼吸で読む。東京の先生の『源氏物語』は、東言葉《あずま》（東京の言葉）である…というように、それぞれに特徴があるから、現代語にすると、句読点や言葉が異なってくる。こういうことを、ボクは、編集者たちに読み比べて欲しかったのである。

一週間、寮に籠もって勉強してきた編集者たちは、理解して帰って来た。ほんとうは、こんなことは、ボクが指示しなくても、編集者として、自ら進んでやるべきことである。当たり前のこととして、分かっていないといけない。それを、あえて、やらせたのは、将来、彼らに、どの企画の時にも、このように考えて欲しいと思っ

編集会議は勉強の場

たからである。

週に一度、編集会議を行っていた。ボクも、編集局長として、できる限り出席した。会社のためではない。自分のためである。日本中の優れた学者を集めて会議をやっているわけだから、最高峰の知恵を盗むためである。最初の三年間は、すべての会議に出ていた。毎週、二時間、タダで、古典文学の勉強ができたのである。

会議では、超一流の学者たちの意見が合わず、けっこう、ケンカしていた。ある時、東大の教授が、「『とはずがたり』を入れたほうがいい」と言った。「要らない」と反対したのは、京都の教授である。どちらがいいのか、ボクには分からない。そこで、岩波の『日本古典文学大系』を調べてみると、『とはずがたり』は載っていない。ボクは、試しに読んでみた。そして、「あ、これは載せたほうがいいな」と思った。

本来、編集者は、シテ（主役）ではない。シテは、執筆者の先生方である。編集者は、ツレ（黒子）だから、シテツレである。そして、本来のシテツレのトップは、編集長である。オブザーバーのボクは、シテツレの、そのまたツレである。じっと、陰に隠れて、黙っていないといけない。しかし、命題は、岩波に対抗することである。そのためだったら、シテツレのツレであっても、小学館として、ガツンと言わなければならない。ボクは、その役目を、本来のシテツレである編集長に任せた。彼は、「うちは、『とはずがたり』を入れます！」と、堂々と明言した。すると、教授も負けてはいない。「編集長、キミは、『とはずがたり』を読んだの？」と応戦してきた。どう応えるのかな、と思っていると、編集長は、「半分、読みました！」と応えた。すると教授は、「半分読んだだけで、いい悪いを言いなさんな」とやり返してきた。まあ、当然である。しかし、こういう、やり取りの中で、編集者は育っていくのである。岩波に対抗するために強行した全訳の『日本古典文学全集』は、編集者たちにも、ボクにも、非常に、いい勉強になった。

同全集は、結局、全五十一巻となった。本企画の発足から数えれば、十余年、昭和四十五（一九七〇）年十一月、『第十二巻 源氏物語 一』を第一回目として、刊行を開始した。折しも、三島由紀夫が、市ヶ谷の自衛隊駐屯地で、割腹自殺を遂げた十一月であった。刊行に先立つ十月から一カ月間、全国各地で、説明会を行った。

岩波はもちろん、他社との差別化のため、編集上、各頁、本文・現代語訳・頭注の三段組みとし、原色の口絵、挿絵、図版なども収録。内容的には、直近の研究成果を総括した。これらが、学界および一般読者の好評を博し、古典文学全集のベストセラーとなった。

ボクは、「歳を取ったら読もう」と思って、全巻、書斎の本棚に積んである。ずっと、そう思いながら、随分、歳を取ってしまった。もう、読む元気もなくなってきた。それでも、まだ、生きている。しかし、『とはずがたり』を半分だけ読んだ編集長は、ボクより先に、亡くなってしまった。

それから、ボクは、盆暮れになると、彼の奥さんに、毎年、大森の海苔を送り続けている。『日本古典文学全集』を編集していた八年間、彼を（ほかの編集者も）一日置きに夜中まで働かせていたから、いまさらながら、そのお詫びのつもりである。

編集者として、本来のシテツレは編集長だった。ボクは、シテツレのツレだから、表に出ちゃいけない。いまだにそう思っている。だから、黙って送っていたのに、最近、ボクが送っていることが、偶然、分かったらしく、奥さんから、長々のお手紙を頂戴した。感無量だった。ボクの自己満足であっても、こんな感じが、編集者の生き方としての、ひとつのメソッド（方法論）ではないかと思う。

同時代史は企画の宝庫

企画を立てる時、編集者には、「同時代史」ということを考えて欲しい。同時代史とは、同じ時代に、誰と誰が生きていたのか、それは、どんな時代だったのか、を考えること。ある誰かをつかまえたら、その時代に、ほかに、どんな人がいたのかを調べる、ということである。そうすると、歴史がよく分かってくる。そして、こんなに面白いことはない。

中学生では無理かもしれないが、ボクは、高校の歴史の教科書に、同時代史を入れたほうがいいと思う。教科書を作っている出版社の社長に提案してみたら、「文部科学省の指導要領の中にないから、できない」と断られた。教科書を扱う出版社が同時代史を扱わないように、じつは、歴史専門の出版社も同時代史に弱い。

ボクが言う同時代史とは、たとえば、紫式部と和泉式部は、何年生まれで、どっちが先で、その間に、何年経っているか、というようなことである。豊臣秀吉の時代に、徳川家康は、位がもっと下だったけれど、二人は、同時代を生きていた。織田信長と秀吉は、繋がっている。そういう繋がり方、ツマリ「同時代性」を考えることである。

同時代的に、才能のある人々がウジャウジャ集まっていたといえば、前述した夏目漱石の「漱石山房」が、いい例である。漱石山房に集まっていた漱石の弟子には、科学者もいたし、戦犯になったような人もいた。その漱石山房の「同時代性」をつかんだのが、岩波書店の創業者・岩波茂雄だった。漱石が生きていたのは、十九世紀と二十世紀の狭間、今から約百年前。その時代を、明治三十二（一八九九）年という年で切ってみると、漱石は、三十二〜三十三歳、石川啄木は、中学生。宮沢賢治が、三〜四歳である。なかなか、興味深い。

当時、漱石のように、明治時代に外国に行った優れた日本人は、二〇〜三〇人くらい、いる。漱石は、ロンドンに行って、苦労して、胃を壊して、結局、それがモトで、後年、胃潰瘍で死んでしまう。ロンドンなんか、メシはまずいから、肉ばかり食って体を壊したのかもしれない。漱石のように、明治時代に、苦労して、日本から外国へ行った人の私生活を、全部、洗ってみるだけでも、いい本が一冊できる。外国から日本に来た「優れたお雇い外国人」も、同じように、二〇〜三〇人いる。これでも一冊できる。

ちなみに、漱石の孫の夏目房之介は、マンガの評論家で、手塚治虫の研究ばかりやっている。ボクは、彼が好きである。なかなかの秀才なのだから、マンガなんかやらないで、文学評論をやればいいと思う。漱石の孫であるという差別化を、もう少し、上手に使えばいいのに、と。それでも、お祖父ちゃんのことが気になるらしく、漱石が、ロンドンで下宿していた家を見に行ったりしている。まあ、文学評論で食っている人なんかいないし、余計なお世話である。

漱石山房に、才能のある人がたくさん集まっていたように、戦前〜戦後の東京女子大にも、才能のある女性たちが集まっていた。作家の瀬戸内晴美（現・寂聴）、少し歳下に、デザイナーの森英恵、もう少し下に、有吉佐和子がいた。ボクは、有吉佐和子とも、瀬戸内晴美とも、飲み友達だった。有吉さんとは銀座で飲み、瀬戸内さんには、よく、祇園でご馳走になった。大正十一（一九二二）年生まれの瀬戸内さんは、ボクよりお姉さんである。下手と言っては悪いけれど、ボクは、小説家としては、あまり評価していない。しかし、生き方は、素晴らしい。出家したタイミングは絶妙で、誰にも出来ないことである。

戦争の末期、東京女子大は専門学校で、戦後、大学になった。昔は、女子大という名称はあったが、みんな専門学校扱いだった。戦後、大学が増えた時に、専門学校が女子大になった。専門学校に子供（女子）を上げるには、家にお金がないと上げられなかった。終戦の時、東大に女学生はひとりもいなかった。いたとしても、聴講生が何人かいたくらいで、それは教授の特任で……と、こんなことを意味もなく類型的に考えていると、そこから企画が出てくることもある。

同時代性とは、「浸透性」のことである。時代を透かして見れば、色々なことが繋がって見える。平面だった時間が、立体的な絵になる。それが、企画を考える時に、非常に、役に立つ。編集者が、モノを見る時や勉強する時の、ひとつのポイントである。同時代性を見透かすことは、企画の宝庫を探ることなのである。

ヒトラーと斎藤茂吉

アドルフ・ヒトラーと斎藤茂吉が、ドイツ・バイエルン州の州都ミュンヘンの同じビアホールで飲んでいたかもしれない、と考える同時代史も面白い。これは、ドイツ文学者・西義之が、「ヒトラーの足音」という随筆風の論文に書いていたことである。茂吉は、精神科医であると同時に、「アララギ」という短歌集団の歌人でもあった。同じく、精神科医で小説家・北杜夫のお父さんである。茂吉は、医学部の学生だった頃、国費でドイツに留学し、ミュンヘンに住んでいた。ということを、ボクたちは知っているけれど、ドイツの、どの大学で、何を学び、どんなところに住んで、何をしていたのかは、知らない。

一方、ヒトラーは、ドイツで社会主義を掲げ、ナチス（国家社会主義ドイツ労働者党）を結党し、ミュンヘンのビアホールで旗揚げをした。のちに、ヒトラーは、超右翼的なことをしてユダヤ人を虐殺した。しかし、茂吉がミュンヘンに住んでいた当時は、まだ、伍長だった。階級は下層でも、妙に、カリスマ的存在で、ドイツ軍をナチズムに引っぱって行く動きを始めていた。「ユダヤをやっつけて、純粋なゲルマンをつくろう」と、ビアホールのお客に向かって演説した。ホフブロイハウスなど、複数のビアホールで、しばしば、反ユダヤの演説を行っていた。西が調べたところによれば、茂吉は、それらのビアホールがあった街角の近所に住んでいた。ヒトラーと茂吉という、全く関係ないと思われる二人が、同じ時期にミュンヘンにいた、ということは、茂吉は、ヒトラーの社会主義を掲げた第一声を、現場で聞いているのではないか、と、西は書いているのである。

ヒトラーが、ユダヤ人の虐殺に入る前に、社会主義を掲げたことも興味深い。ビアホールのテーブルに立ち上がって演説し、酒を飲んでいる大勢の人々を煽動していたその店に、茂吉がいたかもしれない、ということが面白い。これは、西の連想である。面白いことを考えるモノだと感心した。これが、同時代史的な視野、連想である。連想は、経験主義では得られない、非常に、重要なことを、導き出してくれるのである。

マルクスと福沢諭吉

もっと、面白いのは、カール・マルクスと福沢諭吉が、同じ時代に、ロンドンにいたことである。諭吉は、蘭学者で啓蒙思想家、慶應義塾の創始者という教育者でもある。マルクスは、革命的な思想家である。この二人も、全く正反対である。

諭吉は資本主義者、マルクスは共産主義者。これは、ボクが、歴史の本で読んだことであるが、諭吉がロンドンで勉強していた時、テムズ川を挟んだ対岸に、マルクスが住んでいたという。橋を渡れば、二人がそこにいた。こういう視点で、人と人の出逢いを考えるだけで面白い。諭吉のロンドン時代が、マルクスが、まだ、有名になる寸前だったことも興味深い。

ついでに、マルクスは、どうして、テムズ川のそばにいたのだろう、と考えてみる。マルクスが生まれたのは、ドイツである。マルキシズムをまとめたのも、ドイツ語である。彼は、ドイツのボン大学からベルリン大学に移り、ヘーゲルに出逢う。

ヘーゲルは、自然弁証法を講義していた。マルクスは、それを学び、唯物弁証法を考え出した。その後のマルクスの活動の中心は、イギリスである。親友のエンゲルスと語り合いながら、資本論を完成させた。と、考えていくと、学問が発生した構図が見えてくる。果たして、マルクスと諭吉は、テムズ川の畔《ほとり》で逢ったことがあったのか。逢ったとすれば、どんな風に逢ったのか、お互いに、名前を知っていたのか。マルクスが唯物弁証法で、諭吉が唯心論。右と左である。それでいて、この二人には、ガンコさが共通している。

ボクが、もし、現役の編集者だったら、勉強が好きな評論家に、二人についての論文を書かせたい。そして、もし、ボクが、岩波書店の社員だったら、「弁証法」という本を出したい。いままで、マルクスと諭吉を結びつけて考えた日本の評論家なんか、いないからだ。というように、アイディアがいくつも湧いてくる。これが、同時代史をモトにした、企画の立て方のニュアンス、というようなことである。

同時代史を眺めてみると、色々なことが、繋がって見えてくる。編集者は、時代の風景に現れる「山脈」や「川の奔流」を見るべきである。歴史上のことばかりではなく、いま、繰り広げられている人間関係の図式も同じである。大事なことは、

井原西鶴

浅ましく下れる姿

じっと見ていながら、見ぬふりをして、その根っ子で、ナニがナニとが繋がっているかを、考えることである。編集者には、そういう姿勢が必要である。全体の流れを連想して本を出すのと、何も考えないで出すのとでは、一冊の絵本を作る場合でも、小説家に執筆を依頼する場合でも、作品としての厚味が違ってくるからである。

松尾芭蕉を軸として、ヨコ線を引き、時間をタテ線にすると、所々の交差点に、ヒトハタ（一旗）挙げている人や、妙に、秀才だった人が集まっていることが分かる。その中に、近松門左衛門と井原西鶴がいる。芭蕉は、寛永二十一年〜元禄七年（一六四四〜一六九四年）、近松は、承応二年〜享保九年（一六五三〜一七二四年）、西鶴は、寛永十九年〜元禄六年（一六四二〜一六九三年）。ほぼ、同世代である。

江戸時代の三大文学者といわれる三人の全盛時代は、「忠臣蔵」の五〜六年前。西鶴は小説、芭蕉は俳句、近松は芝居。これが分かるだけでも、横になっていた歴史が、立ち上がって見えてくる。

西鶴と近松は、お互いに軽蔑し合いながらも、ライバル意識を燃やしていた。西鶴は「浮き世小説」を書き、近松は「芝居」を描いていた。いずれも、当時の下世話なニュース、恋愛沙汰を題材に扱っていた。たとえば、「八百屋お七」という事件。これを、西鶴は、小説にした。近松なら、芝居にしたかもしれない。

西鶴の小説は、関西から関東まで、売れに売れ、近松の芝居は、超満員であった。西鶴と近松は、二人とも、大ベストセラー作家である。売るための三大原則「貞操の危機」を扱っているから、売れたのである。芭蕉は「わびさび」だから、ファンは自分の弟子だけだった。多少、教養のある人も、芭蕉を支持していたが、金持ちの商人とサムライだから、人数は少ない。西鶴の弟子も、金持ちの商人であるが、読者層は重なっていても、ちょっと違う。

芭蕉と西鶴が、お互いを、どう評価し合っていたのかということも、西鶴と近松が、ライバル関係にあったことも面白い。芭蕉は、西鶴の文章を、「浅ましく下れる姿」とバカにしていた。芭蕉の弟子・向井去来《むかいきょらい》が、芭蕉の伝聞をまとめたといわれている『去来抄』の中で書いている。その理由のひとつは、西鶴が、『好色一代男』『好色一代女』など、色恋の話ばかりを書いているからである。芭蕉には、色恋の句は一句しかないと言われている。色恋を捨て去って、わびさびに生きている芭蕉からすれば、セックスの事ばかり書いている西鶴は、「浅ましい」ということになる。

色街のセックスについて書いた西鶴、町の恋愛を、芝居で描こうとしたリリシズムの近松。そして、恋を捨て去って、わびさびに徹した芭蕉。彼らが、京都と東京の間を往復していた姿をイメージすると、国文学者に書かせたい論文の企画が、二つ三つ出てくる。小説でもいい。この三人の文学者の同時代性を題材にした小説は、あまりない。わずかに、武者小路実篤が、西鶴と近松をライバルとして描いている。

独吟興業をしている西鶴の姿を、近松が物陰からじっと見ている。近松が「暦」という芝居を作ったら、西鶴も、同じ「暦」という芝居を作って、すぐ近くの芝居小屋でぶつけた。しかし、小説家・西鶴が作った芝居は、面白くないらしく、ガラガラで赤字。芝居の専門家の近松のほうは、大入り満員……という話が、本当かウソかは知らないけれど、作り話であっても、同時代的な面白さがある。徳川時代が立体的に見えてくる。ボクは、勝手に、「近松・芭蕉・西鶴」は、国文学を学ぶ学生に向けての同時代史、「ヒトラーと茂吉」は、大人の同時代史だと思っている。

歴史の平面を立て掛けると、遠くまで見渡せる、ということである。

デタラメな西鶴

文章論というのは、個々に意見が違って、当然である。元禄から、ずっと時代が下がって、文化文政の時代になると、いちばん、高名な文学者だった滝沢馬琴も、西鶴のことを評している。馬琴は、『南総里見八犬伝』の著者である。中国の『水滸伝』や『遊仙窟』を勉強し、中国古典の翻案をした言語学者で、『論語』を支持し、勧善懲悪の世界を描いた作家である。お姫さまと子分の上下関係の話は書いているけれど、芭蕉と同じように、恋愛小説はない。したがって、西鶴を、いいとは思っていない。西鶴のことを「文盲《もんもう》の徒《と》」とクサしている。元禄時代の芭蕉と、文化文政の馬琴が、同じ姿勢で西鶴のことを見ているのである。

西鶴が、時代を超えて、「浅ましい」とか「文盲」と言われたのは、たしかに、仕方ないことだった。文法や文章の表記が、間違っているからである。間違っているというより、戦後の日本に近いのかもしれない。旧カナ遣いと新カナが混じっているのである。戦前は、旧カナで統一されていたけれど、戦後は、旧カナと新カナが入り混じっていた。西鶴が、文法やカナ遣いを無視して書いていたのは、もともと、商人なので、文法の知識が低かった、ということもある。それよりも、発音通りに急いで書くからである。芭蕉や馬琴のように、国語的知識の高い人からすると、西鶴の文章は、全くダメ、浅ましい文盲の徒だと言われてしまう。

その当時、文章は、教養のある人が書くものだった。名詞や動詞、漢字の送り仮名の使い方など、本居宣長の国学が基本になっていた。芭蕉の文章・文法も、本居宣長の方法に従っている。いまでいえば、文部科学省が決めた、きちっとした文章である。優等生で、スキがなかったのである。

ところが、西鶴には学問がない。大急ぎで書くから、文章のスイコウ（推敲）もしない。ひとつの文章の中に、古い字と新しい字、古い言い回しと新しい言い回しが混在する。たとえば、「思う」というのを、昔は、「思ふ」と書いていたように、西鶴の文章の中には、「思う」と「思ふ」が、両方出てくる。送り仮名も、自分が思いついた通りに書いていく。

芭蕉や馬琴からすれば、自分たちは一流で、時代を代表する文学者だと思っているのに、西鶴のように、デタラメで、いい加減な文章を書くヤツが出てきて、しかも、売れているとなれば、悔しい。悪口も言いたくなるのだろう。

西鶴の文章は、たしかに、とっぽい。しかし、才能は、バツグンだった。内容を見てみれば、西鶴の書くモノが、ズバ抜けていることが分かる。芭蕉や近松、馬琴

筏に乗りて
急流を下るが如し

などよりも面白い。だから、人気があった。西鶴が死んだ今も、読み継がれているのは、分かりやすいからである。文章はデタラメだけど、読みやすい。西鶴は、自分の文章の差別化の主張に成功したのである。

ところが、ようやく明治に入って、西鶴の文章が認められる。幸田露伴が「西鶴論」を展開し、「西鶴の文章は素敵だ」と、非常に、高く評価するのである。芭蕉や馬琴とは打って変わって、西鶴の文章を、「筏《いかだ》に乗りて急流を下るが如し」と表現している。いい言葉である。気持ちいいくらい、西鶴を褒めている。

筏に乗って急流を下るような文章とは、ボクなりに解釈すると、「難しいことを、サラサラっと乗り切って、簡潔に、ウマく、いい仕事している」ということ。ツマリ、「非常に乱暴な文章ではあるが、緻密であり、沈没しないで、見事に急流を乗り切って、最短距離で目的地に達する表現」のことである。

露伴は、ズバッとモノを言う西鶴を、「文学者としての大人度が高い」と評価している。ボクは、「筏に乗りて急流を下るが如し」と言った露伴の表現も、文学者としての厚味があると思う。非常に優れた文章論、大人の文章論である。芭蕉や馬琴と比べてはいけないかもしれないが、日本の明治の文学者は、本当に偉い。露伴は、まさに、明治の文豪である。ボクは、芭蕉も馬琴も露伴も、みんな、文豪だと思っている。それぞれ、誰もが、自分の個性で語っている。妥協していないのである。ボクは、若い頃から西鶴が大好きだった。その才能を大いに認めている。

しかし、西鶴をけなしたからといって、芭蕉や馬琴が嫌いなわけではない。芭蕉はカタいな、と思うけれど、やはり、芭蕉の個性が現れている言葉なのである。ボクは、編集者も、そうであって欲しいと思う。西鶴のように、自由に、大胆であって欲しい。

紀伊国屋文左衛門と北前船

文楽の出し物に、『曾根崎心中』がある。作者は、近松門左衛門。時代は、元禄。元禄といえば、忠臣蔵。元禄で金を儲けたのは、紀伊国屋文左衛門。紀伊国屋といえば、紀州ミカン。こう考えると、紀伊国屋も、忠臣蔵と、芭蕉と、近松と、西鶴と、同じ時代に活躍していたことが分かる。そこで初めて、江戸という時代が絵になる。近松だけ見ても、西鶴だけ見ても、紀伊国屋文左衛門だけを見ても、時代をフカン（俯瞰）する絵にはならない。

紀伊国屋文左衛門は、ミカンを、四国から江戸まで持って来ることで儲けた。ミカンを満載して来た船は、帰りは空ッポになる。だから、江戸のモノを積んで帰る。これが、日本の商人の金儲けの基本である。オランダの商法もそうである。いまは、経済史だとか、文学史だとかをやっても、誰も、そんなことを教えてくれない。しかし、太平洋岸でそういうことが行われていたのであれば、きっと、北（日本海側）でも、同じようなことが行われていたに違いない、と考えることが大事なのである。

調べてみれば、昆布を積んだ北海道の船が、若狭まで来ていたことが分かる。これが「北前船《きたまえぶね》」である。北海道に帰る時は、カラの船に、若狭湾のサバを積んで帰る。新潟の干物も積んで、青森にも寄る。青森には、大間のマグロがある。小型の魚を扱う港もある。北前船は、各地の荷で船を埋めて、往きと帰りの両方で儲けた。だから、船主は、みんな御殿を建てた。いまでも、北海道や東北、北陸に行くと立派な家がある。彼らの子孫である。

船に荷を積み、降ろして売って、また、積んで、そうして、財産を築いていくのは、本を作り続けることと同じである。人物やモノゴトを、類型的に、同時代史的に考えていくと、企画のヒントがたくさん出てくる。ボクの企画の源泉のひとつは

辞書の傑作
『新明解国語辞典』

ここにある。

ボクが、金田一京助さんの弟子にしてもらった時、すでに、金田一さんは、三省堂『明解国語辞典』の初版を完成させていた。昭和十八(一九四三)年のことである。ボクは、金田一さんが監修をしている第一刷から、ずっと、『新明解国語辞典』(山田忠雄・編集主幹)が大好きである。片時も、手放したことがない。小型辞典の中では、いちばん、面白いからである。辞典が面白いというと、オカシイかもしれないが、読んでいると、思わず吹き出してしまうことが、よくある。

たとえば、【世の中】を例に挙げると、『岩波国語辞典』では、「人々が生活しているこの世。世間」と説明しているだけなのに、『新明解国語辞典(第五版)』では、「同時代に属する広域を、複雑な人間模様が織り成すものととらえた語。愛し合う人と憎しみ合う人、成功者と失意・不遇の人とが構造上同居し、常に矛盾に満ちながら、一方には持ちつ持たれつの関係にある世間」とある。ある意味、哲学的である。達観している風格さえある。

こんな風に、『新明解国語辞典』くらい、笑わせてくれる辞書は、滅多にない。

真面目じゃないところがいい。総じて、非常にいい。辞書の傑作である。同じ三省堂に、ほぼ、同じ値段で、同じ大きさの『三省堂国語辞典』（見坊豪紀・編集主幹）もあるが、『新明解国語辞典』のほうが売れている。小学館にも、同じような小型の『新選国語辞典』がある。自分の会社で作ったのだから、いい辞書だということは分かっているのに、絶対的に『新明解国語辞典』のほうが、面白い。

『新明解国語事典』を引かない日は、一日もない。この歳になると、時々、漢字を忘れることがある。似た字までは思い出すのに、どうしても、思い出せない。たとえば、「宝」という字を書こうとすると、点を打つのかどうかが分からなくなる。「宝」というのは、小学二年生か三年生に教える漢字である。とうの昔に習っているにも拘わらず、正しい「宝」が書けない。そういう時に、『新明解国語辞典』を引く。

文字が小さすぎて、もう、裸眼では読めない。レンズ越しにじっと見て、点がない「王」なのか、点がある「玉」なのかどうかを確認する。こうして、頻繁にお世話になっているから、ヨレヨレになって、使いにくくなるのは困る。だから、頁が折れ曲がらないよう、大事に大事に使っている。これも、ボクの宝物である。

『広辞苑』幻の小学館バージョン

日本語は、だいたい一〇〇万語あるといわれている。大昔の学者が勘定した数である。岩波の『広辞苑』には、その約四分の一の二四万語が収録されている。それが『広辞苑』の重い厚さである。三省堂の『新明解国語辞典』は、七万七五〇〇語である。小学館にも、世界中の言語の字引がある。かつて、『国語大辞典』という広辞苑よりも大きい字引があった。扉の題字は井上靖。非常に大判で厚く、約二四万五八〇〇語が納められている。また、金田一京助さんらに編集顧問になっていただいた『日本国語大辞典』全二〇巻という立派な字引もある。編集委員には、金田一さんの息子さん、春彦さんにも加わっていただいた。これには、約五〇万語（第二版）が納められている。これも、ボクの宝物である。

ボクは、岩波書店を尊敬しているから、『広辞苑』が増刷されるたびに、直接、お隣の岩波書店に買いに行った。最初に買ったのは、昭和三十（一九五五）年。その時、岩波の社員が、収録二〇万語だと教えてくれた。現在の第六版は、もっと増えて約二四万語となっている。

字引というものは、作る時に、相当、苦労する。出版してからも、非常に苦労する。『広辞苑』は、出せば二〇万部くらいは売れる、岩波の目玉商品である。しかし、トラブルのモトでもあった。辞書というものは、三〇～四〇人、モシクハ、それ以上の人数で作る。しかし、編纂に関わった学者は、誰もが、「自分が作った」と主張する。改訂版を出すたびに「執筆者は、誰だ」という権利のことでモメる。支払いのことでもモメる。だから、非常に、苦労する。

最初に『広辞苑』を作ったのは、新村出《いずる》である。彼の息子・新村猛は、『「広辞苑」物語 辞典の権威の背景』（芸術生活社）の著者である。増版の際に、「『広辞苑』は、新村家が作ったものだ」と主張して、岩波とケンカになってしまった。

その時、新村猛は、隣の小学館に、「『広辞苑』は、もう、岩波から出させない。小学館から出して欲しい」と依頼してきたのである。必ず売れる本だから、出してよければ、出したかった。しかし、そういうわけにはいかない。尊敬している上に「お隣」の岩波書店の横取りをするような真似は出来なかった。第一、岩波の看板である『広辞苑』が、小学館から出たりすれば、「事件」である。小学館としても、そんな事件はイメージダウンになる。だから、お断りした、という経緯がある。

当初の『広辞苑』を、現在の『広辞苑』に近づけたのは、学習院大学の大野晋《すすむ》教授である。しかし、岩波書店は、大野教授が生きている間に、次の改訂版を別の先生に依頼した。岩波書店としては、『広辞苑』を、特定の人のモノにしたくないのである。だから、改訂するたびに、校正の先生を変えていく。岩波は、真面目な本を、真面目に作っている出版社である。ボクは、創業者の岩波茂雄を尊敬している。

その岩波書店にも、狡知なところがある。ズルい知恵という意味である。同じドル箱でも、三省堂のドル箱『新明解国語辞典』は、出版した当初から、ずっと「金田一京助監修」で通していた。それも、権利闘争を避けるための、いい意味で、狡知に長けた手法である。

小学館の百科事典には「愛」がある

ディクショナリー（辞典）は、三省堂『新明解国語辞典』を、長年、愛用しているが、エンサイクロペディア（百科事典）は、小学館で作った『大日本百科事典 ジャポニカ』全一八巻（一九六七年十一月発売）を利用している。一般的に、百科事典の掲載項目数は、八万～一〇万であるが、『ジャポニカ』は、一三万と項目数（語彙）が豊富だからである。ボクは、『ジャポニカ』の編集会議にも、最初から、ずっと出ていた。ほかの主要な本も同じである。すべてのことに関わっていたかったから、ちゃんとした編集長がいても、会議の時に声を掛けてもらって、偉い国語の先生と編集者が話しているのを、会議室の隅っこで、じっと聞いていた。

『ジャポニカ』は、よく売れた。その理由は、掲載項目数が多い、ということもあった。先に出版した『世界原色百科事典』に続き、オールカラー版だった、ということもある。編集面では、五十音順の項目整理と共に、領域別五十音順項目表作成などにコンピュータを導入し、効率化を図った。そして、じつは、『ジャポニカ』という名称も、コンピュータが作ったものである。これらの理由で、年間ベストセラーズ第二位（第一位は『世界原色百科事典』）と好評だったのである。このことに加え、もうひとつ、ボクは、大きな理由があったと思っている。

国語辞典の場合、最初は、「あ」から始まる。一方、百科事典は、「あい」から始まる。ほとんどの百科事典が、藍染めの「藍」が第一項目である。愛情の「愛」は、通常、百科事典では扱わない項目で、「愛」は、国語辞典だけの言葉である。そこで、ボクは、『ジャポニカ』を出す時に、他社との差別化を考えて、「愛」から始めることにした。キャッチコピーは、「小学館の百科事典には愛がある」にした。じつは、これが、セールスポイントになって、売れたのである。

不毛な論争
社会的価値と
芸術的価値

明治末期から現在に至るまで、日本の文学評論界は、何度も、同じテーマで論争を繰り広げている。「社会的価値」と「芸術的価値」では、どちらに重きを置くべきか、という論争である。主に文学について、であるが、俳句・短歌の世界でも、同じである。こういう論争は、ある時期に盛り上がり、結論が出ないまま、下火になって、また、再燃する、ということを繰り返している。

「社会的価値」とは、社会主義的という意味である。貧しき者の味方、資本で金儲けをしているヤツを憎むという発想の、いわゆる、プロレタリア文学・農民文学である。一方、「芸術的価値」は、社会性なんか、どうでもいい。人間の面白さを謳うのが文学である、という考え方である。

この二つを同時に満足させる作品があれば、最高なのかもしれないが、なかなか、そういう文学はない。なので、「どちらが、いいのか」というのが、この論争の、古くて新しいテーマである。いや、古くて古すぎるテーマである。ツマリ、こんなこと、どちらでもいいからである。

たとえば、ひとつの小説に対して、「これは、芸術的価値が高い」と評価する人たちがいれば、「どんなに芸術的論理がよくても、社会的論拠がないからダメ」という人もいる。左翼の意見である。この論争は、何度、争っても、正解は出ない。両派の意見が噛み合わないまま終わるのである。また、小説を純文学として読もうとしているのか、人間修行的な要素があるから読もうとしているのか、という視点もある。私小説にも、そういう傾向はある。ところが、時代小説とか、ユーモア小説というのは、一〇〇%読んで楽しむためのエンターテインメントである。

大きな目で見れば、表現されたモノは、学問以外は、全部エンターテインメントである。これには、色々な視点があって、慶應義塾大学の経済学部の先生は、「学術書でも、娯楽でも、出版物は全部エンターテインメント」と言っている。慶應大学は、経済学で成り立っているから、そう言うのだろう。

慶應大学は、著作権法の講座も、経済学とエンターテインメントに分かれている。早稲田大学は、文学を、純文学と中間小説と風俗小説とに、ちゃんと分けている。東京大学というのは、個性がないから、あまり、はっきりしていない。京都大学というのは、理屈でやるから、何でも、多少、事実から遠ざかってしまう。そういう意味では、慶應と早稲田の対照的な発想は、俗っぽくても、真理に迫ろうという努力はある。どちらが正しいかは別として、ひとつのモノに対して、認識の仕方が大学によって違うということである。

芸術的価値一〇〇%という小説の例を挙げれば、前述した舟橋聖一の『雪夫人絵図』『絵島生島』などが、それに当たる。非常に、メロウで、色っぽい作品で、ボクは、好きである。しかし、社会的論拠がないからダメ、と、アタマから認めない社会的価値派の人がいる。社会的価値というのは、「人間が、どうやってお金を稼ぎ、どうやって苦しんで生きているのか」ということらしい。

「いくら芸術的に書かれていても、そういうことに、何も触れていない、歌舞伎役者が、誰と恋して、何が、どうして、こうなった、なんてことは、どんなに、いい話でも、価値がない」というのが、社会的価値論理者である。昔のロシア文学は別であるが、共産主義の社会では、あまりに色っぽい性描写の本などは、発売禁止になってしまう。いまの中国や北朝鮮もそうである。陰で売られているだけである。

こんな論争を、いままでに何回も繰り返している。社会的価値だけで考えようとする共産主義の考え方が、日本の評論の中に出て来た時に、社会的価値と芸術的価値の闘いが再燃する。本来は、闘うべきことではない。闘わせては、いけない。両方とも「イエス」だからである。だから、いつしか、論争は鎮まる。そうして、二十年も経った頃、また、再燃する。俳句や短歌でも、その論争があり、それが、いま、収まったところである。

どちらがいいか、というのは、じつに、不毛な論争である。ボクは、どちらでもいいと思う。社会派も芸術派も両方認めている。どちらかを選ぼうとするのも、どちらかを選ばせようとするのも好きではない。要するに、誰が、何を考え、何を支持しても、自由だからである。もちろん、メディアも自由がいい。

出版界も自由であって欲しい。編集者も自由がいい。論争の中間点にいて、両派に自由に論争させればいいのである。どちらがいい、ということを、編集者は、言ってはいけない。友達と飲んで話す時には、いいけれど、著作者に対して、どちらがいい、と言ってはいけない。不吉は言うべからず、である。「どちらも、いい」からである。片棒を担げば、無駄に、誰かが、イヤな思いをするだけだからである。

精神史と思想史

世の中には、経済史や漫画史というように、それぞれの世界に「○○史」というタテの歴史がある。その中で、編集者がきちんと考えなければならないのは、「精神史」と「思想史」の違いである。いまの大学生に、「どう違う?」と訊いても、ちゃんと応えられるのは、一〇人に一人だろう。

精神史は、「わびさび」や「もののあはれ」、思想史は「資本主義」や「社会主義マタハ共産主義」というようなことである。これを、分けて考える能力がなければ、企画は具体化しない。

企画を立てる時、「もののあはれ的」に考えるのか「社会主義マタハ共産主義的」に考えるのか、と、最初から方向性を決めて考えなければ、本は出来ない。では、「このふたつには、接点があるのか」「接点って、何なのか」。これを考えるのが、学問というもので、学者に差し出すテーマでもある。こんな風に、ごく抽象的な「道具としての連想」というようなところに、いい編集者と普通の編集者との違いがある、と、ボクは、いま、思いかけている。

演劇界でも、社会的価値と芸術的価値という同じ論争はある。このような構造を見ながら考えていくと、あっという間に精神史は「歌舞伎」にぶつかる。「能・狂言」にぶつかる。思想史を考えていくと、「築地小劇場」にぶつかる。歌舞伎は、芸術的価値はあるけれど、社会的価値はない。扱う演目の「道徳」が、時代的に古いからである。反対に、昔の築地小劇場には、新劇運動の原点としての社会的価値はあったけれど、芸術的価値には乏しかった。革新的で進歩的な演劇集団だったのである。シェイクスピアを演じる場合も、左翼的な作品を選んでいた。

若い時には、左だ、右だ、と、主義を重んじて凝り固まっていた役者でも、中には、年齢とともに、左翼から右翼に転向する人も、その逆の人もいる。それで、いいのである。

俳句と短歌の違い

文学の中で、俳句と短歌は、小さなジャンルだと思う。ボクは、それほど尊敬しているジャンルではない。俳句も短歌も、「短詩」というからには、一応「ポエム」である。だから、作者自身は、みんな「詩人」だと思っている。

しかし、ボクは、ヘタな短歌なんて、都々逸《どどいつ》だと思っているから、あまり、評価はしていない。しかし、好きでも嫌いでも、編集者は、短歌と俳句との違いが分からないといけない。その違いを、ちゃんと説明できる編集者にならないといけない。そうでなければ、日本の文学は、分からないのではないか、と、最近、思っている。

俳句の五・七・五と、短歌の五・七・五・七・七。十七文字と、三十一文字。両方とも、五音と七音の短詩であるが、両者には、決定的な違いがある。俳句の内容を短歌でやろうとし、短歌の内容を俳句でやろうとしても、ウマくはいかない。このあたりのことが、前述した(284頁)桑原武夫の「第二芸術論」(『世界』一九四六年十一月号に掲載した論文「第二芸術 —現代俳句について」)以来、曖昧になっている。桑原の著書『第二芸術』(講談社学術文庫)も、編集者が読むべき本である。「第二芸術論」というのは、桑原が、「日本の明治以降の小説がつまらないのは、高浜虚子をはじめとした、俳句の大家による家元制度的な俳句が、文学・芸術の足を引っぱっているから」という指摘をしたものである。

たとえば、作者を伏せて、ある俳句を読ませてみる。すると、ほとんどの人が、いいのか悪いのか、分からない。好きか嫌いかだけである。つまり、桑原は、「大家の作品だと分からなければ、作品の良さなど伝わらない。理解する忍耐心も出て来ない。だから、俳句は、単なる俳人の言葉遊びだ」と、痛烈に攻撃したのである。それに対して、俳句界は沈黙し、無視したことになっている。

ボクは、最近、夜中に退屈すると、昔、読んだ、芥川龍之介の小編から、二つか三つ選び、読んでから眠るようにしている。芥川には、有名な作品のほかにも、意外と面白い小編がある。そして、俳句も、ズバ抜けてうまい。

ボクが大好きなのは、「蝶の舌　ゼンマイに似る　暑さかな」という句である。蝶々の舌は、よく見ると、ゼンマイのように巻いている。芥川は、このことを、夏の暑さに引っかけて表現したのだろう。芭蕉のように、日本の原っぱの光景全体を、ガッとつかんでいるように感じる句である。この句を、芥川全集の片隅で見つけて以来、ほかの俳句がバカバカしくて読めなくなった。新聞の俳句欄を見ると、選者の先生が書いている作品でさえ、ちっともウマくない。くだらない。それに、いい作品を選んでもいない。

『サラダ記念日』（河出書房新社）で、人気がある俵万智の作品も、個人的には嫌いである。与謝野晶子に近づこうとしているイマヨウ（今様）の明星派ではある。

与謝野晶子の、「その子　二十《はたち》　櫛にながるる黒髪の　おごりの春の　うつくしきかな」（私は、いま二十歳。櫛でとく、流れるような黒髪が象徴するように、青春の、なんと美しいことよ）という作品に似たものを詠んでいる。しかし、歴然たる違いがある。

ひとつには、俳句と短歌が、ゴチャゴチャになっているからではないか、と思う。ボクには、高校生の、どどいつ（都々逸）にしか思えない。いかにも高校生好みだけれど、その、くだらなさの度合いも、相当なものだと思う。おそらく、編集者自身も、俳句と短歌の区別がつかないのだろう。

編集者に分からないのだから、新聞などの俳句欄にも、短歌欄にも、いい作品がない。NHKでも、エライ先生が、自分の作品を披露したり、批評したりしているが、ちっとも面白くない。そういう先生たちは、揃いも揃って、テンサク（添削）が好きである。しかし、添削しても、必ずしも、よくなっていない。添削される前の、野暮ったい言葉のほうが、いいこともある。添削したことで、誰にでも作れるような、同じ言葉になってしまう。「春は」を「春を」に変えたら、内容が変わってしまうのに、人の作ったモノを、平気で変えられる神経も、相当なものだと思う。はっきり言って、ボクは、人が書いたモノを直すのは、趣味ではない。嫌いである。

編集者は、好きでも嫌いでも、短歌と俳句の違いを、ちゃんと説明できるようにならないといけない。ボクは、文学評論家の誰かが、芥川の俳句をテーマに書いてもいいと思っているが、いまだに、そういう本はない。文芸雑誌の特集にもない。

こういう企画を黙って隠し持っていれば、そのうち熟成し、いざという時に、役に立つかもしれない。アイディアは、こういう風に生まれていく。

ヒトラー・キリスト・孔子

誰にあげる企画でもないが、秘かにそう思いながら、退屈な夜は、あえて、芥川の俳句を読んでいる。どうして、いい文学者は俳句がうまいのか、なぜ、短歌をやらないのか、と考えながら。

ドイツのナショナリズム「ナチス」が発祥した時、ヒトラーは、まだ「伍長」だった。会社でいえば、係長クラスである。社長が中将か大将だとすれば、係長ぐらいのヤツが、ドイツ全体を引っぱって、いきなり、大将になったわけである。ドイツは、そういうことが出来る国だったのである。

アメリカにも、そういう側面はある。このような白人社会は、ステキなのかヘンなのか分からない。しかし、日本は、そうはならない。やっぱり、係長は課長に、課長が部長になっていく。ゲコクジョウ（下剋上）というのは、滅多にない。

たとえば、欧米の文学を理解しようとする場合、このように、日本とは対照的な国なのだな、と分かった上で読まないと理解できない。日本の文学のアタマだけで、欧米の文学を読んでも分からない。そして、キリスト教の本質が分からないと、文学も芸術も、本質的に理解できない。キリスト教の影響というものは、文学や美術にとって、決定的なものである。

『聖書』には、案外、いいことが書いてある。余計なことも書いてある。大袈裟なことも言っている。意味のないレトリック、つまり、言葉の誤魔化しも、やっている。いいことは言っているけど、ボクは、あんまり、『聖書』を尊敬していない。『論語』も、いいことを言っているけれど、ちょっと、踏み込み過ぎる。親孝行を強制しているようなところがある。やり過ぎである。孔子は、偉いと思う。でも、『論語』は、孔子が書いたものではない。弟子が書いたのだから、孔子の本質は分からない。でも、孔子が言ったことを子分が書いたのだから、孔子の言葉そのものではなく、利口な弟子が書いた書物だと思えばいい。それでも、尊敬する証拠がないから、ボクは、孔子を尊敬できない。

本人が書いたものではないといえば、『聖書』もそうである。キリストは、何ひとつ書いていない。全部、キリストの子分たちが書いたものである。フランスの幼稚園には、毎日、国旗が掲げられていた。理屈は何も言わず、黙ってそうしている。それに比べれば（これと比べるのもナンだけど）『聖書』や『論語』というものは、相当、理屈を喋り過ぎている。

本来は、「キリスト教は、こういうものだ」と、日本の学校で、ちゃんと教えなくちゃいけない。しかし、ボクたちが学んだ高校や大学の講義の中には、出てこなかった。学校では、キリスト教を教えないのに、面白いことに、日本の中で、伝統と歴史があって、いい学校とされている学校は、キリスト教と関係しているところが多い。雙葉も立教も上智もそうである。キリスト教は、世界的にも、日本の教育にも、非常に、大きな影響を与えたことは事実である。キリスト教徒という「姿」をした日本人も随分いる、しかし、本当に、キリスト教が分かっているクリスチャンがいるかどうかは、アヤシイとボクは思う。

学校で教えてくれないことは、たくさんある。教えてくれないことのほうが多い。特に、戦前や終戦直後は、そうだった。だから、ボクは（ボクたちは）自分で見つけるしかなかった。そのために、ボクは、カタっぱしから本を読んだ。編集者も、そうすべきである。編集の学校なんて所に行っても、何の役にも立たない。自分で考えて、自分で正解らしきものを見つけていくしかない。正解が見つからなくてもいい。そのプロセスが、大事なのである。それが、何よりも面白いことでもある。

日本文学史の系列

ボクは、有吉佐和子とも仲が良かった。よく、銀座で飲んだ。ボクと同様に、有吉も、左翼ではなかったけれど、中国に心酔し、中国ファンだった。オトコの選び方はヘタだったが、作品は、ウマかった。天性の資質はもとより、作家としての環境にも恵まれていたのだと思う。

有吉の家には、彼女の兄貴の友人だった草柳大蔵《くさやなぎだいぞう》、梶山季之《かじやまとしゆき》らが出入りしていたからだ。彼らは、みんな、週刊誌の創刊号から活躍していた「トップ屋」だった。もうひとつ、作家・有吉が恵まれていたのは、彼女の父親が、勤め人でありながら、漢学者でもあったことである。その関係で、有吉は、漢学にも通じていた。

漢学に通じている文学者に、夏目漱石がいる。だから、彼女の作品は、漱石に似ている。これは、ボクの個人的な主観だから、誰も、そんなことを言わないかもしれない。しかし、漢学の系列ではあると思う。

ボクは、日本の文学評論家の誰かに、漢学の素養のある文学者の系列を、明治から現代まで、まとめて書かせておく必要がある、と思っている。ボクが、現役の編集者なら、ドナルド・キーンに書かせたい。彼は、日本の大学の、どの文学史の教授よりも、日本の文化と文学に詳しい。そして、とうとう、日本国籍を取得して、

誤解の歴史

日本人になってしまった。その彼に、日本の文学史を、漢学系列と、キリスト教系列と、アナーキーあるいはダダイズム（一切の権威を受け入れない系列）の三つを縦に並べて、同時代的に書いてもらいたい、と思っている。彼に書いてもらったら、日本の文学部の先生と学生に、大きな反響がある本が出来るのではないかと思う。ただ、ボクは、ドナルド・キーンに逢ったことがない。だから、頭の中だけで考えて、メモしているだけである。

こんなメモも、企画も、自分のためにも、人のためにもならない、誰の役にも立たない無為の行為なのだろう。それでも、考えてしまう。こういうことの累積が、自然と体質になれば、企画なんてモノは、黙っていても生まれる。企画メモで、手帳がいっぱいになる。そして、いつか、何かのカタチになる。

ボクが、秘かに考えている企画は、たくさんある。そのひとつに、「誤解の歴史」がある。誤解の歴史というのは、両者・両派の主張が嚙み合わず、結論が出ないまま終わってしまった論争のこと。あるいは、嚙み合わないままなのに、不思議と成り立っているモノゴトなどである。

ドイツ文学者・西義之が、靖国神社について書いたことがある。広く知られているように、靖国神社には、戦死した英霊が祀られている。終戦記念日に、総理大臣が参拝に行くのが、いいか悪いか、毎年、国内外で論争になっている。「今年、自民党は、誰と誰が行った」「民主党は誰と誰が行かなかった」と報道される。ボクとしては、誰が行っても、行かなくても、一向に構わない。

しかし、こんな風に、終わりのない問題になっているのは、「戦争」の定義を、定めていないことがひとつ。そして、単に、戦争で亡くなった人を祀っている、という曖昧なくくりしかないからである。戦犯とされている東條英機を合祀していることが、大きな問題のモトではある。東條英機を合祀するかしないかということも、ボクとしては、どちらでも、全然かまわない。東條英機も、よかれと思ってやったのである。ただ、非常に、判断が悪かったというだけの話である。しかし、六十数年経ったいまも、イエスとノーに分かれている。それが嚙み合わないまま、問題だけが、年中行事のように再燃する。

西も、「合祀しても、いいじゃないか」と書いた。ただ、そう書いただけなのに、「西は、合祀を積極的に是認している」と誤解した評論家などもいた。しかし、この論争は、西の病死によって、ちゃんと噛み合わないまま、終わってしまったのである。果たして、この評論家たちは、「合祀してもいいじゃないか」という西の論拠を、わざと曲解してケンカを売ったのか、アルイハ、全く気づかずに、ただ、読み違いをしていただけなのか。もはや、想像するしかない。永久に結論は出ない。

ボクは、こういう「噛み合わない論争」は、明治以降の、文学史の中の、決定的な欠点だと思っている。だから、ボクは、このような「誤解の歴史」という企画を成り立たせたい、と、秘かに思い続けていた。誰かが、事実とは違う解釈をして、人間と人間が確執を起こす。どちらが、いいか悪いかではなく、世の中には、正しく噛み合わないまま進んでいく場合がある、という史実を俯瞰して並べてみたい。

少し前の、民主党と自民党を見ても、全然、噛み合っていなかった。当時の防衛大臣などは、何を話しても、どこにも話が噛んでいかない。全くオカシイ。長屋のおじさん程度である。といっては、長屋のおじさんに悪いけれど、いまの首相にも、大臣たちにも、連想能力も何もない。それなのに、大臣になっている。首相は、辞めさせることもしない。そして、世の中も、普通に成り立っている。

どこかがオカシイ。こんな風に、「噛んでいないまま成り立っている社会」という本を、社会心理学者か、評論家に書かせて、新潮社か文藝春秋あたりで出せば、もしかすると、ベストセラーになるかもしれない。世の中には、思いもよらず、売れる場合もある。いくら、ボクが考えても、どうにもならないかもしれない、と思いながら、ひたすらメモをし続けている。秘かな楽しみである。

日中国交正常化

二〇一二年あたりから、日本と中国の関係は、決定的に、具合が悪くなっている。一九七〇年当時は、もっと悪かった。国交が途絶していたから、中国に、日本の政治家は行けても、民間人は渡航できなかった。その後、首相となった田中角栄は、そういう中国に自ら飛び込んで行った。周恩来首相と何度か会談したのち、一九七二年には、固い握手をして、日中共同声明に調印した。

田中角栄は、決してインテリではない。ボキャブラリーも、豊富ではないに違いない。だからこそ、田中角栄の言動は「率直」だったのだろう。それが、周恩来に、「この人が言うことには裏がなく、それ以上でも、それ以下でもない。全部、本当のことだ」という印象と安心感を与えたのである。そして、日本と中国の貿易の道が開かれた。田中角栄は、いちばん強い敵を、いちばん強い味方にしたのである。

ボクが、日中友好編集者会に参加した時、中国の参加者は、みんな、いい人だった。しかし、政治や政治家が絡むと、尖閣諸島問題のように、敵対国になってしまう。日中友好編集者会の参加者の中にも、中国の大衆の中にも、中国と日本は、仲良くしたほうがいい、と思っている人がいるに違いない。三人に一人は、いるはずである。そういうニュースも随分入ってきている。この問題は、こじれているようだけど、じつは、非常に明解で、カンタンな構造である。

ボクは、共産主義を悪いと思っていない。理想的で、いい主義だと思う。ただ、それを、いたずらに信望し、実行している者たちが悪い。「主義」と「人間」は違う。共産主義を実行する過程で、人間が悪くなっていくのである。ロシアと北朝鮮を見れば分かる。カストロを見ても分かる。主義に参じることで、人間の性質が変わっていく。共産主義というモノは、統制主義・国家主義である。国が決めて、下は、それに倣う。国があって、人がいるのである。民主主義の日本は、そうではない。人があって、国がある。このように、中国と日本は、国の概念から違うのである。

だから、日本が国有化することにした尖閣諸島を、もともと、自分の所有物だと思っていた中国は、日本に「盗られた」という意識を強くする。この違いを、その時の日本の首相は読めなかった。首相は、まず、日本と中国の国の違い、概念の差を説明した上で、島を国有化すべきだった。買っちゃってから説明しても、遅いのである。

たとえば、「ひとりの人間と国とでは、どちらの価値が重い？」と問われて、「国」と応える日本人はいないだろう。「どちらとも言えない」と思っている人も、多いかもしれない。これは、日本だけではなく、どの国でも、法律の原理は、「ひとりは、みんなのために。みんなは、ひとりのために」であろう。有名な、ケネディ大統領の就任演説のように。これが、人世《じんせい》である。国という存在は「ひとり」のためにある。そして、ひとりは、みんなのために働く。「みんな」というのは「国」のことである。これが、デモクラシー・民主主義である。ひとりの人間と国が対等で、組織としての国が、人の上に存在するのが日本。中国は、最初に国があって、下の人は、国の都合のいいように使われている。経済が統制されているように、思想も上から統制されているのである。

日本でも、民主主義に反対する人もいる。しかし、ケンカしながらも、反対する人の存在も認めている。このように、国と人間がイコールの国・日本と、国の中に人間が組み込まれている国・中国との、国に対する概念の違いを、最初に説明してから、国有化することを説明すれば、こんなに大きな事件にはならなかった。ボクは、最初から、そう思っていた。中国で、反日デモが起きれば、日本のスーパーや会社が、壊されることも、盗みが横行することも、最初から、分かり切っていたことである。日本人なら、誰でも分かる。しかし、中国の政治家には分からない。ここが、おかしなところである。分かっていて、大衆を挑発したきらいもある。こんな風に、中国共産党の幹部は、悪いことばかり、やってきている。

彼らが、最も恥ずかしいと思わなければならないのは、「愛国は無罪」と思っていることである。こんな思想は、世界中どこへ行っても、モノ笑いにしかならない。

愛国と罪は、別モノである。中国でいう「愛国」とは、「国家主義の国への愛」である。日本の「愛国」は、ひとりひとりの人間が集まって出来ている国に対する愛、「民主主義の国への愛」である。日本と中国では、「愛」すらも違う。しかし、時すでに遅し。いまの時代の首相は、こんなこともウマく説明できなかった。それが、田中角栄には出来た。彼は、「私たち日本は、こういう国柄であり、お宅は、こういうお国柄だから、お互いに相容れない部分もあるけれど、経済だけは、仲良くしましょうよ」と、「率直」に言ったから、日中国交正常化が成立したのである。

ひとりひとりの人間のかたまりが、日本という国である。このことだけは、はっきりしている。日本は、人間を収斂《しゅうれん》した国である。中国は、ひとつの党として政治をやっていきたいのである。共産党に属すれば偉くなれる。だから、誰もが、共産党に入りたがる。本当の気持ちがどうであれ、エリートは、みんな、共産党に入る。そして、官僚になる。国の三分の一以上が官僚で、悪いことをして、ワイロを取っているのだから、普通の国民が、貧乏なのは当たり前の話である。こういう点を、「あなたの国の弱点である」と説明してもかまわない。「日本は、そうではなく、民主主義である」と。

もちろん、デモクラシーにも、おかしなところもある。マルクスも、そう言っている。資本家が前線の労働者を絞り上げるようなところが、資本主義にはある。日本も、国全体に、そういう傾向は、あると思う。「国」を「会社」に置き換えてみれば、社長が、うんと月給をもらい、前線の編集者が搾取されて安月給ということもある。しかし、日本は、絞り上げられる底辺の生活レベルが、共産主義の底辺よりずっと高い。だから、自由経済は、わずかに許される。自由経済主義と資本主義の使い分けが、難しいところである。

日本が中国に説明する場合も、政治家は、「速やかに・爽やかに・率直に」説明しなければいけない。日本の政治家は、説明の仕方がヘタであるが、どんなことを言っても「爽やかさ」があれば許される。爽やかではなく、意地悪な言い方では、ダメである。中国の総会が延期になったことがある。それを、日本のせいにしていたようなところもあった。いつまでも戦争の責任を問われる日本は、「第二次世界大戦から六十年以上も経ったのだから、もう、いいじゃないですか」と言えるはずなのである。「随分、お宅の国のために、色々と、やったじゃないですか」というような言い方までしていいと思う。それを、ヘンな理屈をコネて言うから、遠回しになってしまう。これは、絶対にダメである。

ボクは、ひとつの政党を支持していない。好きな政党も、嫌いな政党も、特にない。ただ、ある時期、ある党の中に、「率直」なオトコを見かけることがある。たとえば、大阪の維新の会のトップだった頃の橋下徹。彼は、随分、おっちょこちょいなところがあるけれど、割合、「速やかに・爽やかに・率直に」というところがある。やることが早い。これだけが受けていた、と言ってもいい。しかし、彼は、速やかで、爽やかで、率直なだけで、狡知に長けていないところがある。だから、いま、上がりかけている支持グラフが、そのうち下がるかもしれない。その反面、国民は世の中を変えたいと思っているから、案外、伸びるかもしれない。どんな時でも、「速やかに・爽やかに・率直に」という三原則を守っていれば、何とかなる、という見本のようなものである。

フランスの幼稚園の国旗

現役時代、ボクは、イタリア・オランダ・フランス・イギリスなど、二〇回以上、仕事で、ヨーロッパに行った。毎年、秋には、必ず、どこかに、一カ月、滞在していた。ある時、パリを散歩していたら、すぐに気がついた。どの幼稚園にも、大きなフランス国旗が掲げられているのである。特別な記念日だけではない。普段から、毎日、掲げられている。つまり、フランスの国旗があるところが、幼稚園なのである。といっても、幼稚園では、国旗に対する教育は何もしていない。ただ、掲げているだけである。幼稚園より小さなフランス国旗が立っているのは、小学校である。

中学・高校・大学は、建物の中に掲げられている。ボクは、こうして、何も言わずに黙って国旗を掲げていることが、本当の教育なのだと思った。日本で「旗」が立っているのは、イタリアとフランスのメシ屋だけである。

ヨーロッパの国旗に対する思いは、押しつけられた不自然な愛国心ではなく、自然で、民族的な愛国心である。愛国心というのは、そのものがキザだから、下手な言葉で語ると余計にキザになる。この愛国心のために、間違って悪いことをするヤツもいる。戦争が始まったりもする。しかし、フランスの国旗は、エスノロジー（民族学）的な愛国心に基づく、民族の血としての旗である。心に、国家ラ・マルセイエーズが、自然に流れているのである。

ある時、パリ在住の画家・堀文子に、幼稚園を見学しに行こう、と誘われた。行ってみると、どの子供も、自由に絵を描いていた。先生も、日本の幼稚園の先生のように「これを描きなさい」とは言わない。勝手に描かせている。堀さんは、ある、ひとりの子供の絵を、じっと見ていた。そして、先生に、「描き終わったら、あの子の絵をくれませんか」と頼んだ。先生は、堀さんに、二枚の絵をくださった。

ボクには、何が描いてあるのか、よく分からなかったけれど、子供の絵に心を止める画家の感性が、面白いと思った。幼稚園の子供からでも、学ぶ姿勢を持っているのである。日本人の画家でも、フランスに行けば、フランスのレベルでモノを考えられるのだと、しみじみ、感心した。

ボクは、いつも、自宅のマンションの管理人に、ハタビ（旗日）には、マンションの玄関に日の丸を掲げるように言っている。国旗を見て、それぞれの記念日（祝日）の意味を考え、同時に、日本という国を考えるきっかけにもなる。管理人は、比較的、大きな日の丸を、毎回、掲げてくれる。近隣の商店街にも、マンションの理事会を通して、祝日に日の丸の掲揚をするよう勧めたことがある。何度か掲揚されたけれど、店の支店長が交代すれば、それで終わりである。

たとえば、小さな日の丸でも、旗日に、たくさん、いっせいに、はためいていれば、大勢、人が集まるのに、と思う。銀座のみゆき通りやコリドー街は、そうしている。商売繁盛にも、繋がることだと思う。

イギリスに送った日の丸の旗

ボクの長男が通っていたイギリスのパブリックスクールは、全寮制だった。その寮にも、学校にも、学校がある小さな町にも、日本人は、息子ひとりだけだった。

東洋から来た少年が珍しかったのか、同級生たちは、息子に、愛嬌のあるイジワルをしたようである。いまの日本の陰湿なイジメではない。長男は、独自に、ある程度、英語を習得して行った。しかし、その土地独特の言葉（スラング）は知らないから、同級生は面白がって、使ってはいけない英語を教えたようである。長男は、彼らのイタズラに、すぐに気がついた。傷ついたわけではない。それでも、異国の地に日本人ひとりだけである。しかも、まだ十代。高校生だった少年には、遊び半分の意地悪でも、ちょっと、孤独を感じることもあったのじゃないか、と想像していた。

ある時、息子から届いた手紙に、「小さな日の丸の旗を送って欲しい」と書いてあった。「自分のベッドの頭の上に飾りたい」というのである。右翼でもないのに、面白い発想だと思った。ボクは、彼の暮らしぶりを想像した。学校自体は、英国流の躾が行き届いている、いい学校である。おそらく、教育方針のひとつとして、いい意味で、生徒同士の愛国心を闘わせているのではないか、というイメージもあった。

早速、日の丸を送ってやろうと思い、大森の店を、全部、探してみた。しかし、どこにも売っていない。ある人に、「もし、日の丸の旗を買いに行くとしたら、どこに行きますか」と訊ねたら、「靖国神社」と即答が返って来た。イメージというモノは面白いと思った。ボクは、ようやく、三越で見つけて、買って送った。

息子から、「ありがとう」と返事が来た。「毎週土曜日に、校長先生の家で、夕飯をご馳走になっています」とも書いてあった。日本人以外にも、留学生が二〜三人いたようで、校長先生は、彼らを自宅の会食に招き、英国流のマナーも教えてくれたようである。おそらく、「遅刻をしてはいけない」というようなことも。校長先生は、英国のナイト（騎士）精神、日本でいえば、武士道のような話をしてくれたそうである。息子の手紙には、「校長先生の話は、参考になるよ」と書いてあった。どんな内容なのだろう、と興味深かった。同じ高校でも、日本の教育より、かなり、しっかりしていると思った。

日の丸が踏みにじられてもいいのか

尖閣諸島の国有化問題で、中国では、反日の暴動が起こった。竹島問題では、同じく、韓国が騒いでいる。どちらも、テレビ報道で、日の丸が踏みつけられ、火を点けられている映像が流れた。ボクは、右翼ではない。しかし、車をひっくり返されるより、店に火を点けられるより、自分の国の旗を踏みつけられることの方が、イヤだった。なのに、火を点けた国も、点けられた日本も、このことについて、何も言わない。

上海や北京を走る公用車には、大きな国旗が掲げられている。中国は、日本の一〇倍も国土が広い国だから、日本以上に愛国心をかりたてる必要がある。しかし、その愛国心を煽るために、他国を利用し、他者を傷つけていいわけではない。愛国心を持つことは、いい。しかし、中国の愛国教育は、他者を傷つけようとすることで、愛国心に収攬《しゅうらん》しようとしている。それが、問題なのである。権力や暴力で、人の心の領域まで、入ってはいけないのである。

ボクは、中国や韓国で日の丸が焼かれた映像を見て、長男に送った日の丸を思い出した。日の丸の旗が踏みにじられ、焼かれているというのに、日本人が誰も文句を言わないのはオカシイ、と憤りが湧いてくる。

中国も韓国も、いまだに、天皇に謝罪を要求してくる。国としての補償も要求してくる。こちらも悪いけれど、向こうも悪い、という歴史的状況の中で、天皇ひとりに因縁をつけてもしょうがない。天皇が謝罪するかどうかなんて、小さな話である。天皇より、日の丸の旗のほうが、大事な問題である。

なぜ、中国や韓国が、いつまで経っても、「日本は、謝っていない」と言うのかというと、日本が、曖昧な言葉を使うからである。「遺憾である」なんて言っても、謝ったことにはならない。「ごめんなさい」と言わないから、相手も、「遺憾である」と言う。両方で「遺憾」と言い合っている。そういう意味では、日本にも責任がある。謝り方がヘタなのである。それでも、日本は、過去に謝っている。「この件は、終わりにしよう」という会議も終わっている。その昔、蔣介石は、「謝らなくてもいいから、仲良くしてくれ」と言っていた。周恩来も同じである。いまの政治家は、中国も日本も、レベルが低すぎるのである。

「君が代」も、天皇と同じで、どうでもいい。だいたい、ボクは、「君が代」は、歌詞が悪いから好きではない。日の丸が問題なのである。日の丸が大事なのである。なのに、火を点けられて踏みつけられていることに、抗議をする新聞もテレビ番組もない。首相が記者会見をしても、日の丸のことは、何も言わない。本来は、首相が、「日の丸を踏みつける中国人、韓国人は、けしからん。日本の若い人は、真似をしないでくれ」と言うべきである。

ボクは、そのことを、いつ、どの政党の、誰が言うのかと思っていた。しかし、いまだに、誰ひとりとして、公に発言していない。尖閣諸島や竹島に誰が来ようといい。そんなことより、日の丸が焼かれていることのほうが、重大な事件である。

コロッケ

教育上、大切なことである。四〇〇人も国会議員がいて、大新聞が六つもあるのに、誰も、何も言わない。それは、日本人が、日本人としてのモノの考え方の急所を失っているからである。

八割方、国家の体制に従っている新聞には言えなくても、出版社の週刊誌は、言うべきことである。ボクは、もう、編集者の現役ではないから、何も出来ない。そのことが、ほんとうに、悔しい。誰かが記事にすれば、大きな値打ちのあるモノになる。雑誌に、「日の丸を踏みつけられてもいいのですか」という見出しで書いてもいい。「日の丸を焼かれてもいいのか」というタイトルの単行本でもいい。ベストセラーになるに違いない。テレビの中の日の丸を見るたびに、そう思っている。

ウマいコロッケが、大好きである。食い物の番組でも、よく、コロッケを取り上げている。東京の隅っこの町や、ナントカ銀座商店街の肉屋のコロッケなどである。たしかに、精肉屋のコロッケは、ウマい。立派な洋食屋のクロケット（croquette：仏）よりもウマい。今よりも、昔のコロッケのほうが、もっと、ウマかった。多分、肉をあまり入れず、いい肉を、少しだけ入れていたからだろう。そして、ラードで揚げていたからである。コロッケは、ラードで揚げるのが、いちばんウマい。いまのように、悪い肉をたくさん入れて、サラダ油なんかで揚げるコロッケは、ウマくない。洋食屋が、あまり、コロモの色を濃くしないために、サラダ油で揚げるのもダメである。

昔は、「♪今日もコロッケ、明日もコロッケ…」というコロッケの歌まであった。ボクが小学生の頃は、誰もが、よく歌っていた。その当時、コロッケは、手頃なファーストフードだったのだろう。いまのレストランのコロッケは、上等な部類だが、昔は、値段も安かったから、家計を切り詰めるために、おかずを安いコロッケで誤魔化していたのだ。

ボクは、いま、色々な店のコロッケを食べ比べている。ついでの時に、息子や孫たちに買ってきてもらう。彼らは、ボクが、毎日ちゃんと食べているか（生きているのか）どうか心配して、時々、様子を見に来てくれる。その時に、頼んで買って来てもらうのだ。驚くことに、いちばん、ウマいのは、セブン‐イレブンのコロッケである。不思議なくらいである。少なくとも、大森では、どの店よりもウマい。

しかも、いまどき、一〇〇円か一一〇円と安い。おそらく、セブン‐イレブンは、外注の仕方が上手いのか、他社製品と、ちゃんと食べ比べられる人を使っているのだろう。おにぎりでも、おでんでも、食い物が、全体的にウマい。

ボクは、料理が好きなので、昔は、何でも自分で作っていた。大森に長く住んでいるから、近所の八百屋の店先で、「ジャガイモ、ひとつ、ちょうだい」と言うと、「ホイ」と、くれたりする。お金を取ってくれない。それじゃ悪いから、お金を払うために、三つか四つ買う。そうすると、今度は、残りを、管理人のおじさんにあげないといけない。かえって高くついてしまうけれど、値段の高い安いより、食べたいものを自分で作りたい。いまは、後片付けや洗い物が億劫だから、料理をしなくなってしまったが、自分で作るものが、いちばん、ウマいと思っている。

編集者は、食いしん坊のほうがいい。持って生まれた資質か、あとから磨かれた資質か、その辺は分からないが、食べ物のウマいマズいが分かる人は、色のデリカシーも、人間関係のデリカシーも分かる。色の良し悪しや、人間関係のデリケートな部分が分かる人は、味が分かる。味が分かる人は、絵が分かる。言葉も分かる。絵や言葉が分かる人は、ツヤがある。ツヤがある人は、お客さんに好感を持ってもらえる。好感を持ってもらえる人が、いい編集者である。つまり、いい編集者は、

オランダ鍋

食いしん坊ということである。

ボクが子供の頃、祖母は、門前仲町で料理屋をやっていた。遊びに行くと、店で出している「オランダ鍋」をご馳走してくれた。なぜ、「オランダ鍋」というのかは聞き忘れて、いまだに分からないが、非常に、シンプルな鍋料理である。豚肉と白菜を煮て、ポン酢で食べるだけである。シンプルなだけに、豚肉は上等のものでなければならない。久しぶりに、オランダ鍋が食べたくなった。

マーくんの店で用意してもらうことにした。マーくんとは、行きつけの小料理屋の店主である。人柄はいいが、腕はイマイチである。いつも、彼が作ったものを食べながら、どうして、ウマくないんだろう、と考える。発想がダメなことは、間違いない。心の中で、「ダメな板前の本」が出来るな、と思いながら、食べている。

オランダ鍋を食べる一週間前に、マーくんに、大森でいちばんいい肉屋に、いちばんいい豚肉を注文するよう頼んだ。彼は、一週間かけて、非常に上質の豚肉を手に入れてくれた。相変わらず、マーくんの料理はイマイチだが、久しぶりのオランダ鍋は、ウマかった。

胡麻センベイ

祖母の家に行った帰りに、近所の深川不動の参道にある「其角《きかく》」という煎餅屋で、センベイを買うのも楽しみだった。ボクは、特に、丸くて大きな胡麻センベイが好きだった。

其角という店名は、松尾芭蕉の弟子、宝井其角《たからいきかく》と同じ名である。其角は、弟子たちの中でも、特に優れた一〇人といわれる「蕉門十哲《しょうもんじってつ》」の第一の高弟《こうてい》だった。新しがり屋で、飲んべえだったけれど、芭蕉に可愛がられていた。

お店の人に訊いてみると、「うちは、宝井其角の子孫ではないけれど、創業者が、俳句好きだったこともあって、其角が詠んだ句を粋に感じて、店の名にしたのです」と教えてくれた。店の包装紙にも、その句が印刷されている。

煎餅屋「其角」は、ガンコなくらい硬いセンベイで有名な店である。昔は、ボクも、カタい胡麻センベイをバリバリ齧っていた。最近の若い人は、柔らかいモノばかり食べているから、アゴが弱くなっているという。そういう人たちに、其角のセンベイが食べられるだろうか。と、そんな心配をしているボクこそ、もう、昔のように、いい音を立てて食べられないかもしれない。それでも、時々、胡麻センベイが、無性に食べたくなる。

バケット

ウマいバケットが食いたい。焼きたてが、いい。一年中そう思っている。昔は、毎年、秋になると、一カ月はヨーロッパのどこかに行っていた。フランスやドイツで食べた、焼きたてのバケットが忘れられない。ドイツに滞在していた時は、パン屋が毎朝、ドアの前に、焼きたてのバケットをそのまま立てかけていってくれた。

これが、じつに、ウマかった。朝メシに食べるのもいい。酒のつまみには、もっと、いい。ボクは、毎朝、四時半に「晩酌」をする。その時に、焼きたてのバケットが食いたいな、と思う。ワインでも、焼酎でもいい。少し千切って、上質のバターを塗る。新鮮なオリーブオイルでもいい。何もつけなくても、いい。

都内にも、何軒かウマいパン屋がある。残念なことに、いま、ボクが、歩いて行ける距離には、ない。ひとつ隣の駅に行かなければ、ない。脊髄を傷めてから、歩くのが億劫になった。焼きたてのバケットを一本買うために、電車に乗って行くのも、タクシーに乗るのも、バカバカしい。

バケットといえば、レストランや結婚式などの会食で、テーブルの中央に、カゴなどに入れられて出されたパンを、千切って戻す人がいる。日本人に多い。イタリアでも、フランスでも、欧州人は、自分の手でつかんだものは、汚れ物という認識

小皿

がある。だから、手にしたパンは、自分のエリアに置く。テーブルには、そのために紙が敷いてある。アルイハ、取り皿が置いてある。こんなことを思いながら、いっそ、丸ごと「行儀が悪い番組」なんかを作ればいいのだ、と思いついたりする。

そうすれば、鏡を見るように、少しは、マナーがよくなるかもしれない…。まあ、そんなことより、食いたい時に、焼きたてのウマいバケットが、食いたい。

いま、ボクは、取り皿（小皿）の研究をしている。著作権法の勉強のためである。撮影するために、書斎の台の上に、三種類の小皿を出して並べてある。醤油の付け皿のような皿である。面白いことに、ボクが気に入って選んだ作品は、三つとも権利が違う。

Aの小皿は、全くの素人が自分で焼いたものである。だから、三つの中で、いちばん、カタチが悪い。裏を返して底を見ても、ちょいと野暮である。でも、これが、いちばん、使いやすい。ボクは、そば好きだから、そば味噌とか、薬味などを載せるのには、いちばん、いい。著作権法でいえば、ボクの知人が焼いた、この世にひとつしかない「一品製作」なので、著作物である。無許可で真似をすると（まあ、真似て作る必要もないが）十年以下の懲役、五〇〇万円以下の罰金になる。

　Ｂの小皿も、超一流の陶芸家が作ったものであるから、Ａと同じ、著作物である。

　Ｃの小皿は、瀬戸物屋が作ったものである。意匠登録されていれば、同じモノは無断では作れないが、この小皿は、申請されていない。それに「応用美術」（芸術・美術品を日用生活品に応用したもの）なので、コピーしてもいいということになる。

　こういう法律は、本当に正しいのかどうか、こういう法律のアヤシサは何であるのか…。これで一冊、本が出来る。この三つの権利の違いを、著作権の専門家の先生は、理屈でハッキリ言ったり、文書で書いたりする。しかし、三つの作品を眺めながらスラスラ言えるかというと、そういう学者はいない。だから、というわけではないが、この三つの小皿は、とある著作権法の先生に差し上げようと思っている。

銀座・築地
文学地帯

　子供の頃、ボクは、銀座のド真ん中で育った。四丁目の和光の裏に、家があった。だから、築地の魚河岸に遊びに行くのが好きだった。ある時、京橋郵便局の裏にあった魚屋のオヤジさんが、「オレが子供の頃、うちの二～三軒むこうに、直木さんが住んでいたんだよ」と話してくれた。直木賞の直木三十五《さんじゅうご》である。興味深い話だった。オヤジさんに、「その当時、直木が、どんな風に、この辺を歩いていたのか、覚えている?」と訊いた。「日記に書いていたから、よく覚えている」と言う。

ボクは、ぜひ、その日記を読みたいと思った。「読ませて欲しい」と頼んだら、「イヤだ」と断られた。それでも、何度もしつこく頼んで、貸してもらった。

その日記には、「夕方になると、新橋の芸者が、人力車で直木さんを迎えに来る。毎日、三台の人力車が連なって行くのを、眺めていた」などと書いてあった。近所の洗濯屋のオヤジさんも、「あ、直木さんだ」と眺めていたそうである。魚屋のオヤジさんは、百歳を超えて亡くなった。娘さんが、「父の貴重な日記だから」と取りに来られたので、お返しした。編集者は、こんな風に、人から無理に借りてでも、情報を盗む必要もある。

当時、直木は、流行作家だった。お金があったのである。芸者と一緒に人力車が向かった新橋までの途中には、菊池寛が創った文藝春秋があった。築地から新橋の間には、文藝春秋に関係のある画家や作家たちが、比較的多く住んでいた。当時、文藝春秋が銀座のド真ん中にあったのは、こういう構造だったのかもしれない。

菊池は、芥川龍之介と久米正雄と旧制第一高等学校の同期生だった。三人で、同人誌『新思潮』を作っていた。芥川は、海軍機関学校の嘱託教員をしていたことがある。場所は、横須賀、教えていたのは、英語である。同じ海軍の経理学校は、築地にあった。もし、芥川が築地でも英語を教えていたら……と、ボクは考えた。

芥川は、下谷区（現・台東区）根岸に住んでいたこともある。もし、そこから築地に通っていたとすれば、芥川は、どんな交通手段を使っていたのだろう、と。

当時は、バスなんかない。地下鉄もない。省線（国鉄→ＪＲ）は走っていたが、地域が限られている。だとすれば、市電に乗ったのか、アルイハ、根岸から築地まで、歩いたのだろうか…と思いながら、その昔、ボクは、実際に、歩いてみた。一時間か二時間かかった。そして、この道筋が、どうしても、銀座を通る。そこに、文藝春秋があった。東銀座の歌舞伎座の前には、改造社もあった…と考えていくと、銀座四丁目から京橋郵便局の間は、どうやら、文学地帯だったようである。

ちなみに、このような文壇の裏話を、芥川は、雑談として、けっこう書き残している。そんな本を読みながら、ボクは、思った。菊池寛は、なぜ、当時、いちばん売れていた久米正雄を、文学賞の名前に冠しなかったのだろう、本当は、芥川賞と久米賞だったのではないか……というところで、ボクのメモは終わっている。

古本屋

また、いつか、何かを読んで銀座界隈の文学地帯のことが分かったら、メモを足していく。そうすると、ちゃんと、「築地と現代文学」というテーマが、まとまるかもしれない。これは、ある出版社の人にあげようと思っている企画である。

そのうち、もう少しまとまったら渡そう、と思っているうちに、きっと、死んでしまうのだろう。

銀座を見渡せば、八十余年分の思い出が詰まっている。戦争に負けた昭和二十(一九四五)年、銀座は、まだ、昔のままだった。いまのように賑やかではなかったけれど、洒落た街だった。表通りの七丁目、資生堂から福家書店があった辺りの路上に、古本屋の露店が二〜三軒出ていた。

その頃、ボクは、大学生だった。お金がなかったから、本は、古本屋で買っていた。銀座で買った古本が、いちばん多い。改造文庫、岩波文庫。新潮社の世界文学全集は、その古本屋で一冊ずつ買って、全二〇巻を全部、揃えた。昔の本は、いい。魂に迫ってくるモノがある。どうして、いいのだろう、と、眺めるたびに、不思議に思う。特に、懐かしい銀座のことが書いてある本は、たくさん持っている。

ボクは、大事にしている本は、友人に「貸して欲しい」と言われても、貸して返ってこないとイヤだから貸さない。それでも、仕方なく貸して返ってこない時は、「本を愛しているから返さないのだ」と思って、諦めることにしているのだが。

現役時代は、毎晩、銀座で飲んでいた。作家とも、よく飲みに行った。志賀直哉は、金持ちの息子だったから、一度も奢らせてくれなかった。「銀座に連れて行け」と、せがむ作家もいた。いまでも、ボクは、毎日、飲んでいる。毎朝「晩酌」をする。こんな時間に飲むのは、海外にいる息子たちに時間を合わせているということもある。毎晩（毎朝）飲んでいるが、この長い人生で、酔ったことは一度もない。と思っていたが、たった一度だけ、大いに酩酊し、息子に醜態を見られたことがあったようだ。誰と飲んだ日だったのか、玄関に辿り着いたところで力尽き、倒れるように寝てしまったのである。

そういう怒濤のような日々から引退し、二十年経ったいまでも、週に一度は、銀座に行きたくなる。この半年は、サボっているけれど、月にいっぺんくらいは、ちょっと歩きに行く。銀座の空気に触れれば、それだけで満足する。そして、そこら辺の飲み屋に寄って、飲んで、帰ってくる。

二水会

昭和三十七（一九六二）年か、その翌年にスタートした飲み会がある。毎月、第二水曜日に集まるので「二水会《にすいかい》」という。いまも続いている。毎回、割り勘で飲むのが、決まりである。メンバーは、それぞれ分野の異なる仕事をしているので、各自、好きな時間にやって来て、勝手に好きなモノを飲んだり食べたりして、最後にパッと人数分で勘定を割る。だから、遅刻したヤツは、一杯しか飲まなくても、二時間飲み続けているヤツと同じ値段である。決まりは、それだけである。

二水会は、今度、五〇〇回目を迎える。ボクは、ほぼ、皆勤賞である。その五〇〇回目の会では、誰かと、出版の「初版権」について話そうと思っている。最近、ある人から、初版権について質問されたからである。

初版権は、台湾にしか存在しない権利で、日本では、なじみのない権利である。この初版権についての論文は、まだ、あまり出ていない。だから、ひとつ、新しい企画ができたなと思っていた。それ以来、どの出版社の、どの雑誌に載せたらいいか、誰に書かせようか、と考えている。出来上がったら、文藝春秋にでも売り込むように言おうか、新潮社の社内報か、読者の雑誌にでも書くのがいいか。あるいは、こういう話に、すぐに噛んでくる元・久留米大学の大家重夫に書いてもらおうか、と思ったりしている。

どんな企画でもいい。つまらない企画なら、捨ててしまってもいい。それを、「捨てても企画」と題して、取っておくのもいい。そのメモを、じーっと見ていると、いいアイディアが浮かんでくるかもしれない。連想とはそういうことである。

ボクは、もう歳を取ってしまったから、メモするだけで、何もしないけれど、何を見ても、いつも、何か考えている。いい企画が浮かんでも、誰にあげるわけでもない。わざわざ、あげる必要もないのに、三日にいっぺんくらいは、新しい企画がまとまる。手帳にメモする。そういうメモだけを残して、死んで行くのだなと思う。

それでも、毎日、考えている。アイツにやらせたら、いいかもしれない、と、誰かの顔を思い浮かべる。雑誌の特集に、単行本に、と考え続ける。五〇〇回目の二水会でも、そんなことを考えながら、いつものように、酒を飲んでくる。

ボクは、いまの編集者に、
これからの編集者に、
大胆に生きて欲しいと言いたい。
人生なんて、あっという間なのだから。

おわりに

八、

「世の中で考えていることと、言われていることとの
最善のものを知っていること、これが教養である」

と言ったのは、イギリスの耽美派詩人、マシュー・アーノルドである。

「ほんとうの教養とは、今、みんながいちばん
いいことだと思って言っていることに敏感になることだ」

と言っている。

たまたま、ボクは、平成二十四（二〇一二）年のいまを生きている。世の中で、何がいちばん、言われているのかというと、「脱原発」である。つまり、脱原発について「最善のもの」を知っていることが、教養である。脱原発の「最善のもの」とは、一〇〇%廃止することであろう。ただし、すぐに、全部を廃止すると、日本は貧乏になる。日本が貧乏になってもいいから、すぐに全廃するか。あまり、貧乏になりたくないなら、もう、しばらく待つか。多くの日本人の本音は、こういうと

ころかもしれない。「教養」に従って、原発から離れていくのが、国の利益かどうかは、また、別の話になる。このようなことを考えることが「教養」である。いま、日本人の中では、おそらく、イエスが半分、ノーが半分だと思う。究極的には、一〇〇％の人が「脱原発」を望むのだろうけれど。冒頭のアーノルドの言葉は、小学館の社員手帳に印刷されている偉人の言葉のひとつである。ほかにも、

「幾通りにも知っている者は、柔軟である。
ひとつしか知らない者は、傲慢である」

という、ドイツの哲学者テオドール・ヒッペルの言葉も載っている。いい言葉である。ヒッペルは、哲学者カントの親友だった。『進化論』のダーウィンの言葉もいい。

「私は多年、ひとつのいましめを守っている。
それは、いつでも新しい観察や考えに接した時には、
即座にそれを書き留めておくということである」

ダーウィンのように、脳みその大きな天才でも、小まめに、メモを取っていたのである。

編集者も、ぜひ、そうするといい。ボクも、子供の頃からメモをするクセがあった。ただし、そこら辺の、あり合わせのものに書くから、いざという時に見つからず、大騒ぎをしてしまう。ボクも、「あらまほしき姿」を自らに求め続けた編集者だったのである。

いまでも、そうである。書斎の本棚に積みっぱなしの『日本古典文学全集』を眺めながら、そう思う。歳を取ったら読もうと思っていたのに、もう、その元気もない。そんな歳になってしまった。人生なんて、あっという間である。若い人に教えることがあるとすれば、そのぐらいかもしれない。しかし、まだまだ、好奇心はある。

最近、面白いと思っているのは、羽根がない輪っかだけの扇風機である。最初、見た時には、なぜ、羽根がないのだろう。あれで、どうやって風が出てくるのだろう、と驚いた。時節柄、節電した究極のカタチなのか、それとも、ロンドンあたりから来たモノなのだろうか、と。

外国にいいモノが生まれると、日本人は、すぐに、日本流に昇華させたものを、器用に、上手く作る。それを、中国人が真似して作っていく。いいモノを盗むのは、決して、悪いことではないが、中国は、やり過ぎである…と、思いながら過ごしていたら、もっと、驚いたことに、羽根がない扇風機は、日本生まれであることが分かった。さすが、モノのことだけを考えて生きている人はすごい、と感心した。

ボクは、近いうちに、近所の大型電気店に行って、じっくり、見てこよう、と楽しみにしている。買うわけではない。見るだけである。「八十歳を過ぎた老人が、どうして、そんなものを見に行くの」と訊かれたら、ひと言もないが。ボクは、斬新なカタチの扇風機から、世の中の「色や形」の流れのようなものを、日本人の発想のクセを、もう少しつかみたいと思っているのである。

誰にも拘束されない自由な職業

小学館の社員手帳には、創業者の言葉も、「社訓」として印刷されている。

―目指せレコード　作れ新記録

野暮ではあるが、いいことを言っている。二代目の社長は、

――出版業界は媒質である

と言っている。「媒質」とは、著作者の権利と読者の楽しみを「媒介する者」という意味である。俗っぽいけれど、野心的な言葉である。三代目の社長は、ちょっとキザなことを言っている。

――勇気は血の塩だ
勇気を財産にすれば死さえも友にすることができる

これも野暮だけれど、いい言葉ではある。中でも、いいのは、「自由」についてである。

――暴力・権力・助力・財力　いかなる圧力にもとらわれない自由
不拘束の自由人が出版人の資格である

ボクが思い続けてきたことと同じことである。野暮でも、編集者として参考になる。ぜひ、参考にして欲しい。ボクは、いまの編集者に、これからの編集者に、大胆に生きて欲しいと言いたい。人生なんて、あっという間なのだから。そして、出版という仕事は、ほんとうに、誰にも拘束されない、自由な職業なのだから。

二〇一二年十二月三日　　豊田きいち

編集ノート　I

本書は、二〇一二年二月から十二月まで、豊田きいち氏に、インタビューを行った内容を、まとめたものである。豊田氏は、小学館を定年退職されたのち、日本ユニ著作権センターの理事として、著作権法に関わってこられた。著作権に関するご著書は数々ある。しかし、編集および編集者についてのご著書はなかった。そこで、版元の社長が、小学館時代のご経験を含め、「編集者の心得」を執筆していただきたいと、お願いした。当時、豊田氏は、八十六歳。「執筆は大変なので、インタビューをまとめてくれるなら」と、ご快諾いただき、インタビューを敢行した。しかし、それは、「インタビュー」ではなかった。インタビュアーの私が口を挟む隙もなく、豊田氏の「特別講演」は、いきなり始まった。

月に一度、約二時間、合計一〇回の予定回数が終了した。早速、本稿をまとめ、豊田氏に校正していただくつもりだった。そのようにお伝えすると、豊田氏は、「ボクは、ヒトが書いたモノを直すのは趣味ではないから、お好きにお書きなさい」と。本文にある通りのことである。しかし、そうはおっしゃっても、本稿に目を通されれば、「これでは、いかん！」と、本文よりも長い「注釈」を書いてくださるはず、と思っていた。しかし、その機会は、ある日、突然、永久に失われてしまった。最後の「講演」が終了した約一カ月後、「また、来年お逢いしましょう」とお電話をくださった十日後、他界されてしまった。

二〇一三年一月十五日、各メディアに訃報が流れた。私が知ったのも、その時だった。亡くなられたのは、同年一月十日。ご家族で密葬をすまされたのちに公表された。訃報が流れた前日は、突然の大雪で、東京が真っ白になった。その雪が、まだ、道に残っている夕方、もう本稿を読んでいただくことも、長い注釈を執筆していただくことも、永遠に不可能になったことを知った。

毎回、流れるように続く「豊田節」の隙を狙って、私は、いくつか「インタビュー」を行った。豊田氏の講演内容に比べれば、他愛のないことである。たとえば、どんな人を尊敬されているのか、どんな人がお好きなのか。しかし、何度、試みても、「今度、お教えしますよ」と話してくださらなかった。ご自分のことを、決して、話されないことは、有名だった。しかし、ついに教えてくださった。インタビューの最終日だった。「ボクが尊敬しているのは、哲学者では、サルトルとデカルト。政治家では、周恩来です」と。ああ、そうなのか…。「では、先生、お好きな女優さんは?」チャンスを逃すまいと続けて質問したら、「今度、言います」と。そして、その一カ月後、訃報に接し、その機会は永遠に……と落胆していたら、のちに、ご家族からいただいた手帳にメモしてあった。二〇一二年の小学館の社員手帳だった。その手帳の最後の頁に、数人の名前が書いてあった。今度、教えてくださるつもりだったのだ。そうじゃなかったのかもしれないが、手帳には、本稿に関するメモや、著作権についてのこと、日々感じておられることなども、びっしりと、書きこまれていた。どの頁も、豊田流の「絵」である。本稿は、その手帳も含め、豊田氏が示してくださった「編集者の心得」に沿ってまとめた。

編集者は「連想」しなくてはいけない。他者と「差別化」された者にならなければならない。「語彙」が豊富でなければならない。文章は自分の文章でなければつまらない。言葉は「音楽」であり、文章は「絵」である。いい文章とは「面白い文章」、面白い文章とは「分かりやすい文章」である。カタカナは「漢字」である。センテンスは短く、「が」は少なく。句読点は、多いほうがいい。どこにでも行ける五叉路に立つのではなく、この道しか行けないという横丁（言葉）を選ぶべきである…。

でも、先生、ここはどうすれば……と道に迷っても先生は、もういない…。と、心許ない思いで取材メモを眺め、記録用の映像を再生し、インタビューに伺った日々を心に浮かべてみたら、生きている豊田氏が、そこにいらした。「ボクは、戦後のメディアは、全部ダメになったと思っている。こんなのレイテン！」。

豊田きいち氏の言葉の数々は、訃報に接した前日の大雪のように、いまも、心に降りつのっている。本書を通して、豊田氏の言葉の贈り物をお届けしたい。ひとりでも多くの方に、豊田式「編集の神髄」に、そして、どんな人にも通じる、幸福な人生の方法論に触れていただきたい。

最後になりましたが、本書の刊行をお許しくださったご家族の皆様、取材にご協力くださった小学館の相賀昌宏社長はじめ皆様方、日本ユニ著作権センターの皆様方、そのほかのたくさんの皆様、そして、本書に登場してくださったすべての皆様に、心より御礼・感謝申し上げます。

ありがとうございました。

編集ノート　Ⅱ

たとえば、豊田きいち氏は、日本ユニ著作権センターが主催する「著作権セミナー」の講師を務めていた時、主催者の方が、その日の締めを語り終えたあと、講義の内容の補足的なことを、マイクを奪うように話し始めることがある。ようやく終わりだ、と帰り支度を始める参加者、あるいは、「眠い」目を擦りながら、まだ続くの？と、半ば、うんざりしているような参加者に向けて、淡々と語り始める。そして、次第に、その言葉に、熱が籠もっていく。

たとえば、著作権法を遵守することが大前提のセミナーでありながら、豊田氏は、「いまの若者よ（編集者よ）、法を犯すことなど、恐れることなかれ。そんなことより、大事なことは、自分の信じることを貫いて、よき書物を編むことである」というように、全身全霊の提言をする。「もちろん、著作権法を遵守するのは大切なことだが、そんなことを目的にしては、いい本など作れない。目的と手段を混同するな。著作権法その他の法を遵守することが目的なのではなく、それは、もし、何かがあった場合の解決法のひとつに過ぎず、君たちは、そんなモノを護ることに全力を注ぎ、気にするのでは全くなく、法なんてものを凌駕する原因を日々構築し、本（作品）作りの本質をまっとうすべきである」と言っているように聞こえる。「遵法的な進行の中で、こせこせと作品を作って、何モノであろうか。そんなことで満足するのではなく、その逆をいきたまえ。これからの、紙が、なし得る世界、文化構築への挑戦を、君たちがしないでどうする！」と。

編集者のパイオニアとしての魂の叫び。言葉を、本を、文化を愛する方の熱弁。こんなシーンは、たくさんあった。ある時は、参加者からの質問に応えた別の担当者の発言内容について、豊田氏は、補足的なことを話し始める。「たしかに、著作権法として書かれている文章（日本語）には、曖昧な表現が多い。常に、なんとかしなくてはいけないと思い続けている」と苦渋の内心を吐露されることも。どの場合も、それらの言葉に熱が籠もり、帰り支度のガサゴソという遠慮がちな物音が静まり、居眠りの途中の人も覚醒し、室内にピリリとした空気が充満していく。

「たとえ、編集者が、著作権法に抵触するようなことをしたとしても、それを護るために、上司が（会社が）存在するのである。そうでなくては、ならないのである。そして、そのために法があるのである。間違っても、法を守るための編集などでは、いけないのである」。これは、現代の若い人たちへのカツ、編集者、出版業界全体へのカツであり、ご自身の、忸怩たる思いであるとも思われた。セミナー会場に生まれた静寂と緊張感は、そういう時代を自ら駆け抜けてこられた豊田氏の、失われてしまったモノたちへの熱い思いとして、届いた証拠である。

たとえば、豊田氏は、非常に、簡潔に、分かりやすく説明を行うため、日本語を英単語に置き換えて説明されることがある。それは、人々の「理解」に向けて、大変に、貪欲で、非常に、クレバーな方であるとの認識と同時に、言葉に対する愛情の深さに、感動を覚える瞬間でもあった。豊田氏の語り口調は、言葉・文章の曖昧さを憎んでいると思われるほど、適切で正しく、瞬間的な言葉の選択は、ご自身の内側に、清く美しく流れている地下水のごとく、こんこんと湧き続けて留まらず、力強く、見事な迫力に溢れている。

セミナーの参加者は、編集者だけではない。企業内の企画部門・広告部門に携わる人たち、また、受注発注の中で活躍するクリエイターの方々の胸にも響く、エールであるに違いない。それだけに留まらず、豊田氏の言葉には、どんな人生にも通じる普遍性がある。その応用可能な「豊田きいち」を、会場に生まれる静寂と緊張感と同じように伝える本にしたい。豊田氏の言葉が満載されていれば、必ず、そうなるはずである。それが、新しい時代への大切な贈り物になる、という思いが、本書誕生のきっかけになっている。

モノが売れること(本以外にも)だけを目指すようになった時代を迎えるまでには、豊田氏たち先達が、青春を賭け、「いい本(モノ)を作ろう」「時代を引っぱっていこう」という気概、夢と希望、迫害と苦労があったはず。だからこそ、魂が籠もった本ができ、それを、歓びとして受け取る人々がいた。よりよい本を作ろうという編集者も生まれた。その時代を駆け抜けた豊田氏から、いまの時代の編集者・出版業界全般に対する「失望」あるいは「切望」というものを、「希望」に昇華させて、大勢の方に伝えたい。伝えておきたい。伝えておくべき。

……以上は、当初、私が、版元に提出した本書の企画書の一部である。長くなり過ぎたので、Ａ４一枚にまとめ直したものが、編集部から豊田先生に渡された。しかし、じつは、編集部には内緒で、ボツになった長いほうの企画書も、豊田先生にお渡しし、目を通していただいた。この時点で、私が提案した仮タイトルは（こちらもボツ）「編集者へのラブレター」あるいは、「編集者からのラブレター」。セミナー会場の「豊田節」のように、厳しくも、愛情あふれるラブレターになるに違いない、と思っていたからである。豊田先生は、「じゃ、タイトルは、これでいきましょう」と言ってくださった。幸福だった。しかし、いずれ、タイトルも内容も、原型を留めずに変化していく。よくあることである。だから、その日だけは、その幸福を抱いていようと思った。もちろん、新たな幸福も、いずれ、やってくる。先生も、「タイトルなんてものは、そのうち、自然に、いいモノに決まりますよ」と、おっしゃっていたように。

二〇一三年一月。正月三箇日が過ぎた五日、私は、豊田先生に年賀状をお送りした。かつて、『小学六年生』編集部の「ヘンな編集者」で、「俳句の名人」でいらした、原子公平氏の代表作「良く酔えば　花の夕べは　死すとも可」を引用させていただいた。お正月早々、「死すとも…」なんて不吉かな、と思ったけれど、先生と、美味しいお酒をいただきたくて、そのまま投函した。それを、先生が読んでくださったかどうかは不明のまま、同年一月十日、先生は亡くなった。

その後、五月に、有志の方々による追悼の会が、銀座で行われた。おかしなことに、「追悼の会のことですが…」という編集部からの電話に、えーと、どなたの追悼？と思った。あ、そうだ、先生だ。豊田先生だった。そうだった…。本稿のまとめに没頭していたので、先生は、いつものように揺り椅子に座って、画像の中に、目の前に、心の中に、いらしたから。先生は、インタビューが終了した二〇一二年十二月三日、「来年になったら、社長やみんなと一緒に、銀座で、インタビューの打ち上げをやりましょう」とおっしゃってくださった。会場に掲げられた先生のお写真を見上げながら、「こんな形で実現するなんて…」と、献杯した。

＊

豊田きいち氏は、昭和二十四（一九四九）年、小学館に入社後、昭和三十四（一九五九）年に創刊された『週刊少年サンデー』の編集長に就任されました。本文にあるように、「少年サンデー初代編集長」という肩書きは、「豊田きいち」の代名詞のようになっていたわけですが、例によって、ご自分のことを、あまり、お話にならない先生は、インタビューの間も、少年サンデー、および、少年サンデー編集長時代のお話は、ほとんど、されませんでした。

この『週刊少年サンデー』創刊に至るまでの経緯は、同時に講談社から刊行された『週刊少年マガジン』との、しのぎの削り合いが、ドキュメント仕立てのテレビドラマになり、豊田先生ご本人も、インタビューで登場されました（『ザ・ライバル「少年サンデー・少年マガジン物語」』二〇〇九年五月五日・NHK総合テレビ）

また、書籍では、『サンデーとマガジン　創刊と死闘の15年』（大野茂著・光文社新書）、『神様の伴走者　手塚番13＋2』（佐藤敏章インタビュー・小学館）に詳しいので、ここでは、『週刊少年サンデー』創刊号の柱のおひとり、漫画家・故寺田ヒロオさんの記事を、ご紹介いたします。創刊号から『スポーツマン金太郎』を連載されていた寺田さんが、のちに、新潟日報に連載された「私の漫画史」からの抜粋です。

寺田さんが書かれた記事のことは、インタビュー時に、豊田先生から伺っていました。といっても、こちらも、先生が、進んで教えてくださったのではなく、私が、しつこく、「先生のことを、どなたかが、お書きになった書籍や記事があれば、教えていただけませんか」とお伺いし、教えていただいたものです。いずれ、調べてみようと思っていたのですが、幸運なことに、先生のご家族からいただいた蔵書・資料の中に、セピア色に変色した新潟日報の切り抜きが入っていました。『週刊少年サンデー』創刊に賭ける寺田ヒロオさんと、若き小学館の編集部の方々、そして、初代編集長・豊田亀市氏の熱い思いが伝わってきます。

私の漫画史

寺田ヒロオ　新潟日報（一九八三年九月〜十月）

少年週刊誌

週刊誌の連載一本は、月刊誌の四〜五本分に相当する。

月刊誌の仕事だけでパンク寸前の私が、週刊誌の連載に手を出すことは、不可能に近い状態であった。

しかし、日本で最初の少年週刊誌誕生という歴史的な瞬間に、私は漫画家として、ぜひとも参加したかった。

月刊誌全部に不義理をし、連載を中止してでも、…そんな無茶ができないことはわかっているが…創刊号から、連載をかきたいと思ったのである。

では、講談社と小学館の、どちらの週刊誌にかくか。

当時の私は、講談社の月刊二誌に連載を持っており、しかも、昭和六年生まれの私は、幼少年期を講談社文化で育てられ、「漫画少年」も、元講談社の加藤謙一さんの産物である。

それにひきかえ、小学館の看板である学習雑誌には、私は無縁の育ち方をしたし、連載もしていない。

講談社から最初の打診に来た人は、「二ページか四ページで題材は自由、気楽にかいて下さい」といった。

もちろん即答できる状態ではなかったが、その程度ならば、いまの月刊誌の仕事の合間に、かけるかもしれない。

同時に持ち込まれた小学館の方は「週刊誌を出しますからよろしく」という程度で、具体的な話は無かった。

だから当初、私の心は、講談社に傾いていたのである。

どちらにかくにしても、やはり月刊誌の仕事量は減らしておかなければいけない。目前の仕事を消化しながら、頭はもう、週刊誌に飛んでいた。

最初の打診から一週間程した二月九日、小学館の堧水尾(たみお)道雄さんから「いま池袋にいるのですが、ちょっと出てこられませんか」と、さりげない電話がかかった。

堧水尾さんは、豊田亀市編集長がひきいる「小学一年生」の精鋭で、昭和三十年

小学館

夏の、私の同誌への初仕事以来、読み切り漫画・カット・別冊等、一貫して私を担当してくれている人で、時々一緒に酒を飲んでは、漫画や雑誌の意見をぶつけ合い、面白い話で、世間にうとい私の目を開かせてくれる、良き先輩であり、私は彼が「小学館は、わが『小学一年生』で、もっているんですよ！」とか、「戦前の『少年倶楽部』は、最高でしたねえ！」とか、率直に言い切って呵々大笑する、稚気と快活さに好感を持っていたので、連日の仕事の疲れをほぐすには、願ってもない相手の誘いだと喜び、無精ひげでふだん着のまま、練馬駅から西武電車に乗ったのである。

ところが、池袋駅で落ち合うや「社長がお待ちしておりますので」と、さっとタクシーを止め、一直線に小学館へ—。（私の漫画史・21）

気心の知れた編集者と軽くイッパイやりながら、たあいないことをだべって笑い合い、仕事の疲れストレスを解消して、改めて仕事に取り組もうと、気楽に飛び出して来た私は、全く思わぬ成り行きに、あわててしまった。

タクシーに押し込まれ、小学館に向かいながら、私を誘い出した堧水尾さんに、「池袋でちょっと話をするだけと思い、不精ひげのふだん着で来たのに、困りますよ」と愚痴ったが、「かまいません、社長は気さくな人ですから！」と快活に言い切って、すましている。

いくら気さくな人だといわれても、相手は、小学館という大会社の社長であり、私は、「小学一年生」に少し仕事をさせてもらったが、まだ一度も連載していない、駆け出しである。どう考えても、初対面の身なりとしては、ひどすぎるではないか。

私は自分の軽率さを悔い、電話で説明をしてくれなかった塽水尾さんを恨み、タクシーの座席に、からだが重く沈み込んでいくような気持ちになり、神田一ツ橋の小学館に着くころには、身長が十センチも縮み、応接室で待つあいだに、二十センチは小さくなったと思うのである。

ほどなくドアが開き、おそろしく活気のある一団がどっと入ってきて、私を取り囲んだ。

想像以上に若くてスマートな社長の相賀徹夫さん、堂々たる体格で自信にあふれた編集長の豊田亀市さん、福徳円満な梶谷信男さん、そして、同道した張り切りマンの塽水尾道雄さんの、四人である。

簡単なあいさつが済んだ途端に、豊田さんが口火を切った。

「新しい少年週刊誌に、小学館は社運を賭けています！ 巻頭が手塚治虫さんの科学冒険漫画十五ページ、巻末は寺田さんの野球漫画八ページ、この二本を柱にしますので、よろしくお願いします！」

小学館は、その「勉強マーク」が示すとおり、学習雑誌を中心に、童話・絵本・図鑑・事典など、堅実な仕事がほとんどで、漫画家との接触も少なく、娯楽雑誌の歴史と実績を誇る講談社と張り合っていくのは大変だと思ってはいるが、小学館はこの新しい少年週刊誌を突破口に、娯楽面での業績も上げていきたいというのだ。

私は、漫画の神様と信奉する手塚さんと並べて扱ってもらったことも嬉しかったが、何よりも、若々しく率直で、社長を先頭に一丸となって、老舗の講談社に追いつき追いこせと意気込む、この小学館の活気あるスタッフとともに、新しい雑誌づくりをしたくてたまらなくなった。

責任は重いし、その仕事量をこなせるかどうか不安でもあったが、やりがいがあるし、やりとげられたら素晴らしいと思ったのである。

私は、その場で決心した。（同・22）

難産

私は、創刊号の仕事が、好きである。

出版社の人は私の僭越さを笑うかもしれないが、創刊号に作品を発表することは、編集者とともに新しい雑誌づくりをすることだと思っているからである。ましてや創刊号から連載をするとなれば、その雑誌とともに歴史をきざみ続けるわけであり、そのやりがいの大きさに張り切らざるを得ないのである。

小学館から日本で最初の少年週刊誌が出ることになり、その創刊号から連載をかかせてもらうことが決まった時の私の興奮ぶりは、かつてないほどの燃え上がりようであった。

若い相賀社長が先頭に立って編集会議にハッスルしているのもすてきだったし、豊田編集長をはじめスタッフの多くが、戦前の講談社の「少年倶楽部」を目標にしている姿勢も、私の理想と合致して嬉しかったからである。

小学館はこの新しい少年週刊誌に、ドル箱「小学一年生」の編集スタッフをそっくり移し、さらにえりすぐりの精鋭を加えた大編成を組んで、五月五日こどもの日の創刊を目指して頑張っている。

私が小学館と新連載の約束をしたことは、すぐ月刊誌の担当者に知れた。

「大丈夫ですか？　うちの原稿は遅れないでしょうね」と、いやみ半分にクギをさしていく。

月刊各誌とのかかわりかたはいろいろだし、週刊誌の仕事が失敗した時のことを考えれば、気まずい別れかたをしては、後が不安である。

私が決心したのが二月九日で、一回目の原稿をかくのは二カ月くらい先のことであろうと計算し、その間に構想を練り、月刊誌の仕事を無理なく減らしていこうと考えた。

ところが、「講談社は、四月創刊に踏み切ったらしい」とか、「講談社がいつ創刊号を出しても即応できるように、テスト版を作っておきたいから、一回目の原稿だけでも早く」とかで、徐々に締め切りをくり上げられ、二月下旬に題名決定、三月初めに原稿完成と決められてしまい、直面する月刊誌の大量の仕事をしながら新連載に寸暇をさくという、焦りと苦悶の日々になった。

一度八ページ分の下図をかき担当者と打ち合わせ、「もう時間がないから、これにペンを入れて下さい」といわれたが、どうしても私自身気に入らず、もう一日延ばしてもらって、そっくりかきなおすことにした。

おなかの大きい妻は、出産予定日を過ぎても産気づかない。初産だし、胎児が大きくなり過ぎては難産のおそれがあるというので入院し、出産促進剤の注射をしてもらっている。

夫婦で、難産の形になった。（同・23）

少年サンデー

昭和三十四年三月二日、産院で妻が、初めての子を産んだ。難産で、産後も順調とはいえなかったが、とにかく男児の親になれたのである。

私も大量の仕事をこなしながら、まるで月刊誌の担当者にかくれて悪いことでもするような思いで、新しい週刊誌の原稿を割り込ませ、ヨレヨレになりながら、第一回目の八ページを、三月六日に完成した。

「スポーツマン金太郎」の誕生である。

オトギ村の金太郎と桃太郎が、野球の勝負をプロ野球でつけようと、ジャイアンツとライオンズに入り、日本シリーズでの対決を目指して頑張るという設定である。

当時は、水原茂の復帰によりジャイアンツを追われた三原脩が、九州のライオンズを日本一の強力軍団に育てて三年連覇し、打撃の神様川上哲治が引退、神宮のヒーロー長嶋茂雄がミスタージャイアンツになり、そしてこの春には甲子園の星王貞治も入るという、まさにプロ野球黄金時代の幕開きであった。

「スポーツマン金太郎」は初め、桃太郎を主役にしようと思っていた。犬・猿・雉《きじ》と仲間が多い桃太郎のほうが、画面がにぎやかになると考えたからである。

しかし、週刊誌の私のページが二色刷りだと聞かされて、考えが変わった。金太郎の腹がけが赤、はだかの肌色が薄赤、熊が黒という色づけが、赤黒二色印刷向きだし、小さい金太郎と大きい熊の組み合わせが自然の凸凹コンビになって、漫画的であろうと気付いたからである。

結果的には、これが成功の一因になった。

感情むきだしの金太郎と、冷静な桃太郎。

それは立教の盟友だった長嶋茂雄と杉浦忠に似て、どちらもプロの大スターになったが、本塁打を打ちながら一塁ベースを踏みそこねてアウトになるような長嶋のほうが、やはり漫画的であり、同じ陽性の金太郎が主役であってこそ、あの連載がうまく進行したのだと思われる。

三月中旬、「少年サンデー」（小学館）と「少年マガジン」（講談社）が、同時に創刊し発売された。

子供雑誌もいよいよ、週刊誌時代に突入したのである。……と書くと、いかにも景気よく聞こえるが、実際はそうでも無かった。

当時の少年月刊誌では最も人気があった「少年」の光文社や「少年画報」の少年画報社は、小学館や講談社が週刊誌の準備に入ると同時に、当然のように後続の姿勢をとり、年内には数冊が創刊すると見られていたのだが、先発した「少年サンデー」が、大量の人員と経費を投入したわりには部数が伸び悩んだために、他社が慎重になり、本格的な少年週刊誌時代の到来が数年遅れたというのである。

しかし、私個人は、もう週刊誌ペースに入ってしまったのだから、モタモタしてはいられない。（同・24）

七対一

「少年サンデー」の創刊が、五月から三月に早まったため、七本の月刊誌連載を抱えたままで、「スポーツマン金太郎」を始めてしまった。

早く月刊誌の仕事をへらさなければと、担当者と話し合いを重ねたが、「他誌も全部同時にやめるなら、いいですよ」と言われては、どうにもならない。

一流は別として、私程度の漫画家はいくらでもかわりがいるから、出版社をおこらせては後が不安だが、八方美人はあきらめ、自分の考えを押し通すことにした。

物語が終わりにちかいものは、人気があっても引き延ばさず、自然な形で完結させよう。

「スポーツマン佐助」(野球少年・二十一回)と、「ホープくん」(ぼくら・十七回)を五月号で、「ラッキーちゃん」(たのしい四年生・二十四回)を九月号で終わる。

「背番号0」(野球少年)は一番古い連載だが、最も私の性格に合った作品だし、「漫画少年」なきあとの私のホームグラウンドの仕事だから、絶対にやめたくない。

「もうれつ先生」(少年)はTVドラマ化が進行中だし、「五九郎さん」(おもしろブック)と「わんぱく記者」(少年画報)は、連載を始めたばかりで、すぐにはやめにくい。

「スポーツマン金太郎」は、秋の日本シリーズで、金太郎と桃太郎を立派に対決させるまでは、絶対に面白くかきつづけなければならぬ。つまらないから人気がないからと、途中で打ち切られてはみじめだし、私の将来も危ないと、必死であった。

幸い、「スポーツマン金太郎」の出だしは、好評であった。

上昇気流のプロ野球人気に乗ったのであろうか。

しかし、「私の漫画史」的に分析をすれば、人気の最大原因は、「少年サンデー」創刊号から連載されたからである。

謙遜ではない。「スポーツマン金太郎」が、それまでかいてきた月刊誌七本の連載漫画よりも、きわだって傑作だったとは思えない。

それなのに、その七本のどれよりも、いや、七本を束にしたよりも人気が高まったのは、小学館が社運を賭けて「少年サンデー」の宣伝・販売に力をそそいだためである。

それまで月刊誌に七本も連載をしていた私が、「子供漫画をかいている寺田ヒロオです」とあいさつをしても、ほとんどの人が知らないという顔をしたのに、「あ、あの少年サンデーの！」とか「スポ金ですね！」と言ってもらえるようになったのである。

ホップ・ステップ・ジャンプ。

「漫画少年」「野球少年」「少年サンデー」と三段とびした私は、やっと一人前の漫

画家になれたと、実感したのであった。(同・25)

豊田亀市さん

アマチュアの同人誌は別だが、商業雑誌は一流になるほど、一冊の中に、同じ作家の作品が二つ以上入ることを、避けるものである。特定の作家に頼りすぎている印象を、読者にあたえたくないからであろう。

そのタブーを破って、創刊一周年の「少年サンデー」が、すでに連載中の「スポーツマン金太郎」に加えて、「背番号0」をのせようとした、編集長豊田亀市さんのアイデアは、常識人を自任する私を、ひどく驚かせたが、豊田さんの真意は、新人の私に頼った、なりふりかまわぬ商法ではなく、「少年サンデー」を自分の雑誌のように愛し、真剣に漫画と取り組んでいる私を、もっと成長させてやろうという、豊田さん独特の深慮遠謀があったからで、それを約半年後に、気付かされるのである。

この件に限らず、豊田さんには、何度も驚かされた。

結果的にはその驚きが、すべて私にとって嬉しい驚きであったから、今日の私が存在し得たのである。

豊田さんは、非常識を常識に変えてしまう信念と実力の持ち主で、私の三十年の漫画家生活で出会った編集長の中では、最大級の鬼才であり、恩人である。

小学館の看板雑誌「小学一年生」編集長時代の豊田さんは、かけだしの私には雲の上の人で、仕事の話はすべて担当の堧水尾さんを通じていたが「少年サンデー」の創刊に当たっての最初の会談で、「手塚治虫さんと寺田さんの漫画を、二本の柱にします!」と、新人の私を驚かせ、大抜擢してもらえた感激が、「スポーツマン金太郎」の誕生になり、以後五年間の大長編をかかせ、私の出世作となり、ささやかながら自分の家を持てる身にもなれたのであった。

そして今度の、二本同時連載である。

四年余の「野球少年」の連載で、「背番号0」のアイデアは出しつくしたと思っていたのに、この新しい舞台で、また創作意欲をかりたてられ、二十二号から翌三十六年の六号まで、三十七回の連載を成功させ、更に引き続き「小学四年生」「小学五年生」「小学六年生」に、毎月三十二ページの読み切り形式で、一編だけかいたものを、三誌にそっくり共通掲載するという、常識では考えられない方式で、以後三年間の連載をさせてもらい、「野球少年」のデビュー作で終わっても仕方がなかった「背番号0」を、私の代表作に、そしてライフワークにと、成長させてもらえたのである。

もちろんこれも、豊田さんの発案による、破格の好遇であった。

豊田さんは、私が「学年別雑誌一誌では、ゼロくんをかきにくい」と断ったわがままを全面的に受け止め、最高の条件で、私の能力を最大限に発揮させてくれたわけで、その恩恵の大きさには、いくら感謝しても感謝したりない思いである。(同・33)

寺田ヒロオ

一九三一(昭和六)年八月四日〜一九九二(平成四)年九月二十四日。新潟県生まれ。新潟県立新発田高等学校・野球部に所属していた頃、少年漫画雑誌『漫画少年』に、漫画を投稿し始める。卒業後、警察の事務職を経て電電公社(現・NTT)に転職。社会人野球の投手としても活躍。二十二歳の時、漫画家になるため上京、トキワ荘に入居。向かいの部屋には手塚治虫が住んでいた。住人の漫画家たちと共に「新漫画党」を結成。漫画家を目指す少年を描いた長編青春漫画『まんが道』(藤子不二雄Ⓐ 少年画報社)で、頼もしく、理想的なリーダーとして描かれている。

第一回講談社児童まんが賞、第十一回日本漫画家協会賞選考委員特別賞を受賞。作品は『背番0』『スポーツマン佐助』『スポーツマン金太郎』『もうれつ先生』ほか多数。編著に『漫画少年史』(湘南出版社)、作品をまとめた復刻版『寺田ヒロオ全集』(マンガショップ)など。

故寺田ヒロオさん、そして、掲載をご快諾くださいましたご家族の皆様、心より感謝御礼申し上げます。ありがとうございました。

寺田さんの記事も含めて、豊田先生の蔵書や資料、先生ご自筆の原稿などを、たくさん、いただきました。私は、真っ先に、各巻函入りの『日本古典文学全集』全五十一巻を積み上げました。そうしたら、まるで、豊田先生が引っ越していらしたみたいで。紙には、時代の空気や、その人の歴史、もっとたくさん、様々な思いが染み込むものなのだな、と思いました。お荷物の中には、先生が、國學院大學に提出された卒業論文「西鶴文体（スタイル）考」も入っていました。和紙の原稿用紙に万年筆で手書きされ、美しく装丁された小冊子が、そのまま、奇跡のように残されていました。表紙の題字は、金田一京助さんが書かれたものかもしれません。

「筏に乗りて急流を下るが如し」。豊田先生は、西鶴の文章について、何度も、熱く、語ってくださいました。でも、卒論のテーマにされていたなんて、ひと言も。その「西鶴文体《スタイル》考」を、私、全部、リライトしてみました。旧漢字・旧仮名遣い、その時代独特の言葉遣いのオンパレードで、ひとつひとつ調べなくては分からない、ふがいない「生徒」でしたが、西鶴についての「特別授業」を、たったひとりで受けているような、贅沢で、もったいないような時間でした。そして、国文科の豊田亀市青年と、インタビュー時の豊田きいち氏がオーバーラップし、それが、少しも、変わっていないことに、衝撃を受けるように感動しました。面白い文章とは、美しい文章とは、差別化された文章とは…。本書のために語ってくださったことが、すでに、昭和二十四年に、したためられている。文字の大きさに変化をつけ、傍点や記号、英単語などを駆使されているところも、いまと同じ、先生ならではの、力強く、美しい「絵」になっている。大学時代に、いえ、それ以前に、「言葉の魔術師」もしくは、「編集者・豊田きいち」は、出来上がっていたのです。その「豊田きいち」という人生の大きな精神の背骨を、なぞっているようでした。

最後の最後になってしまいましたが、つたない聞き手だった私に、おやさしく、分かりやすく、特別講演をしてくださった豊田先生、心より、感謝・御礼申し上げます。幽霊でもいいから、先生、出てきてくださらないかなあ…と思っていた時期もありました。でも、もし、あの世とやらがあるのなら、先生は、きっと、大好きなデカルトやサルトル、周恩来と、楽しく会談されているに違いない。だったら、先生、そのほうがいいですね、って。若々しく、明るく輝いている、先生の笑顔が見えるようでした。先生に、ぜひ、本稿をお読みいただいて、注意事項や、ご感想などをお伺いしたいところですが、もし、そうしていただけたとしても、きっと、何もおっしゃらないだろうと諦めています。先生、ほんとうに、ありがとうございます。

先生が、周恩来のことを話してくださった時、私が、「天安門の霊廟で、剝製になっている毛沢東とは対照的に、周恩来は、愛する中国全土に、セスナ機から散骨したんですよね？」と、お話しすると、先生は、「あ、そう？　それは、いいな。ボクも、そうしよう。息子たちにも伝えておかなくちゃ」と楽しそうに、おっしゃっていました。お亡くなりになる一カ月前のことです。先生の訃報を知った前日、すでにその時、先生は亡くなっていて、密葬も済んでいたわけですが、その日、東京が見舞われた突然の大雪が、先生が望まれた散骨、魂の散華だったに違いない、と思いました。こんこんと降りしきり、「なにしろ、八十年分の思い出が詰まっているからね」とおっしゃっていた先生の東京を、真白く、美しく、埋め尽くした雪が。

幽霊ではないけれど、まだ、お目にかかる前の、豊田先生のご長男から、メールのお返事をいただいた時、先生の分身にお逢いできたような気がしました。先生が、「言葉は、たくさん入れてある引き出しの中から、ひとつを選んで、さっぱりと使う」と、おっしゃっていた通りの文面だったからです。パソコンの画面から、豊田先生の骨の髄（DNA）が、ずっしりとした質感を伴って迫ってくるようでした。うれしくなって、きりりとした端的な文面を、何度も拝読していたら、先生が、ご長男の留学先に送られたという小さな日の丸の旗が、浮かんできました。そして、小学生だったこの方が、お仕事でお忙しいお父さま（先生）ご不在の運動会で、思い切り、全力疾走している姿も。真っ白い体操着に、真っ赤な帽子（もしくは鉢巻きをして）。日の丸の色だ、と思いました。

豊田先生と同じように、温かなご配慮をくださったご家族の皆様、ありがとうございました。そして、この大役を与えてくださった食いしん坊の三芳伸吾社長（現・会長）、貴重なアドバイスをくださった編集部の皆様方、「豊田先生の御本、楽しみにしていますよ」と、何度もおっしゃってくださった、日本ユニ著作権センターの宮辺尚社長、同センターのホームページに「追想・豊田きいちさん」を執筆され、長年、豊田先生の盟友でいらした宮田昇先生、あらためて、感謝・御礼申し上げます。ありがとうございます。

インタビュー映像をデジタル化してくださった佐藤理さん、佐藤愛海さん、校正してくださった三上貴正さん、ロシア語の文法を教えてくださった仙波彰彦さん、田端文士村記念館・研究員の方々、そのほか、様々に、ご協力・応援をくださった、たくさんの皆様方、この場をお借りして、感謝・御礼申し上げます。ありがとうございます。

そして、本書を手にしてくださった皆様。あなたのような方に、読んでいただけることを、豊田先生は、いちばん、喜んでいらっしゃると思います。ありがとうございました。

二〇一六年六月三十日　久野寧子

豊田きいち（とよだ・きいち）

一九二五（大正十四）年四月六日～二〇一三（平成二十五）年一月十日。東京都生まれ。

旧制獨協中学校、旧制第二高等学校（宮城県仙台市）を経て、陸軍予備士官学校で終戦を迎える。一九四三（昭和十八）年・早稲田大学入学。師である言語学者・金田一京助氏の移動に伴い、一九四六（昭和二十一）年・國學院大學に転入。一九四九（昭和二十四）年卒業。同年四月・小学館入社。編集長、編集部長、編集局長、出版部長、取締役を歴任。一九八四（昭和五十九）年小学館退職。その後、日本児童教育振興財団専務理事、日本ユニ著作権センター代表理事に就任。

著作『マスメディアと著作権―著作権トラブル最前線』（一九九六年・太田出版）

『著作権と編集者・出版者』（二〇〇四年・日本エディタースクール出版部）

『事件で学ぶ著作権』（二〇一一年・太田出版）

『編集者の著作権基礎知識』（二〇一二年・太田出版）ほか

2012.6.4.

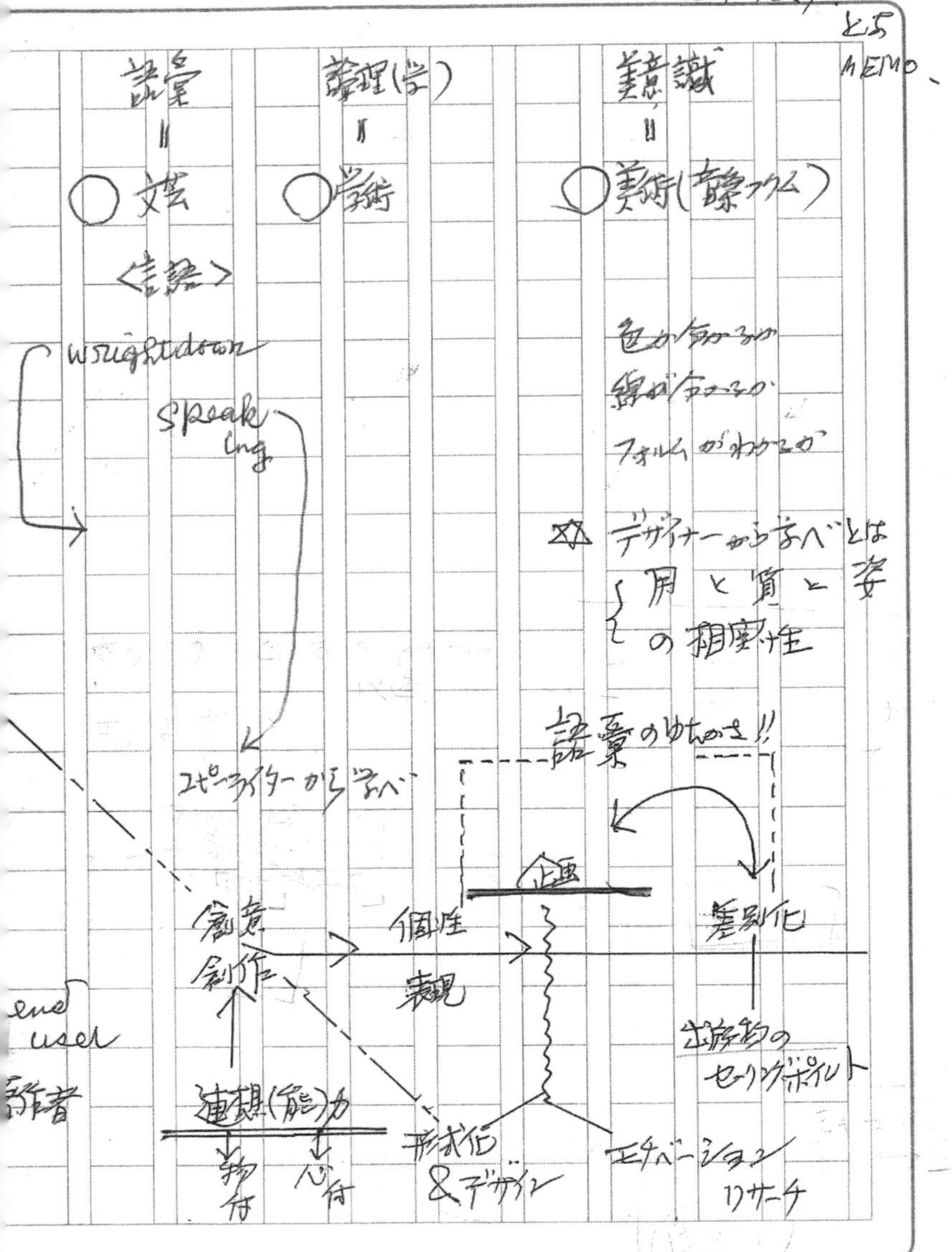
とら MEMO
語彙
文芸
〈言語〉
論理(学)
学術
美意識
美術(音楽フォルム)
wright down
speaking
スピーチライターから学べ
色が分かるか
線が分かるか
フォルムがわかるか
☆デザイナーから学べとは
用と質と姿
の相関性
語彙のゆたかさ!!
企画
創意
創作
個性
表現
差別化
出荷物の
セーリングポイント
end user
読者
連想(能)力
物付
心付
形式化
&デザイン
リサーチ

出版（新聞フクム）は、複製産業である。

アシスタントエディターから〜editorへの

編集者は、シテツレであって、ワキのツレではない。

始末の確かな職人！頑固な職前

用→
質→
}姿の把み方

{用という実利を支えるのは質〜用を用たらしめるのがデザインである。
質という価値に興味がない者はX。

速やかに、爽やかに、率直に。

主体性とか アイデンティティと言われてきた

差別化への努力 企画、user、人間としても。

編集者の仕事の道具は、コトバである。
{writing
speaking

よき<
コピーライターから学べ、その道の
デザイナーから美意識をみつけるべし。

MARUZEN I

編集 ― 悪い本ほどすぐできる 良い本ほどむずかしい ―

2016年7月15日 初版第1刷発行

著者 豊田 きいち
取材・構成・執筆 久野 寧子

アートディレクション 高岡 一弥
デザイン 伊藤 修一
DTP 佐藤 美穂
編集 斉藤 香
発行人 三芳 寛要
発行元 株式会社 パイインターナショナル
〒170-0005 東京都豊島区南大塚 2-32-4 TEL: 03-3944-3981 FAX: 03-5395-4830 sales@pie.co.jp
印刷・製本 シナノ印刷株式会社

ISBN978-4-7562-4822-0 C0095 Printed in Japan